New Collection
2

고등학교 영어로 다시 읽는 세계명작
# 작은 아씨들

Louisa May Alcott 원작
넥서스콘텐츠개발팀 엮음

넥서스

**고등학교 영어로 다시 읽는 세계명작**
New Collection 12
**작은 아씨들**

원　작 Louisa May Alcott
엮은이 넥서스콘텐츠개발팀
펴낸이 안용백
펴낸곳 (주)넥서스

초판 1쇄 인쇄 2012년 10월 30일
초판 1쇄 발행 2012년 11월 5일

출판신고 1992년 4월 3일 제311-2002-2호
121-840 서울시 마포구 서교동 394-2
Tel (02)330-5500 Fax (02)330-5555
ISBN  978-89-6000-146-6  14740
　　　 978-89-5797-462-9  14740 (세트)

저자와 출판사의 허락없이 내용의 일부를
인용하거나 발췌하는 것을 금합니다.

가격은 뒤표지에 있습니다.
잘못 만들어진 책은 구입처에서 바꾸어 드립니다.

www.nexusbook.com

# 머 리 말

어릴 적 즐겨 읽었던 『이상한 나라의 앨리스』나 『작은 아씨들』을 이제 영어로 만나 보세요. 지난날 우리들을 설레게 했던 명작들을 영어로 읽어봄으로써, 우리말로는 느끼지 못했던 또 다른 재미와 감동을 느낄 수 있습니다. 또한 친숙한 이야기를 영어로 바꿔 읽는 것은 그 어느 학습 자료보다도 효과적입니다. 자신이 알고 있는 이야기를 떠올리며 앞으로 전개될 내용을 상상하며 읽어 나가면, 낯선 내용을 읽을 때만큼 어렵거나 부담스럽지 않기 때문입니다.

『중학교·고등학교 영어로 다시 읽는 세계명작 시리즈 New Collection』은 기존에 나와 있는 명작 시리즈와는 달리, 소설책을 읽듯 추억과 감동에 빠져들 수 있도록 원서의 느낌을 최대한 살렸습니다. 또한, 영한 대역 스타일을 탈피하여 우리말 번역을 권말에 배치함으로써 독자 여러분이 스스로 이야기를 이해하는 연습을 할 수 있도록 하였습니다. 더불어 원어민 성우들이 정확한 발음과 풍부한 감성으로 녹음한 MP3 파일은 눈과 귀로 벅찬 감동을 동시에 경험하며, 최대의 학습 효과를 얻을 수 있도록 제작되었습니다.

'순수하고 가슴 뭉클한 그 무엇'이 절실한 요즘, 주옥같은 세계명작을 다시금 읽으며 잠시나마 마음의 여유를 갖고 영어소설이 주는 감동에 빠져 보세요.

넥서스콘텐츠개발팀

## 이 시 리 즈 의 특 징

### 1 읽기 쉬운 영어로 Rewriting
한국인이 가장 좋아하는 세계명작만을 엄선하여, 원문을 최대한 살리면서 중고등학교 수준의 쉬운 영어로 각색하였다. 『중학교 영어로 다시 읽는 세계명작 시리즈 New Collection』은 1,000단어, 『고등학교 영어로 다시 읽는 세계명작 시리즈 New Collection』은 2,000단어 수준으로 각색하고, 어려운 어휘는 별도로 설명하여 사전 없이도 읽을 수 있다.

### 2 학습 효과를 배가시키는 Summary
각 STORY 및 SCENE이 시작될 때마다 우리말 요약을 제시하여 내용을 추측하면서 읽을 수 있기 때문에, 원서의 부담을 덜면서 더 큰 학습 효과를 얻을 수 있다.

### 3 학습용 MP3 파일
전문 원어민 성우들의 실감나는 연기가 담긴 MP3 파일을 들으면서, 읽기와 함께 듣기 및 말하기까지 연습할 수 있다.

### 4 독자를 고려한 최적의 디자인
한 손에 쏙 들어오는 판형, 읽기 편한 서체와 크기 등 독자가 언제 어디서나 오랜 시간 즐겁게 읽을 수 있도록 최상의 편집 체제와 세련된 디자인으로 가독성을 높였다.

# 추 천 리 딩 가 이 드

*step 1* **청해** 들으면서 의미 추측하기
책을 읽기에 앞서 MP3 파일을 들으며 이야기의 내용을 추측해 본다.

*step 2* **속독** 빨리 읽으면서 의미 추측하기
STORY 및 SCENE의 영문 제목과 우리말 요약을 읽은 다음, 본문을 읽으면서 혼자 힘으로 뜻을 파악해 본다. 모르는 단어나 문장이 나와도 멈추지 말고 전체적인 흐름을 파악하는 데 주력한다.

*step 3* **정독** 정확히 읽으면서 의미 파악하기
어구 풀이와 권말 번역을 참고하면서 정확한 의미를 파악한다.

*step 4* **낭독** 소리 내어 읽으면서 소리와 친해지기
단어와 단어가 연결될 때 나타나는 발음 현상과 속도 등에 유의하면서 큰 소리로 또박또박 읽어 본다.

*step 5* **섀도잉** 따라 말하면서 회화 연습하기
MP3 파일을 들으며 원어민의 말을 한 박자 늦게 돌림노래 부르듯 따라 말하면서, 속도감과 발음 등 회화에 효과적인 훈련을 한다.

# 이 시리즈의 구성

## 우리말 Summary

이야기를 읽기 전에 내용을 짐작해 봄으로써, 편안한 마음으로 읽을 수 있도록 우리말 요약문을 제시하였다. 이를 힌트 삼아 보다 효과적인 내용 이해가 가능할 것이다.

### The Tortoise and the Ducks

거북을 구경하고 싶어 하던 거북은
오리 두 마리의 도움으로 하늘을 날게 된다.

The Tortoise's shell is his house. He has to carry it on his back all the time, so he can never leave home. This was a punishment from Zeus for being lazy, because he refused to go to Zeus's wedding.

The Tortoise became very sad when

## 영문

부담스러워 보이지 않고 편안하게 술술 읽히도록 서체와 크기, 간격 등을 최적의 체제로 편집하였다.

## 어구 풀이

이야기를 이해하는 데 도움이 되도록 어려운 어구를 순서대로 정리하였다. 이야기에 사용되는 의미를 우선순위로 하였으나, 2차적 의미가 중요하거나 불규칙 활용을 하는 경우도 함께 다뤄주어, 보다 풍부한 어구 학습이 되도록 배려하였다.

he saw other animals move about freely and swiftly. He wanted to see the world like they did, but the house on his back and his short legs made it impossible.

One day the Tortoise told two ducks his sad story.

"We can help you to see the world," said the Ducks. "Bite down hard on this stick with your mouth, and we will fly you high up in the sky so that you can see the world. No matter what happens, do not speak. Or you'll regret it very badly."

The Tortoise was very pleased. He bit down on the stick as hard as he could, and the Ducks took hold of

tortoise 거북 shell 껍질, 껍데기 back 등 punishment 벌 lazy 게으른 refuse 거절하다 move about 돌아다니다 swiftly 재빠르게 bite 물다, 깨물다 no matter what ~ 무엇이 ~일지라도 happen 일어나다, 발생하다 regret 후회하다 badly 몹시, 심하게 pleased 기쁜 take hold of ~ ~을 잡다 (잡고 있다)

## 우리말 번역

문장 구성과 어구의 쓰임을 효율적으로 학습할 수 있도록 직역을 기본으로 하여 번역하였다. 가능하면 번역에 의존하지 말고 영문과 어구만으로 이야기를 이해하도록 하며, 번역은 참고만 하도록 한다.

## 페이지 표시

영문을 읽다가 해결되지 않는 부분이 있을 때 그에 대응하는 번역 부분을 손쉽게 찾을 수 있도록 해당 영문 페이지의 번호를 표시해 놓았다.

## MP3 파일
### www.nexusbook.com에서 다운로드

전문 원어민 성우들의 생생한 연기를 귀로 들으며, 바로 옆에서 누군가가 동화책을 읽어주는 것처럼 더욱 흥미롭고 효과적으로 학습할 수 있다.

# 저자 소개

루이자 메이 올콧(Louisa May Alcott, 1832~1888)은 미국 펜실베이니아 주에서 태어났다. 이상적인 진보적 실험 교육을 꿈꾸었던 아버지로 인해 그녀의 가족은 경제적인 어려움을 늘 겪으면서 지냈다. 이 때문에 올콧은 10대 때부터 교사 생활을 하기도 하고 심지어 남의 집에서 하녀로 일하기도 했다.

올콧은 먹고 살기 위해서 잡지와 신문 등에 통속 소설을 썼고 1862년 남북전쟁이 터졌을 때는 간호병으로 자원했다. 그러나 장티푸스와 폐렴에 걸려 귀가 조치되었는데, 이때의 경험을 살려 올콧은 1863년에 「병원 스케치」를 발표했다. 이 작품으로 올콧은 처음으로 유명세를 탔다.

작가로서 입지를 다진 올콧은 계속 작품 활동에 매진하여 약 300편에 가까운 시, 소설, 수필을 남겼다. 「작은 아씨들」은 1868년에 완성한 작품으로 자신의 어린 시절을 소재로 쓴 올콧의 대표적인 작품이다. 네 자매의 크고 작은 에피소드들을 담은 「작은 아씨들」은 그 당시 미국 가정의 일상을 잘 보여 주고 있으며 교훈적인 내용도 담고 있다. 이후 속편인 「좋은 아내들(1869)」, 「작은 신사들(1871)」, 「조의 아이들(1886)」 등도 계속해서 발표했다.

말년에 올콧은 심한 현기증과 자가 면역 결핍으로 인한 각종 만성 질병으로 고생했으며, 어머니와 막내 동생을 먼저 보내고 동생의 어린 딸을 맡아 키우며 여생을 쓸쓸하게 보내다가 뇌졸중으로 사망했다.

# 작품 소개

남북전쟁이 한창이던 때 마치 씨 집의 네 자매 메그, 조, 베스, 에이미는 가난한 살림이지만 더 어려운 이웃을 돕기도 하고 그들 나름의 재미있는 모험과 놀이를 즐기며 우애 있게 지낸다. 이웃인 로리가 그들의 친구가 되면서 이들의 삶은 더욱 즐거워진다.

하지만 아버지가 전쟁터에서 부상을 당했다는 소식이 들려오고 어머니가 아버지의 간호를 위해 집을 떠나면서 시련이 닥쳐온다. 설상가상으로 가난한 이웃을 돌보던 셋째 베스는 성홍열에 걸려 생과 사를 오간다. 네 자매는 집안의 최대 위기를 겪으며 자신들이 어린아이에서 여인으로 성숙해 가고 있다는 사실을 깨닫고 우애는 더욱 깊어진다. 베스를 간호하기 위해 어머니가 돌아오고 베스는 죽음의 고비를 무사히 넘긴다. 또한 아버지 역시 건강한 모습으로 돌아와 이들 가족은 밝은 미소를 되찾는다.

「작은 아씨들」은 미국의 청교도적인 가정을 배경으로 따뜻한 가족애를 그리며 출간 즉시 독자들의 사랑을 받았다. 특히 작가인 올콧이 자신의 어린 시절을 반추하며 자신과 자신의 친자매들을 모델로 쓴 작품으로도 알려져 있다. 이 작품은 메그의 결혼 이후 베스가 끝내 병으로 죽고 조와 에이미가 각자의 사랑을 찾아가는 후속 이야기로 이어진다. 소설의 말미에는 마치 부인이 메그, 조, 에이미와 손자 손녀들에게 둘러싸여 행복해하는 모습을 보여 주며 가족 간의 가장 아름다운 순간을 묘사한다.

# Contents

| | | |
|---|---|---|
| Chapter 01 | Playing Pilgrims<br>순례자 놀이 | 14 |
| Chapter 02 | A Merry Christmas<br>즐거운 크리스마스 | 26 |
| Chapter 03 | The Laurence Boy<br>로렌스가의 소년 | 37 |
| Chapter 04 | Burdens<br>마음의 짐 | 49 |
| Chapter 05 | Being Neighborly<br>이웃과 친해지다 | 61 |
| Chapter 06 | Beth Finds the Palace Beautiful<br>베스, 아름다운 궁전을 발견하다 | 75 |
| Chapter 07 | Amy's Humiliation<br>에이미의 굴욕 | 83 |
| Chapter 08 | Jo Meets Apollyon<br>조, 악마를 만나다 | 91 |
| Chapter 09 | Meg Goes to Vanity Fair<br>메그, 허영 박람회에 가다 | 102 |
| Chapter 10 | The Pickwick Club and the Post Office<br>피크위크 클럽과 우체국 | 121 |
| Chapter 11 | Experiments<br>실험 | 133 |
| Chapter 12 | Camp Laurence<br>로렌스 캠프 | 144 |

| | | |
|---|---|---|
| Chapter 13 | Castles in the Air<br>공중누각 | 160 |
| Chapter 14 | Secrets<br>비밀 | 172 |
| Chapter 15 | A Telegram<br>전보 | 185 |
| Chapter 16 | Letters<br>편지 | 196 |
| Chapter 17 | Little Faithful<br>충실한 사람 | 204 |
| Chapter 18 | Dark Days<br>우울한 나날들 | 213 |
| Chapter 19 | Amy's Will<br>에이미의 유언장 | 224 |
| Chapter 20 | Confidential<br>일급 비밀 | 233 |
| Chapter 21 | Laurie Makes Mischief, and Jo Makes Peace<br>로리가 짓궂은 장난을 치고 조가 중재를 하다 | 243 |
| Chapter 22 | Pleasant Meadows<br>즐거운 초원 | 257 |
| Chapter 23 | Aunt March Settles the Question<br>마치 고모할머니, 문제를 해결하다 | 264 |

# Little Women

Chapter 01

# *Playing Pilgrims*

조, 메그, 베스, 에이미는 마치가의 네 자매다.
가난한 네 자매는 크리스마스를 앞두고
선물 없이 보내야 하는 크리스마스를 우울해 하다가
어머니를 위한 깜짝 선물을 하나씩 준비하기로 한다.

"Christmas won't be Christmas without any presents," grumbled* Jo, lying on the rug.*

"We've got Father, Mother, and each other," said Beth with a smile.

"We haven't got Father and will not have him for a long time," said Jo. They thought of Father, far away* where the fighting was.

"You know the reason Mother suggested* not having any presents this Christmas was because it is going to be a hard winter for everyone," Meg reminded* them regretfully.* "She thinks we shouldn't spend money for pleasure when our men are suffering* in the army.*"

"I agree not to expect* anything from Mother or you, but I do want to buy some candy for myself...," said Jo, who loved to read.

"I planned to spend mine on new music,*" said Beth with a little sigh.*

"I will get a nice box of drawing pencils,*" said Amy. "I really need them."

"Let's each buy what we want and have a

---

grumble 투덜대다  rug 깔개, 양탄자  far away 멀리 떨어져  suggest 제안하다  remind 상기시키다  regretfully 애석하게, 유감스럽게  suffer 시달리다, 고통받다  army 군대  expect 기대하다, 예상하다  music 악보  sigh 한숨; 한숨을 쉬다  drawing pencil 제도 연필, 스케치용 연필

little fun," cried Jo.

"I wish I didn't have to teach those annoying* children all day," Meg began complaining* again.

"How would you like to be inside* for hours with a nervous* old lady who is never satisfied with anything you do?" said Jo.

"No, washing dishes and cleaning is the worst work," Beth said quietly as she looked at her rough* hands.

"I don't believe any of you suffer as I do," cried Amy. "You don't have to go to school with snobby* girls that make fun of* you because your father isn't rich!"

"Don't you wish we had the money that Father lost when we were little?" said Meg, who could remember better times.

Jo immediately* sat up, put her hands in her pockets, and began to whistle.*

"Don't, Jo," cried Amy. "It's so boyish*!"

"That's why I do it," said Jo.

"I detest* rude, boyish girls!" said Amy.

"I hate girly,* whiny* airheads*!" said Jo.

"Really, girls, you are both wrong," said Meg. "You are old enough to behave* better, Josephine. You should remember that now you are a young lady."

"I'm not," cried Jo, pulling her hair down. "I don't want to grow up and wear long dresses and make up*! I'm disappointed* that I'm not a boy. I'm dying to* go and fight with Father. But I can only stay at home and knit*!"

"Poor Jo!" said Beth, petting* her head gently.* "It's too bad, but it can't be helped."

---

annoying 성가신, 짜증 나는   complain 불평하다   inside ~ 안에
nervous 신경이 과민한, 신경질적인   rough 거칠거칠한   snobby 속물의
make fun of ~에게 장난치다, ~을 놀리다   immediately 즉시   whistle 휘파람을 불다   boyish 소년 같은, 사내의   detest 몹시 혐오하다   girly 여자다운, 천생 여자인   whiny 불평하는, 징징대는   airhead 멍청이, 머리가 텅 빈 사람   behave 행동하다   make up 화장하다   disappointed 실망한
be dying to ~하고 싶어 죽다   knit 뜨개질하다   pet 어루만지다, 쓰다듬다
gently 다정하게

"As for you, Amy, you try to act like a lady too much," said Meg. "All of your big words and worrying is annoying."

"If Jo is a tomboy* and Amy a snob,* what am I, please?" asked Beth.

"You're a saint* and nothing else," answered Meg warmly.

The four sisters knitted quietly as the December snow fell outside. It was a comfortable* room, even though the furniture was old. Christmas flowers bloomed* by the windows.

Margaret, the oldest of the four, was sixteen, and very pretty. She had large eyes, soft brown hair, and white hands, of which she was proud. Fifteen-year-old Josephine was very tall, thin, and brown. She reminded people of a young horse, and her sharp, gray eyes seemed to see everything. Her long, thick hair was her one beauty. Elizabeth was a rosy, bright-eyed girl of thirteen. She was shy, timid,* and peaceful.* She seemed to live in a happy world of her own and only spoke to people she loved and trusted. Amy has blue eyes and golden hair curled around her shoulders. Though the youngest, she felt she was very important and she looked down at* people.

The clock struck* six. Mother was coming, and everyone wanted to welcome her. Jo held the slippers near the fire to make them warm for Mother.

"They are quite worn out,*" said Jo. "Mom should get a new pair."

"I wanted to buy her some," said Beth.

"No, I will!" cried Amy.

"I'm the oldest," said Meg.

"I'm the man of the family now that*

---

tomboy 말괄량이  snob 속물  saint 성인, 성자  comfortable 편안한, 안락한  bloom 꽃이 피다, 개화하다  timid 소심한  peaceful 평온한, 온화한  look down at ~을 낮추어 보다, 얕보다  strike (세게) 치다  worn out 낡은, 낡아빠진  now that ~이니까

Father is away," interrupted* Jo. "I shall buy the slippers."

"Let's each get her something for Christmas," said Beth.

"What will we get?" said Jo.

"I shall give her a nice pair of gloves," said Meg.

"Army shoes," cried Jo.

"Some handkerchiefs,*" said Beth.

"I'll get a little bottle of perfume,*" added* Amy. "It's cheap, so I can still buy my pencils."

"How will we give the things?" asked Meg.

"Let Mommy think we are getting things for ourselves and then surprise her," said Jo, walking up and down. "We must go shopping tomorrow afternoon, Meg. We have to practice for the play tonight. Come here, Amy, and do the fainting* scene.*"

"I don't want to get hurt," said Amy, who was not a talented* actress.*

"Do it this way," said Jo. "Hold your hands like this, and cry dramatically*!"

Amy followed, but her voice did not have the same passion.* Jo sighed deeply,* and Meg laughed. Beth watched the fun with interest. Then things went smoothly.* They all remembered the words and acted as their characters.*

"It's the best we've had yet,*" said Meg, who was playing the dead villain.*

"I don't see how you can write and act such amazing* things, Jo," exclaimed* Beth. "You're like Shakespeare!"

"Not quite," replied Jo modestly.* "I do think *The Witches* Curse,* an Operatic*

---

interrupt (말 등을) 도중에서 방해하다　handkerchief 손수건　perfume 향수　add 덧붙이다　faint 졸도하다　scene 장면　talented 재능 있는　actress 여배우　dramatically 극적으로　passion 열정　deeply 깊게, 깊이　smoothly 순조롭게　character 배역; 등장인물　yet (긍정문에서) 여태까지, 아직　villain 악당　amazing 놀라운　exclaim 외치다　modestly 겸손하게　witch 마녀, 여자 마법사　curse 저주　operatic 오페라의

Tragedy'* is fun, but I'd like to try *Macbeth*."

"I'm glad to find you so happy, my girls," said a cheery* voice at the door. The woman at the door was not elegantly* dressed, but she was noble-looking.*

"Has anyone called, Beth?" she said. "How is your cold, Meg? Jo, you look tired to death.* Come and kiss me."

Mrs. March took off her wet clothes and put on her warm slippers. She sat down and Amy sat in her lap. Meg set the tea table, and Jo clumsily* brought wood to the fireplace. Beth finished some chores* while Amy gave directions* to everyone.

"I've got a treat for you after supper," their mother said.

"A letter from Father!" they cried.

"I think it was wonderful of Father to go as a preacher* because he is too old to be a soldier," said Meg warmly.

"I wish I could go as a drummer or a nurse," said Jo, "so I could be near him and help him."

"When will he come home, Mommy?" asked Beth.

"Not for many months, dear," said Mrs. March. "Now come and hear the letter."

They all gathered* around the fire. He wrote about the life at war hopefully and cheerfully. Finally, he sent them love and best wishes.

"Tell them I think of them every day. A year seems like a very long time to wait, but remind them that while we wait we should work and not waste* the days. I know they will be good little women that will make me proud."

Everybody cried at that part. Amy

---

tragedy 비극   cheery 활기 있는, 쾌활한   elegantly 우아하게, 고상하게
noble-looking 품위 있게 생긴   tired to death 녹초가 된   clumsily 서투르게, 대충   chores 집안일   give directions 지시하다   preacher 전도사, 목사   gather 모이다   waste 낭비하다

promised not to be selfish.*

"We all will," said Meg.

"I'll try to be a proper* woman," said Jo, thinking it was harder to stay at home than to fight as a soldier in the South.

"Do you remember how you used to play when you were little girls?" said Mrs. March. "You always collected many things and pretended* you were making a new city."

"The most interesting part was fighting the lions and the goblins,*" said Jo.

"I don't remember much about it," said Amy, who was only twelve. "If I weren't too old for such things, I'd like to play it again."

"We are never too old for this, my dear," said her mother. "In our real lives, we must journey* and struggle* to make good things. Each of you has something that you struggle with."

"I envy* girls with nice pianos, and I'm scared of* everyone," whispered* Beth.

"Let us do it," said Meg thoughtfully.*

They all began to do the sewing* work, which was boring, but no one complained. At nine, they stopped work and sang. Beth played the old piano skillfully.*

---

**selfish** 이기적인  **proper** 정숙한, 적절한  **pretend** ~인 체하다  **goblin** (이야기 속) 마귀, 도깨비  **journey** 여행하다; 여행  **struggle** 투쟁하다, 싸우다  **envy** 부러워하다  **be scared of** ~이 두렵다, ~을 무서워하다  **whisper** 속삭이다  **thoughtfully** 사려 깊게, 생각에 잠겨  **sewing** 바느질  **skillfully** 능숙하게, 솜씨 있게

Chapter 02

# A Merry Christmas

크리스마스 아침에 네 자매는 어머니의 의견에 따라
자신들의 아침 식사를 기꺼이 가난한 이웃에게 제공한다.
네 자매는 크리스마스를 위해 준비한 연극을 공연하고,
이웃의 로렌스 씨는 이들에게 근사한 저녁 식사를 선물한다.

Jo was the first to wake on the gray Christmas morning. Under her pillow* was a red book with an important story. She woke Meg. There was a green-covered book with a few words written by their mother. Beth and Amy woke up to find their own books. One was white and the other one was blue.

"Girls, Mother wants us to read these books," said Meg seriously.* "I shall keep my book on the table here and read a little every morning."

Then she opened her new book and began to read. Jo put her arm around her and read also. She was unusually* quiet as she read.

"Where is Mother?" asked Meg half an hour later.

"I have no idea," replied* Hannah, who had lived with the family since Meg was born. "Some poor woman was begging.* Your mother went to help her."

"She will be back soon, so let's get everything ready," said Meg, looking at the presents* in the basket.

"There's Mother," cried Jo as a door

---

pillow 베개   seriously 심각하게, 진지하게   unusually 보통과는 달리, 이상하게   reply 대답하다   beg 구걸하다   present 선물

slammed.* "Hide the basket, quick!"

Amy came in quickly and looked ashamed* when she saw her sisters all waiting for her.

"Where have you been?" asked Meg, surprised to see that lazy Amy had been out so early, "and what are you hiding behind you?"

"Don't laugh at me, Jo!" said Amy. "I decided* to buy Mom a bigger bottle of perfume. I'm really trying not to be selfish anymore!"

Meg immediately hugged* her. They heard another noise at the door and their mother came inside.

"Merry Christmas, Mommy!" they all cried together. "Thank you for our books."

"Merry Christmas, little daughters!" said Mrs. March. "But I want to say something before we sit down for breakfast. There is a poor woman with a newborn* baby and six children who lives near us. They have no fire or food. My girls, will you give them your breakfast as a Christmas present?"

"I'm so glad you came before we began!" Jo answered finally even though she was so hungry.

"May I go and help carry the things to the poor little children?" asked Beth eagerly.*

"I thought you'd do it," said Mrs. March, satisfied.

They were soon ready, and they walked together to the woman's house. They came to the poor, miserable* house. The mother, baby, and six children were all hiding under the same small blanket.*

"Angels have come to us!" said the poor

---

slam 쾅 닫다  ashamed 부끄러운, 당황한  decide 결심하다, 결정하다  hug 껴안다  newborn 갓 태어난  eagerly 열성적으로  miserable 초라한, 형편없는  blanket 담요

woman, crying for joy.

Hannah, who had carried wood, made a fire. Mrs. March gave the mother tea and soup and comforted* her. The girls fed the children and spoke to them. That was a very happy breakfast, even though they didn't get any of it.

"That was fun," said Meg as they set out* their presents while their mother was upstairs collecting* clothes for the poor family.

"She's coming!" cried Jo. "Start playing, Beth! Open the door, Amy!"

Mrs. March was both surprised and touched.* She immediately put on the slippers, gloves, and perfume, and she put the handkerchief in her pocket.

They spent the rest of the day preparing for the evening activities.* They were part of a play with about eight other girls. Because they were not rich, the girls made everything themselves for the play. They were very clever and used all different household items* to make costumes* and weapons.*

Jo played most of the male parts* in the play because there were no men. Each girl had to play many parts. On Christmas night, a dozen girls waited behind the blue and gold curtains for the play to start. Amy kept giggling.* Finally, the bell rang and the curtains opened.

The first scene* took place* in a dark woods with a great cave.* Then Jo, playing Hugo, the villain, stalked* in with a sword at his side, a black beard,* mysterious* cloak,* and boots. He shouted about his love for Zara and his hatred* for the hero, Roderigo.

---

comfort 위로하다; 위로, 위안  set out 준비하다, 차려 놓다  collect 모으다, 수집하다  touched 감동받은  activity 행사, 활동  household item 가정용품  costume 의상  weapon 무기  play a part 역할을 하다  giggle 키득거리다  scene 장면  take place 일어나다, 발생하다  cave 동굴  stalk 몰래 접근하다  beard 수염  mysterious 불가사의한, 수상한  cloak 망토  hatred 증오

Meg came out in a black and red witch's costume. Hugo demanded* a potion* to make Zara adore* him and one to destroy* Roderigo. The witch promised both and called a spirit* to come and make the potions.

Soft music began to play, and a figure* with sparkling* wings and golden hair came out. She gave the witch a potion and then left the stage. Scary* music began to play, and a figure dressed in black with horns* appeared.* He gave the witch a potion, too, laughed, and left the stage. Hugo left the stage. The witch told the audience* that because Hugo had killed some of her friends, she would get her revenge on* him by tricking* him.

When the curtain came up again, a tower rose* to the ceiling.* Zara, in a lovely blue and silver dress, was waiting for Roderigo. He came in with a red cap, a guitar, and boots. Kneeling* at the foot of* the tower, he sang to her.

An old man came out and demanded that Zara come back home and Roderigo leave. Roderigo defied* the old man and would not leave. Zara also defied her father. They were both ordered to go to the dungeon.*

Act Three was in the castle hall,* and here Hagar, the witch, appeared. She came to free the lovers. She heard Hugo coming and hid. She watched him pour* the poison* for Roderigo. She made one of her spirit servants switch* the cup when he was not looking. He drank the poison meant for Roderigo and died.

---

demand 요구하다  potion 묘약, 독약  adore 동경하다, 애모하다  destroy 파괴하다, 죽이다  spirit 영혼, 유령  figure 형체  sparkling 반짝거리는  scary 무서운, 무시무시한  horn 뿔  appear 등장하다, 나타나다  audience 청중  get one's revenge on ~에게 원한을 갚다, ~에게 복수하다  trick 속이다, 속임수를 쓰다  rise 솟아 오르다  ceiling 천장  kneel 무릎을 꿇다  at the foot of ~ 밑에서, ~ 아래에서  defy 반항하다, 거역하다  dungeon 지하 감옥  hall 홀, 현관  pour 붓다, 따르다  poison 독약  switch 바꾸다

Then Hagar began to sing, which was better than the whole performance.* During Act Four, Roderigo believed that Zara hated him, so he was about to stab* himself. Suddenly, he heard that she was in danger, so he went to rescue* her instead.*

In Act Five, Zara's father told her that she must become a nun.* Roderigo appeared and demanded to marry her, but her father refused* because he was not rich. They argued* with each other until finally a servant appeared. He gave them a letter that says that Hagar would give all of her money to the young couple, and if Zara's father would not let them marry, she would punish* him. Finally, her father agreed to let them marry.

Everyone applauded,* and Hannah told the girls that Mrs. March wanted them to come to supper. At dinner, there was pink and white ice cream, cake, and fruit. It quite took their breath away, and they stared at the table and then at their mother.

"Is it fairies*?" asked Amy.

"Santa Claus," said Beth.

"All wrong," replied Mrs. March. "Old Mr. Laurence sent it."

"The Laurence boy's grandfather!" cried Meg. "But we don't even know him!"

"Hannah told one of his servants how you helped the poor people at breakfast time," said Mrs. March. "He is an odd* old gentleman but that pleased him."

"My mother knows old Mr. Laurence, but he's very proud," said Meg's friend. "He keeps his grandson inside and makes him study very hard."

"I like his manners,* and he looks like

---

**performance** 공연　**stab** 찌르다　**rescue** 구하다　**instead** 그 대신에
**nun** 수녀　**refuse** 거절하다　**argue** 언쟁하다, 말다툼하다　**punish** 벌하다
**applaud** 박수갈채하다　**fairy** 요정　**odd** 이상한, 특이한　**manners** 예의범절

a little gentleman, so I don't mind* if you girls get to know him," Mrs. March told them. "He brought us flowers today."

## Chapter 03

# The Laurence Boy

메그와 조는 가디너 부인의 파티에 초대를 받는다.
하지만 변변한 드레스가 없어 등 부분이 타 버린 드레스를 입은 조는
춤곡이 시작되자마자 커튼 뒤에 숨다가 이웃집 소년 로리와 만난다.

"Jo!" cried Meg. "Where are you?"

"Here!" Meg found her sister eating apples and crying over a book in Jo's favorite place to read. A pet rat* Scrabble also lived there.

mind 꺼리다  rat 쥐

"We were invited to Mrs. Gardiner's tomorrow night for the New Years Eve party!" said Meg. "Mom said we can go. What should we wear?"

"We each only have one nice dress," answered Jo.

"If I only had a silk!" sighed Meg.

"Your dress looks nice," said Jo. "But mine has a burn* in it. What should I do?"

"You must hide your back," said Meg. "Mom said I can wear my new gloves. They're nice, but I wish I had nicer ones."

"Mine are spoiled* with lemonade," said Jo, "and I can't get any new ones."

"You must have gloves, or I won't go," cried Meg. "Gloves are more important than anything else. You can't dance without them."

"Then I won't dance," said Jo. "I don't like that kind of dancing, anyway."

"You can't ask Mother for new ones,"

said Meg. "They are so expensive, and you are so careless.* Can't you just wear the old ones?"

"Why don't we each wear one of your good gloves and carry one of my bad ones?" said Jo.

"Your hands are bigger than mine," said Meg, "and you will stretch* my glove."

"Then I'll go without," cried Jo. "I don't care what people say!"

"Fine!" said Meg. "You can borrow* one of my gloves! You must behave like a lady!"

On New Year's Eve, the younger girls helped the two older girls get dressed. Meg wore a silver and blue dress, and Jo wore a dark red and white one. They both felt uncomfortable* but decided it was

---

burn 탄 자국  spoil 망치다, 못 쓰게 만들다  careless 조심성이 없는
stretch 늘이다, 늘어지다  borrow 빌리다  uncomfortable 불편한

okay because they looked elegant* and beautiful.

"Have a good time!" said Mrs. March as the sisters left the house. "Don't eat much supper, and come home at eleven."

They finally arrived at Mrs. Gardiner's. They went down to the party, feeling timid. They almost never went to parties. Mrs. Gardiner greeted them kindly and told them to talk to her daughters. Meg spoke to the other girls comfortably,* but Jo stood with her back carefully against the wall. Half a dozen boys were talking about skating in the other room. She longed to* join them.

No one came to talk to her. She could not wander around* the room because her burned dress would show, so she stared at people till the dancing started. Meg was asked to dance immediately. Jo saw a big red-headed guy approach* her, so she hid behind some curtains. Unfortunately,* another bashful* person had chosen the same hiding place. She found the "Laurence Boy" there.

"I didn't know anyone was here!" said Jo.

"Don't mind me," he said and laughed. "Stay if you like."

"I think I've seen you before," said Jo. "You live near us, don't you?"

"Next door," replied the boy.

"We had a good time thanks to your Christmas present," said Jo.

"Grandpa sent it," said the boy. "How is your cat, Miss March?"

"Good, thank you, Mr. Laurence," said Jo. "But I am not Miss March. I'm only Jo."

"I'm not Mr. Laurence," said the boy.

---

elegant 우아한   comfortably 편안하게   long to ~하고 싶은 생각이 간절하다   wander around 어슬렁거리다   approach 다가오다
unfortunately 운 없게도, 불운하게도   bashful 수줍음을 타는

"I'm only Laurie."

"Laurie Laurence, what an odd name," said Jo.

"My first name is Theodore, but I don't like it because some people call me Teddy," said Laurie.

"I hate my name, too!" said Jo. "I wish everyone would say Jo instead of* Josephine."

"Don't you like to dance, Miss Jo?" asked Laurie.

"I would like it if we could dance faster," said Jo. "Don't you dance?"

"Sometimes," said Laurie. "I traveled a lot, so I don't know how to dance here."

"Traveled!" cried Jo. "Did you go to Paris?"

"We spent last winter there," said Laurie.

"Can you speak French?" said Jo.

"Of course," said Laurie.

"Say some!" said Jo. "I can read French,

but I can't pronounce* it."

He spoke some words in French.

"How nicely you do it!" said Jo. "You were talking about the girl over there, right?"

"Yes," said Laurie.

"It's my sister Margaret!" said Jo. "Do you think she is pretty?"

"Yes," said Laurie. "She dances like a lady."

Jo was happy that he was praising* her sister and decided to tell her later. They chatted* together until they both felt comfortable. Jo looked at him carefully and memorized* how he looked so she could tell her sister about him.

"He has curly black hair, brown skin, big black eyes, a handsome nose, fine teeth, small hands and feet. He's taller than I am, very polite,* for a boy, and jolly.* I wonder

---

instead of ~ 대신에  pronounce 발음하다  praise 칭찬하다  chat 담소를 나누다  memorize 기억하다  polite 예의 바른  jolly 쾌활한

how old he is?" she thought to herself.

"I suppose* you are going to college* soon?" Jo asked.

"Not for a year or two," replied Laurie.

"I wish I were going to college!" said Jo.

"I hate it!" said Laurie.

"What do you want to do?" asked Jo.

"To live in Italy, and to enjoy myself.*" replied Laurie.

"That's a nice song!" cried Jo. "Why don't you go and dance?"

"If you come too," answered Laurie.

"I can't...," said Jo.

"Why not?" said Laurie.

"You won't tell?" said Jo.

"Never!" said Laurie.

"I burned my dress in the back," said Jo. "So I can't show the back. You may laugh, if you want to. It is funny, I know."

"Never mind that," said Laurie. "There's a long hall out there, and we can dance where no one can see us. Please come."

Jo thanked him and gladly went. The hall was empty,* and Laurie taught her a German dance, which delighted* Jo. When the music stopped, they sat down on the stairs* to get their breath. Meg appeared in search of* her sister. She made Jo follow her to an empty room.

"I've hurt my ankle,*" said Meg. "That stupid* high heel turned. I can hardly* stand, and I don't know how I'm going to get home."

"I knew you'd hurt your feet with those silly shoes," answered Jo, softly rubbing* the poor ankle. "I'm sorry."

"I can't have a carriage* unless someone goes to get one," said Meg.

"I'll go," said Jo.

---

suppose ~라고 생각하다  college 대학  enjoy oneself 즐기다  empty 텅 빈  delight 기쁘게 하다  stairs 계단  in search of ~을 찾아서  ankle 발목  stupid 멍청한  hardly 거의 ~할 수 없는  rub 문지르다  carriage 마차

"No!" said Meg. "It's past nine. I'll rest till Hannah comes, and then do the best I can."

"I'll ask Laurie," said Jo. "He will go."

"Don't ask or tell anyone," said Meg. "I'll just wait for Hannah."

So Meg rested and Jo went clumsily to supper. There, she picked up some coffee and spilled* it on her dress. She used Meg's glove to wipe* the coffee.

"I'm such a fool!" cried Jo.

"Can I help you?" said a friendly voice. And there was Laurie.

"I was trying to get something for Meg," answered Jo.

"I was looking for someone to give this ice cream to," said Laurie. "May I take it to your sister?"

"Oh, thank you!" said Jo. "I'll show you where she is."

Jo led* the way. They all talked for a

while and had so much fun that Meg forgot her foot. When Hannah arrived to pick up the girls, she suddenly stood up and cried in pain.*

"It's nothing," said Meg. "I hurt my foot a little, that's all."

Hannah scolded,* and Meg cried. Jo found a servant and asked him to get a carriage. Laurie overheard* her and offered his grandfather's carriage.

"It's so early!" said Jo.

"I always go early," said Laurie. "Please let me take you home."

Jo accepted gratefully.* While riding in the back of the carriage, the two girls talked about the party.

"I saw you dancing with the red-headed man I ran away from,*" said Jo. "Was he nice?"

---

spill 엎지르다  wipe 닦다  lead 이끌다, 안내하다  pain 고통, 아픔  scold 나무라다  overhear 우연히 듣다  gratefully 감사하여, 기꺼이  run away from ~에게서 도망치다

"Oh, very!" said Meg.

"He looked like a grasshopper,*" said Jo. "Laurie and I couldn't help laughing. Did you hear us?"

"No, but it was very rude," said Meg.

When they got home, they told their sisters all about the party.

Chapter 04

# Burdens

가난한 마치가의 네 자매에게는 마음의 짐이 있다.
메그는 킹 씨 집에서 철부지 아이들을 돌봐야 하고
조는 고모할머니의 말 상대 겸 잔심부름을 해야 하는 것이 때로 부담스럽다.
몹시 부끄럼을 타는 베스는 유일한 기쁨거리인 피아노가 너무 낡아 슬프고
에이미는 가난 때문에 헌 옷을 물려받아 입어야 하는 것과 납작한 코가 싫다.

"Oh, dear, it's so hard to go back to work after the holiday," Meg complained the next morning.

"I wish it were Christmas or New Year's all the time,*" said Jo.

grasshopper 베짱이  all the time 항상, 늘

"I'll always envy girls who have luxury* all the time," said Meg.

"Well, we can't have it," said Jo, "so let's not grumble too much."

Meg thought about how much heavier her burden* of four small children seemed than ever.

"Because I'm poor, I can't enjoy my life as other girls do!" said Meg.

Beth had a headache and lay* on the sofa, trying to comfort herself with the cat and three kittens. Amy worried because she didn't do her homework. Mrs. March was very busy trying to finish a letter.

"We are the grumpiest* family!" cried Jo.

"You're the grumpiest person in it!" said Amy.

"Girls, girls, be quiet!" cried Mrs. March. "I must finish this letter."

"Cuddle* your cats and get over* your

headache, Beth," said Jo, stomping out* the door. "Goodbye, Mommy. Let's go, everyone! We are rascals* right now, but we will come home like angels."

"Call yourself any names you like," Meg told Jo as they walked outside, "but I am not a rascal."

"You're upset* because you can't have luxury," said Jo. "Just wait till after I make my fortune.* Then you can ride in carriages and dance at parties every night."

"How ridiculous* you are, Jo!" laughed Meg.

They hugged each other goodbye, and they each walked in a different direction.* When Mr. March lost his money, the two oldest girls begged to be allowed to work to help the family. Their parents agreed,

luxury 호화로움, 사치품  burden 짐, 부담  lie 누워 있다  grumpy 성미 까다로운, 심술쟁이의  cuddle 꼭 껴안다, 껴안고 귀여워하다  get over 회복하다, 극복하다  stomp out 박차고 나가다  rascal 악동, 불량배  upset 속상한  fortune 큰돈  ridiculous 터무니없는, 어처구니없는  direction 방향

and both girls started working at different jobs.

Margaret found a place as a nanny* and felt rich with her small salary.* As she said, she was "fond of luxury." She remembered more than the other sisters, when they had more money and everything they wanted in their house. At the Kings' house, where she worked, she daily saw all she wanted. She heard about the older girls' parties and all the fancy* things they bought. She did not complain often, but she felt bitter* in her heart.

Jo worked for Aunt March, who could not walk and needed an active* person to help her. The childless* old lady had offered to adopt* one of the girls after the family lost their money. But the girls' parents said no. Aunt March was very hurt.

The old lady wouldn't speak to them for

a time, but she met Jo at her friend's party. She liked Jo's humor, and she offered to take Jo as her daily companion.* At first Jo didn't like this idea, but after she began to visit the old lady, she realized* that they got along* very well. Sometimes they fought, but they always made up* quickly.

What Jo really loved was the library of books. The moment Aunt March took her nap,* or was busy with company,* Jo hurried to this quiet place and read.

Jo's dream was to do something important. She didn't know what that was yet. Her feelings always changed quickly because she didn't have enough time to read or play. But she learned a lot from Aunt March.

Beth was too bashful to go to school.

---

nanny 유모  salary 급여, 봉급  fancy 장식이 많은, 화려한  bitter 쓰라린, 고통스러운  active 활동적인  childless 아이가 없는  adopt 입양하다  daily companion 매일 보는 친구, 말동무  realize 깨닫다  get along 잘 지내다  make up 화해하다  take one's nap 낮잠을 자다  company 손님

She did her lessons at home with her father. She loved to help Hannah with the housework* and to be loved. She had many imaginary* friends and always kept herself busy at home. She took care of her dolls and pets very lovingly,* even if they were ugly or broken.

Beth had her troubles as the others did. She would secretly* cry because her piano was too old. She loved music and tried so hard to learn. Nobody helped her, and no one saw her tears on the yellow piano keys that she shed* when she was alone.

There are many Beths in the world, shy and quiet, who do everything for others. When they suddenly leave, everyone realizes what a wonderful thing they lost.

When Amy was a baby, Jo accidentally* dropped her on her nose. Her nose always grew flat.* Amy hated this and drew hundreds of pictures of pointed* noses.

After drawing all those noses, she became quite good at drawing.

Her friends liked her and praised her because she was so elegant. She was also good at speaking French, smart in school, and an accomplished* musician. Amy was spoiled and therefore becoming more and more selfish. However, she had to wear her cousin's old clothes, which she hated. She often complained to Meg about the ugly colors of her clothing.

Meg and Amy were very close, and Jo and Beth were also very close. To Jo alone, the shy child told her thoughts.

"Has anybody got anything to tell?" said Meg, as they sat sewing together that evening.

"While I was reading from the Bible for

---

housework 집안일  imaginary 상상의  lovingly 애정을 기울여  secretly 남몰래, 비밀스럽게  shed one's tears 눈물을 흘리다  accidentally 실수로, 우연히  flat 평편한, 납작한  pointed 뾰족한  accomplished 기량이 뛰어난

Aunt, she fell asleep like she usually does," said Jo. "Whenever she falls asleep, I pick up and read a book I want to read instead until she wakes up again. But she woke up and caught me reading my book!

"Then she scolded me about my sins* and told me to sit and think them over. But she fell asleep again! So I started reading my fun book. So she woke up again, but this time she was nicer. She told me to read from one of my silly books. So I read her this adventure* story with pirates.* I came to a part that was a little violent.* I wanted to stop reading so she wouldn't be angry, but she made me finish the chapter*!"

"Did you think she liked it?" asked Meg.

"Oh, no!" replied Jo. "She would be happier if she just let go of her worries! I don't envy her even though she is rich. Rich people worry too much."

"That reminds me that I've got something to tell," said Meg. "It isn't funny like Jo's story. It seems that one of the older boys in the Kings' family did something shameful* at school."

"Susie Perkins came to school today with a lovely red ring," Amy told her sisters. "I wanted it so badly* and wished I were her with all my might.* Well, she drew a picture of Mr. Davis with a monstrous* nose. We were laughing about it when all of a sudden,* he saw us! He pulled Suzy by the ear and then made her write a hundred lines of apologies.*"

"I saw something I liked this morning, and I meant to tell it at dinner, but I forgot," said Beth. "When I went to get some oysters* for Hannah, Mr. Laurence

---

sin 죄, 잘못  adventure 모험  pirate 해적  violent 난폭한  chapter 장, 챕터  shameful 부끄러운  badly 몹시  with all one's might 전력을 다하여  monstrous 괴물 같은  all of a sudden 갑자기  apology 사과, 사과의 말  oyster 굴

was in the fish shop, but he didn't see me. A poor woman came in with a mop.* She asked Mr. Cutter if he would let her do some cleaning for a bit of fish because she didn't have any dinner for her children. Mr. Cutter refused. But Mr. Laurence ended up buying a big fish and giving it to the woman for free*! She looked so cute and happy while carrying that big fish!"

After they laughed at Beth's story, they asked their mother for one.

"I felt very anxious about* Father and thought how lonely and helpless* we would be if anything happened to him," said Mrs. March. "An old man came into the store and began to talk to me. 'Do you have any sons in the army?' I asked. 'Yes, ma'am. I had four, but two were killed, one is a prisoner,* and I'm going to the other, who is very sick in a Washington hospital,' he answered quietly. 'You have done a great deal for your country, sir,' I said. He spoke so cheerfully and looked so sincere* that I was ashamed of myself. I only gave one man, while he gave four without complaining. I had all my girls to comfort me at home, and his last son was waiting, miles away, to say goodbye to him. I felt so rich, so happy, thinking of my blessings.* I gave him some money and thanked him for the lesson* he taught me."

"Tell another story, Mom," said Jo.

Mrs. March smiled and began at once.*

"Once there lived four girls. They had everything they needed, but they were not contented.* These girls were constantly* saying, 'If only we had this,' or 'If only we could do that.' So they asked an old woman what spell* they could use to make

---

mop 대걸레  for free 공짜로  feel anxious about ~에 대해 걱정하다, 속을 태우다  helpless 무력한, 속수무책인  prisoner 포로  sincere 진정한  blessing 축복  lesson 교훈  at once 즉시, 곧바로  contented 만족한  constantly 끊임 없이  spell 주문, 주술

them happy. She said, 'When you feel discontented,* think over your blessings, and be grateful.' Being sensible* girls, they decided to try her advice. Soon they were surprised to see how well off* they were. So they decided to stop complaining, to enjoy the blessings they already possessed.*"

"Now, Mom, that is very wise of you to turn our own stories against us," cried Meg. "You gave us a sermon* instead of a romance*!"

"I like that kind of sermon," said Beth thoughtfully.

"I don't complain near as much as the others do," said Amy.

"We needed that lesson, and we won't forget it," added Jo.

Chapter 05

# Being Neighborly*

조는 외롭게 창밖을 쳐다보고 있던 옆집 소년 로리를 찾아간다.
조는 로리와 좋은 친구가 되고 로렌스 씨에게도 좋은 인상을 남긴다.
이후 마치가의 네 자매는 로렌스가와 활발히 교류한다.

After it snowed one day, Jo began to clear the snow with great energy. With her broom,* she soon swept* a path* all around the garden. The garden separated*

discontented 불만을 품은, 불만스러운  sensible 분별 있는, 지각 있는
well off 풍족한, 부자로 잘 살아  possess 소유하다  sermon 설교, 훈계
romance 소설, 사랑 이야기  neighborly 이웃 사람다운  broom 빗자루
sweep 쓸다  path 길, 골목길  separate 분리하다

the Marches' house from the Laurences' house. The Marches lived in a suburb* of the city that was still country-like, with large gardens and quiet streets.

A low row of hedges* was in the middle between the two houses. On one side was an old, brown house covered in vines* and flowers. On the other side was a large stone mansion* filled with luxurious* and rich things.

To Jo, this fine house seemed like a magical place, full of wonderful things that no one had ever touched or played with. She had always wanted to see the things in the house, including* the Laurence boy. Since the party, she had been more eager than ever to* meet him again. Finally, she saw him staring* out the window one day while her sisters were playing in the snow.

Jo was determined to* meet the boy again and play with him. It was clear to her that he needed some fun and companions. She saw his grandfather drive away for the afternoon, and she began to dig* through the snow toward his house. Everything was quiet. She couldn't see any people or servants, except for* the boy's face in the window. She took some snow, made a snowball* and threw it at the window. At first the boy jumped, surprised, but then he looked down and saw Jo. He smiled and opened the window.

"How do you do?" asked Jo. "Are you sick?"

"Better, thank you," said the boy. "I've had a bad cold."

"I'm sorry," said Jo. "What do you do all day?"

---

suburb 교외  hedge 울타리, 나무 울타리  vine 포도나무, 덩굴 식물  mansion 대저택  luxurious 호화로운  including ~을 포함하여  be eager to ~을 간절히 하고 싶어 하다  stare 빤히 쳐다보다  be determined to ~하기로 결정하다  dig (구멍 등을) 파다  except for ~을 제외하고  snowball 눈덩이

"Nothing," said the boy. "I'm so bored."

"Don't you read?" asked Jo.

"Not much," replied the boy. "They won't let me."

"Can't somebody read to you?" said Jo.

"Grandpa does sometimes, but my books don't interest him," said the boy.

"Why don't you have someone come and see you?" said Jo.

"There isn't anyone I'd like to see," said the boy. "Boys are too noisy."

"Girls are quiet," said Jo.

"I don't know any," said the boy.

"You know us," said Jo.

"So I do!" cried Laurie. "Will you come, please?"

"I'm not quiet and nice, but I'll come, if Mother will let me," said Jo. "I'll go ask her."

With that, Jo went back home to ask her mother. Laurie ran around trying to clean everything and make everything look nice. Finally, someone rang the doorbell. A surprised servant told Laurie that a young woman had come to see him. Jo appeared with a covered dish in one hand and Beth's three kittens in the other.

"Here I am," she said. "Meg wanted me to bring some of the cake she made, and Beth thought her cats would be comforting. I knew you'd laugh at them, but she was so anxious to* do something. Shall I read aloud*?" She looked at the books on the shelves.*

"Thank you, but I've read all of those," answered Laurie. "I want to talk."

"Okay!" said Jo. "Beth always says I talk too much!"

"Is Beth the little one who stays at home a lot?" asked Laurie with interest.

---

be anxious to 몹시 ~하고 싶어 하다   aloud 큰 소리로   shelf 선반, 서가

"Yes, that's Beth," replied Jo.

"The pretty one is Meg, and the curly-haired* one is Amy, I believe?" said Laurie.

"How did you know?" said Jo.

"I often see you guys playing, and I hear you talking to each other," he said and his face turned red. "Sometimes I see you talking to your mother. I can't help* watching it. I haven't got any mother, you know." Laurie turned away and looked at the fire. Jo felt touched by what he said.

"Instead of just watching us, you should come over* and see us," said Jo. "Wouldn't your grandpa let you?"

"I think he would, if your mother asked him," said Laurie. "He's very kind, though he does not look so."

"We want to know you," said Jo. "Don't be shy."

Laurie turned red again.

"Do you like your school?" asked the

boy.

"I don't go to school," answered Jo. "I take care of my great-aunt."

Jo gave a description of* the old lady, her fat poodle, the parrot that talked Spanish, and the library.

"Tell on, please," he said.

She told him about her life, her games with her sisters, her father, and about the books she liked to read.

"If you like them so much, come down and see ours!" said Laurie.

They went to the library. It was lined with* books, and there were pictures, statues,* and all kinds of different interesting things.

"What richness!" sighed Jo. "Theodore Laurence, you must be the happiest boy in

---

curly-haired 곱슬머리의   can't help -ing ~하지 않을 수 없다   come over ~에 들르다, 방문하다   give a description of ~의 모습을 설명하다, ~을 기술하다   be lined with ~로 줄지어 있다   statue 조각상

the world."

"A boy can't live on books," said Laurie. A bell rang and a maid* came in.

"Your grandfather wants to see you, sir," she said.

"Would you mind if I left you for a minute?" said Laurie.

"No. I'm happy here," answered Jo.

Laurie went away, and then the door opened a few moments later. Jo was looking at Laurie's grandfather's portrait.*

"I'm sure now that I shouldn't be afraid of him, for he's got kind eyes, though he looks as if he had a tremendous* will of his own," Jo said without turning. "He isn't as handsome as my grandfather, but I like him."

"Thank you, ma'am," said a gruff* voice behind her. To her great dismay,* there stood old Mr. Laurence.

Poor Jo blushed* till she couldn't blush

any redder, and her heart began to beat* uncomfortably fast as she thought what she had said.

"So you're not afraid of me, hey?" said Mr. Laurence.

"Not much, sir," said Jo.

"And you don't think me as handsome as your grandfather?" said Mr. Laurence.

"Not quite, sir," said Jo.

"And I've got a tremendous will, have I?" said Mr. Laurence.

"I only said I thought so," said Jo.

"But you like me in spite of* it?" said Mr. Laurence.

"Yes, I do, sir," said Jo.

That answer pleased the old gentleman. He gave a short laugh and shook hands with* her. Then he looked at her face.

---

maid 하녀  portrait 초상화  tremendous 엄청난, 대단한  gruff (목소리가) 걸걸한, 거친  to one's dismay 당혹스럽게도  blush 얼굴을 붉히다  beat 치다, 때리다  in spite of ~에도 불구하고  shake hands with ~와 악수하다

"You've got your grandfather's spirit, but not his face," said Mr. Laurence. "He was a fine man, and I was proud to be his friend."

"Thank you, sir," said Jo. She was quite comfortable after that.

"What have you been doing to this boy of mine?" said Mr. Laurence.

"I'm only being a good neighbor, sir," said Jo.

"You think he seemed bored?" said Mr. Laurence.

"Yes, sir," said Jo eagerly. "He seems a little lonely. We are only girls, but we will help. We still remember your Christmas present."

"I shall come and see your mother some day," said Mr. Laurence. "Tell her so. Let's have tea together."

Laurie came running into the room. He looked surprised to see Jo and his grandfather.

"I didn't know you had come, sir," he said.

"Come to your tea, sir, and behave like a gentleman," said Mr. Laurence.

The old gentleman did not say much as he drank his four cups of tea, but he watched the young people. When they finished their tea, Jo said she should go, but Laurie said he had something more to show her. He took her to the greenhouse.* It seemed like a fairy tale* to Jo as she walked up and down and looked at the flowers. Laurie gathered some flowers and gave them to Jo.

"Please give these to your mother, and tell her thank you for the medicine* she sent," he said to her.

They found Mr. Laurence standing in

---

greenhouse 온실  fairy tale 동화  medicine 약

the living room. Jo saw that they had a huge* piano.

"Do you play?" she asked, turning to Laurie.

"Sometimes," he answered.

"Please do now," said Jo. "I want to hear it so I can tell Beth."

"Won't you first?" said Laurie.

"I don't know how," said Jo.

So Laurie played and Jo listened. She was very impressed,* and she praised him again and again.

"His music isn't bad, but I hope he will do as well in more important things," said Mr. Laurence. "Say hello to your mother for me. Good night, Doctor Jo."

He shook hands kindly, but looked as if something did not please him. When they got into the hall, Jo asked Laurie if she had said something wrong. He shook his head.

"No, it was me," said Laurie. "He doesn't

like to hear me play."

"Why not?" said Jo.

"I'll tell you someday," said Laurie. "But you will come again, I hope?"

"If you promise to come and see us after you are well," said Jo.

"I will," said Laurie.

"Good night, Laurie!" said Jo.

"Good night, Jo!" said Laurie.

"Mother, why didn't Mr. Laurence want Laurie to play the piano?" asked Jo after she came home.

"I am not sure, but I think it is because of his son," said Mrs. March. "Laurie's father married an Italian lady, a musician, which annoyed the old man. The lady was good, but he did not like her. They both died when Laurie was a little child. His musical skill reminds him of the woman

---

huge 거대한, 아주 큰   impressed 감명을 받은

he did not like."

"Dear me, how romantic!" exclaimed Meg.

"How silly!" said Jo.

"That's why he has such handsome black eyes and pretty manners, I suppose," said Meg. "Italians are always nice."

"What do you know about his eyes and his manners?" said Jo. "You've never spoken to him."

"I saw him at the party," said Meg. "That was a nice little speech about the medicine."

"We'll all be good to him because he doesn't have a mother, and he may come over and see us, right, Mommy?"

"Yes, Jo, your little friend is very welcome," said Mrs. March.

# Beth Finds the Palace Beautiful

로렌스 씨는 수줍음 많은 베스에게 피아노를 치러 오라고 한다.
베스는 로렌스 씨의 호의에 직접 만든 슬리퍼로 감사의 뜻을 전하고
로렌스 씨는 베스에게 특별한 선물로 답례한다.

Everyone liked Laurie, and he found something very charming* in the innocent* companionship* of the girls. His tutor,* Mr. Brooke, began to complain to Laurie's grandfather because he was

charming 매력적인, 멋진  innocent 악의 없는, 순수한  companionship 동료애, 우정  tutor 가정교사

always skipping class* to go play with the girls.

"Let him take a holiday," said his grandfather. "Mrs. March is doing more for him than we can."

They all had a good time skating and playing together. Meg could walk in the greenhouse to admire* the flowers, and Jo read all the books in the new library. Amy copied pictures, and Laurie played the piano delightfully* for them.

But Beth, even though she wanted to play the piano there, never had the courage to* go. She went once with Jo, but the old man frightened* her. Laurie's grandfather realized that he had scared the girl. One day, when he visited the girls, he talked about singers and music. He started talking about how he wanted to teach someone to play the piano.

"The boy neglects* his music now," said

Mr. Laurence. "But someone should play it again. Wouldn't some of your girls like to practice on it sometimes?"

Beth took a step forward, but she was still too shy to speak. Finally, Beth snuck* over to him and put her hand timidly* on his.

"Are you the musical girl?" asked Mr. Laurence.

"I'm Beth," said Beth. "I'll come if you are quite sure nobody will hear me."

"Not a soul,* my dear. The house is empty half the day, so come and play," said Mr. Laurence. "I had a little girl once with eyes like these. God bless you, my dear! Good day, madam." And he left the house quickly.

Beth was so happy. She sang beautifully

---

skip class 수업을 빼먹다   admire 감탄하다, 감탄하며 바라보다
delightfully 즐겁게   have the courage to ~할 용기를 가지다   frighten
놀라게 하다   neglect 등한시하다, 게을리하다   sneak 살금살금 가다   timidly
소심하게, 소극적으로   soul 사람, 영혼

that night. The next day, she noiselessly* entered the house after she watched the old man and the boy leave. At first she was afraid, but she forgot her fear* when she began to play. While she played, she felt completely* happy. She stayed till Hannah came to take her home to dinner. After that, the little girl snuck over to the house every day to play.

"Mother, I'm going to make Mr. Laurence a pair of slippers," said Beth, a few weeks later. "He is so kind to me. I must thank him. Can I do it?"

"Yes, dear," replied Mrs. March. "It will please him very much."

After many serious* discussions* with Meg and Jo, she decided what color and pattern* to buy. Beth worked very hard, day and night. She was skilled at* sewing and finished the slippers quickly. When they were finished, she left them at Mr.

Laurence's house.

A day passed and she heard nothing about her gift. On the afternoon of the second day, she went out for a walk. When she came home, she was greeted by her very happy sisters.

"Here's a letter from Mr. Laurence!" said the sisters. "Come quick and read it!"

At the door, her sisters grabbed* her and took her to the parlor.*

"Look there!" cried the sisters.

Beth did look and turned pale* with delight* and surprise, for there stood a little piano.

"For me?" gasped* Beth, holding on to* Jo.

"Yes! Read the letter," cried Jo, hugging

---

noiselessly 소리 없이, 조용히  fear 두려움; 두려워하다  completely 완전히
serious 심각한, 진지한  discussion 논의, 상의  pattern 무늬  be skilled
at ~에 솜씨가 좋다  grab 붙잡다, 움켜잡다  parlor 응접실, 거실  turn pale
핏기가 가시다, 창백해지다  with delight 기뻐서  gasp 숨이 막히다, 헉 하고
숨을 멈추다  hold on to ~에게 의지하다, 매달리다

her sister and giving her the note.

"You read it!" said Beth and she hid her face.

Jo opened the paper:

Miss March:

Dear Madam,

I have had many pairs of slippers in my life, but I never had any that suited* me so well as yours. I'd like to pay my debts,* so I know you will allow me to send you something. It was my granddaughter's before she passed away.*

Your grateful* friend and humble* servant,

JAMES LAURENCE

"There, Beth, that's an honor* to be proud of, I'm sure!" said Jo, trying to relax* Beth, who looked more excited than she had ever been before. "Laurie told me how fond* Mr. Laurence used to be of the child who died."

"Look at how pretty it is!" said Meg. "It has a golden rose painted on it."

"Your humble servant, James Laurence," said Amy, much impressed by the note.

"Try it, honey," said Hannah. "Let's hear the sound of the baby piano."

So Beth tried it, and everyone said it was the most remarkable* piano they had ever heard. Beth lovingly touched the beautiful black and white keys.

"You'll have to go and thank him," said Jo.

"Yes. I guess I'll go now before I get frightened." And, to the amazement* of the family, Beth walked down the garden, through the hedge, and in at the

---

suit 알맞다, 어울리다  debt 빚  pass away 죽다  grateful 고마워하는, 감사하는  humble 하찮은  honor 영예, 명예  relax 진정시키다, 안심시키다  fond 애정을 느끼는, 좋아하는  remarkable 놀랄 만한, 주목할 만한  amazement 놀라움

Laurences' door. She went and knocked at the door of the study. When she saw the old man, she remembered how he lost his granddaughter, so she put both arms around his neck and kissed him.

The old man was astonished* but very happy. He felt like his little granddaughter was alive again. Beth ceased* to fear him from that moment. When she went home, he walked with her to her house and shook hands with her.

Chapter 07

# Amy's Humiliation*

허영심 있는 에이미는 반 친구들에게 허세를 부리기 위해
금지 품목인 라임 절임을 학교에 가지고 간다.
하지만 반 친구가 고자질을 하고 에이미는 라임을 빼앗기고 체벌을 받는다.
모욕과 수치심을 느낀 에이미는 학교에 가지 않겠다고 한다.

"I just wish I had a little of the money Laurie spends on that horse," Amy said quietly as the girls watched Laurie ride.

"Why?" asked Meg kindly.

"I need it so much," said Amy. "I'm in

---

**astonished** 깜짝 놀란   **cease** 중단되다, 그치다   **humiliation** 굴욕

debt."

"In debt, Amy?" cried Meg. "What do you mean?" Meg looked serious.

"Why, I owe* the other girls at school at least* a dozen pickled limes," said Amy, "but I have no money to buy them."

"Limes?" said Meg. "What do you mean?"

"The girls are always buying them, and unless you want the other girls to not like you, you have to buy them too," said Amy. "People keep giving them to me because I'm popular,* but I haven't been able to give any back.*"

"How much money do you need?" asked Meg.

"A quarter* would be more than enough," said Amy.

"Here's the money," said Meg.

"Oh, thank you!" said Amy. "It must be so nice to have pocket money*!"

The next day, Amy was late to school. When she put a small brown bag on her desk, everyone realized that she had brought limes to school. She suddenly became very popular. Miss Snow, who had made fun of her before, apologized* and offered* to help Amy with her math homework. But Amy refused Miss Snow.

Miss Snow felt bitter, so she told the teacher that Amy had brought pickled limes to school. Their teacher, Mr. Davis had banned* them from school. Mr. Davis was a nervous man who struggled to control* his young students. That day he felt especially* nervous. When he heard that Amy had limes, he banged* on the desk, hard.

"Young ladies!" cried Mr. Davis.

---

owe 빚지고 있다  at least 적어도  popular 인기 있는  give back 돌려주다  quarter 1/4, 25센트  pocket money 용돈  apologize 사과하다  offer 제안하다  ban 금지하다  control 통제하다, 제어하다  expecially 특히  bang 탕 치다

"Attention*!"

Fifty pairs of blue, black, gray, and brown eyes stared back at him.

"Miss March, come to the desk," said Mr. Davis.

Amy rose.

"Bring with you the limes you have in your desk," he commanded.* Amy secretly only took half of them out of the bag and brought them with her to the teacher's desk.

"Is that all?" said Mr. Davis.

"Not quite…," said Amy.

"Bring the rest immediately," said Mr. Davis.

"Now take these disgusting* things, and throw them out of the window," said Mr. Davis.

Amy was red with shame* and anger* as she threw the limes out the window. One girl started crying.

"Young ladies, you remember what I said to you a week ago," said Mr. Davis. "Miss March, hold out* your hand."

Amy hid her hands behind her back and looked at Mr. Davis sadly. Wasn't she his favorite? Maybe he would forgive her. But one girl in the class said a bad word* quietly. Mr. Davis's face turned redder.

"Your hand, Miss March!" said Mr. Davis.

Amy finally showed her hand. He hit her several times on her palm* with the stick. She was too proud to cry, and she felt deeply disgraced.*

"You will now stand on the platform* until lunch," said Mr. Davis.

She did not speak or cry the whole time. Instead, she felt bitter and angry at Miss

---

**attention** 주의, 주목  **command** 명령하다  **disgusting** 역겨운, 구역질 나는  **shame** 수치, 치욕  **anger** 화, 분노; 화를 돋우다  **hold out** 내밀다  **bad word** 나쁜 말, 욕  **palm** 손바닥  **disgraced** 망신을 당한, 수치심이 드는  **platform** 단, 연단

Snow. The fifteen minutes that she had to stand there felt like an hour to her.

"You can go, Miss March," said Mr. Davis, who looked uncomfortable. She looked at him bitterly* and did not say a word. Secretly, she decided that she would never return.

At home, during lunchtime, she complained about what had happened to her mother and sisters. She did not return to school in the afternoon. Just before school closed, Jo went to the school and delivered* a letter from her mother. Then she collected Amy's property* and departed.*

"Yes, you can have a vacation from school, but I want you to study a little every day with Beth," said Mrs. March that evening. "I don't like teachers who hit their students, and I'm not fond of your friends at school."

"That's good," sighed Amy. "I am sorry to lose my friends."

"I am not sorry you lost them, for you broke the rules,* and deserved* some punishment,*" said Mrs. March.

"Do you mean you are glad I was disgraced?" said Amy.

"You are becoming too arrogant,*" said Mrs. March. "If you have a bad attitude,* no one will notice* your talents. It is much better to be modest.*"

"So it is!" said Laurie, who was playing chess in a corner with Jo. "I knew a girl once who had a really remarkable talent for music, and she didn't know it."

"I wish I'd known that nice girl," said Beth.

"You do know her," answered Laurie,

---

bitterly 비통하게  deliver 전달하다, 배달하다  property 소유물  depart 떠나다, 출발하다  break a rule 규칙을 어기다  deserve ~을 받을 만하다  punishment 벌, 처벌  arrogant 오만한, 거만한  attitude 태도  notice 주목하다  modest 겸손한

looking at her, and Beth suddenly turned very red.

"Is Laurie a talented boy?" Amy asked that night after Laurie had gone home.

"Yes, he has had an excellent* education,*" replied her mother. "He will make a fine man."

"And he isn't arrogant, is he?" asked Amy.

"No! That is why he is so charming," said Mrs. March. "Amy, if you wore all of your bows,* ribbons, and jewelry* at the same time, would it still look nice?"

"No," answered Amy thoughtfully.

Chapter 08

# Jo Meets Apollyon*

에이미는 자신을 어린아이 취급하는 조에게
모욕감을 느끼고 그녀에게 복수할 궁리를 한다.
조가 자신의 말과 행동을 후회하는 줄도 모르고
에이미는 수개월 동안 열심히 써 온 조의 원고를 불태운다.

"Girls, where are you going?" asked Amy.

"Little girls shouldn't ask questions," Jo answered sharply.*

Amy felt very insulted* at this

---

excellent 훌륭한   education 교육   bow 나비매듭   jewelry 보석류
apollyon (성서) 악마   sharply 날카롭게   insulted 모욕당한, 무시당한

comment.* She annoyed her sisters for an hour until they told her the truth.

"You aren't invited," said Meg.

"You are going somewhere with Laurie," said Amy. "I know you are."

"Yes, we are," replied Jo. "Stop bothering* us."

"I know!" cried Amy. "You're going to the theater to see the 'Seven Castles!' I want to go too!"

"If you go, I won't, and if I don't, Laurie won't like it," said Jo angrily.

Sitting on the floor, Amy began to cry and Meg tried to comfort her. But soon, Laurie called from below, and the two girls hurried down, leaving their sister crying.

"You'll be sorry for this, Jo March!" Amy called to her sister.

They had a wonderful time watching the play. But as she watched the play, Jo felt a little guilty.* She wondered* what

Amy planned to do to her. Amy and Jo often fought because they both had bad tempers* sometimes. But Jo always felt bad after she was angry. Amy didn't always feel guilty.

When they got home, they found Amy reading in the living room. Amy ignored* her sisters and would not answer them. Jo checked all of her things. They were all there. Maybe Amy had forgiven her?

But the next day, she couldn't find her favorite book.

"Has anyone taken my book?" Jo asked her sisters.

"No," said Meg and Beth, and they looked surprised. Amy poked* the fire and said nothing.

"Amy, you've got it!" said Jo.

"No, I haven't," said Amy.

comment 언급  bother 괴롭히다  guilty 죄책감이 드는  wonder 궁금해하다  have a bad temper 성격이 불 같다  ignore 무시하다  poke 쿡 찌르다

"You know something about it," said Jo. "You'd better tell at once, or I'll make you."

"You will never see your book again," cried Amy.

"Why not?" said Jo.

"I burned it in the fire," said Amy.

"My book?" said Jo, turning very pale. "I was writing that book for months. I was going to finish it for Father when he gets home. You really put it in the fire?"

"Yes, I did!" said Amy.

"You wicked* girl!" Jo screamed* as she shook Amy violently.* "I can't write it again, and I'll never forgive you!"

Meg ran to rescue Amy and Beth to calm* Jo. Jo punched* Amy one time in the ear and then ran upstairs.

Mrs. March came home, and heard the story. Jo had worked for several months writing this book, and she felt nothing could make her feel better. Mrs. March looked upset, and Amy realized that she had to apologize.

"Please forgive me, Jo," Amy said that night. "I'm very, very sorry."

"I shall never forgive you," said Jo coldly.

No one spoke of the great trouble, not even Mrs. March. They sewed silently together that night, and when they sang, Jo didn't make a sound. Amy cried.

"Please forgive your sister," Mrs. March whispered to Jo that night before bed. Jo wanted to cry to her mother but she didn't. She didn't want to look weak.

Amy was offended* that her apology was rejected.* So, she wished that she had never apologized and became more proud. Jo still looked like a thunder cloud.* Beth and Meg also felt upset.

---

wicked 못된, 사악한   scream 비명을 지르다, 괴성을 지르다   violently 격렬하게, 사납게   calm 진정시키다   punch 주먹으로 치다   offended 화가 난, 감정이 상한   reject 거절하다   thunder cloud 뇌운(번개, 천둥, 뇌우 등을 몰고 오는 구름)

Jo decided to go skating with Laurie. Amy heard and became angrier because Jo had promised to take her skating before the winter ended.

"Don't complain," said Meg. "You were bad. You should try to approach Jo when she is happy with Laurie. Then maybe she will forgive you."

"I'll try," said Amy. She ran outside to go to her sister. Jo saw her coming, and turned her back. Laurie did not see her because he was busy skating.

"I'll go on over there," he said to Jo. "We can start the race from there."

Jo heard Amy behind her, but she didn't look at her. Amy started putting on her skates.

"Keep near the shore," said Laurie. "It isn't safe in the middle."

Jo heard Laurie say, but Amy was busy putting on her skates, so she didn't hear. Jo decided not to tell her sister.

Laurie was too far away to see, Jo was behind him, and Amy was far behind. Amy started skating toward the middle of the river because the ice was smoother.* Jo had a strange feeling that she tried to ignore, but she decided to turn around and look at her sister.

She saw Amy throw up her hands and go down as the ice under her cracked.* Jo froze* with fear. She tried to call Laurie, but her voice was gone.

"Bring a piece of wood, quick!" shouted Laurie suddenly.

Without thinking, she skated to the shore and pulled a piece of wood from a broken fence.* She and Laurie went to Amy and pulled her out of the freezing cold water.

---

**smooth** 매끄러운, 반질반질한   **crack** 금이 가다   **freeze** 얼다, 얼어붙다
**fence** 울타리

"We must walk her home as fast as we can," cried Laurie, wrapping* his coat around Amy, and pulling his skates off* his feet. They got Amy home. She fell asleep in front of the hot fire. Joe did not speak as she ran around wildly, trying to take care of Amy. Her hands were covered in cuts.*

"Are you sure she is safe?" whispered Jo as her mother bandaged* her hands.

"She is not hurt," replied her mother cheerfully. "She will not get sick either because you got her home safely."

"Laurie did it all," Jo dropped to the floor and began to cry. "I didn't tell her it wasn't safe. Mother, if she should die, it would be my fault. Why do I get so angry? What shall I do?"

"Just try and be better," said Mrs. March as she hugged and kissed her daughter. "Don't cry so bitterly, but remember this day, and promise you will never do this again. Your temper is not so bad. I used to be just like you."

"Really?" said Jo. "But you are never angry!"

"I've been trying to cure* it for forty years," said Mrs. March. "I am angry nearly* every day of my life, Jo, but I have learned not to show it."

The fact* that her mother had the same fault as her made her feel better.

"Mother, are you angry when you go out of the room sometimes?" asked Jo.

"Yes. I just go away for a minute and relax," answered Mrs. March with a sigh and a smile.

"How did you learn to control your temper?" asked Jo.

"My mother used to help me," said

---

wrap 감싸다  pull off ~을 벗다  cut 상처  bandage 붕대를 감다  cure 치유시키다, 치료하다  nearly 거의  fact 사실

Mrs. March. "I was too proud to confess* my weakness* to anyone else. Then your father came, and I was so happy that I found it easy to be good. But after we lost our money, it became hard again."

"Poor Mother!" said Jo. "What helped you then?"

"Your father, Jo," said Mrs. March. "He never loses patience,* never doubts* or complains. He helped and comforted me. He reminded me that I have to show you girls a good example.*"

"Oh, Mother, if I'm ever half as good as you, I shall be happy," said Jo.

"I hope you will be even better," said Mrs. March. "But you must try to control your temper."

"I will try, Mother," said Jo softly. Her mother looked away,* sadly. "Did I make you sad?"

"No, dear, but speaking of Father

reminded me how much I miss him," said Mrs. March.

"But you told him to go, Mother, and didn't cry when he went," said Jo, wondering.

"Our country needed him, so I gave him," said Mrs. March. "But that's okay because I still have my girls. You are my greatest gifts."

Jo held her mother close. Amy sighed in her sleep. Jo looked at her sister lovingly.

"If it hadn't been for Laurie, she could have died!" said Jo. "How could I be so wicked?" She petted her sister's hair. Amy opened her eyes, and the sisters hugged each other closely.

---

**confess** 고백하다, 시인하다　**weakness** 약점　**patience** 인내　**doubt** 의심하다; 의심　**example** 본보기　**look away** 얼굴을 돌리다, 시선을 피하다

Chapter 09

# Meg Goes to Vanity* Fair*

메그는 모팻 집안이 주최하는 무도회에 초청을 받는다.
마치 부인은 메그의 허영심 때문에 걱정하면서도 메그를 보내 준다.
파티와 화려한 것들에 취해 있던 메그는
사람들의 뒷담화를 우연히 엿듣고 정신을 차린다.

"I wish you were all going, but as you can't, I shall tell you my adventures when I come back," said Meg. "You all have been so kind, lending me things and helping me get ready."

"What did Mother give you out of the treasure box*?" asked Amy.

"A pair of silk stockings, that pretty fan, and a lovely blue scarf," said Meg.

"I wish I hadn't smashed* my coral* bracelet,* so I could give it to you," said Jo, who loved to give and lend.

"There's my new gray walking suit,* and my feathered hat, and my violet silk handkerchief," Meg said as she looked over* her clothes. "My green umbrella doesn't look as nice as Annie's gold one. Annie Moffat has blue and pink bows on her hat. Would you put some on mine?" she asked Jo.

"No, it wouldn't match your dress," said Jo.

"I wonder if I shall ever be lucky enough to have real lace on my clothes," said Meg impatiently.*

---

vanity 허영  fair 축제일 겸 장날  treasure box 보석함  smash 박살내다
coral 산호  bracelet 팔찌  walking suit 워킹 슈트, 평상복  look over
훑어보다  impatiently 성급하게, 조바심 내며

"You said the other day that you'd be perfectly happy if you could only go to Annie Moffat's," said Beth.

"So I did!" said Meg, looking at her most beautiful, white dress. "I'm almost ready to go."

The next day, Meg departed in style* for two weeks of fun. Mrs. March worried that Meg would come back from the trip, more jealous of* the rich girls than before. But she had begged so much to go.

The Moffats were very fashionable and simple. But they were kind people even though they were rich and spoiled. Meg realized that they were actually* not very intelligent.* Anyway, it was very pleasant to ride around in carriages in her nicest clothes all day. She began to talk like the girls around her. She used many French words and only spoke about fashion.

The more she saw of Annie Moffat's

pretty things, the more she envied how rich she was. She felt very poor even though she wore new stockings and gloves.

She and the other two girls shopped, walked, rode horses, visited friends, went to theaters and operas, or played at home in the evening. Annie's older sisters were very fine young ladies, and one was engaged,* which was extremely* interesting and romantic.

Mr. Moffat was a fat, jolly old gentleman, who knew her father, and Mrs. Moffat, was a fat, jolly lady, who liked Meg.

When the evening for the small party came, she saw that her dress was not as beautiful as the other girls'. The other girls offered to help her get dressed, but she realized that they felt bad for her because

---

in style 멋을 내고, 유행을 따르는   be jealous of ~을 질투하다, 시기하다
actually 사실, 실제로   intelligent 지적인   engage 약혼시키다
extremely 몹시, 극도로

she was poor. Her heart felt bitter. The maid knocked on the door and brought into the room a bouquet* of red roses.

"They are for Miss March, and here's a note," said the maid.

"What fun!" cried the girls. "Who are they from? We didn't know you had a lover."

"The note is from Mother, and the flowers from Laurie," said Meg simply.

"Oh, indeed!" said Annie with a funny look.

Feeling almost happy again, she gave some of the roses to her friends, and she put some of the roses on her dress. It looked much prettier now.

She enjoyed herself very much that evening, for she danced a lot. Everyone was very kind, and she had three compliments.* Annie made her sing, and everyone liked it. So she had a very nice time, till she overheard something that upset her. She was sitting near the greenhouse and waiting for her dance partner when she heard two people talking on the other side of the wall.

"How old is he?" asked a woman.

"Sixteen or seventeen," replied Mrs. Moffat.

"It would be wonderful for one of those girls, wouldn't it? Sallie says they are very close now, and the old man likes them," said the woman.

"I'm sure her mother has something planned, even if the girl doesn't realize it yet," said Mrs. Moffat.

"Do you think she'd be offended if we offered to lend her a dress for Thursday?" asked the woman.

"She's proud, but I don't believe she'd

**bouquet** 다발　**compliment** 칭찬, 찬사

mind, for that old dress is all she has got," said Mrs. Moffat.

Finally, Meg's partner appeared. She was proud, and she felt disgusted* and ashamed at what she had just heard. She wanted to run home, but she pretended to be happy for the rest of the party. She was very glad when it was all over, and she was quiet in her bed. Her innocent friendship with Laurie was spoiled by the silly things she had overheard. What could her mother be planning? Why couldn't her dress be as beautiful as the other girls'?

The next day, Meg's friends seemed to be treating her differently.* They looked at her with curiosity* and respect.*

"I've sent an invitation* to your friend, Mr. Laurence, for Thursday," said Miss Belle, the engaged sister. "We want to know him."

"You are very kind, but I'm afraid he

won't come," said Meg.

"Why not?" asked Miss Belle.

"He's too old," said Meg.

"What do you mean?" cried Miss Clara. "How old is he?"

"Nearly seventy, I believe," answered Meg, laughing to herself.

"Ha ha! Of course we meant the young man," exclaimed Miss Belle, laughing.

"There isn't any," said Meg. "Laurie is only a little boy."

"It's very nice of him to send you flowers, isn't it?" said Annie.

"Yes, he often does, to all of us," said Meg. "My mother and old Mr. Laurence are friends, you know, so it is quite natural* that we children should play together." Meg hoped they would say no more.

---

disgusted 혐오감을 느끼는  differently 다르게  curiosity 호기심
respect 존경  invitation 초대장  natural 자연스러운, 당연한

"What shall you wear?" asked Sallie.

"My old white dress again," said Meg feeling very uncomfortable. "But it was torn* last night,"

"I've got a blue silk dress, which I'm too tall to wear now," said Miss Belle. "Do you want to wear it?"

"You are very kind, but I don't mind my old dress," said Meg.

"No, let me dress you up," said Miss Belle. "You will be like Cinderella at the ball.*"

Meg couldn't refuse the offer.

On the Thursday evening, Miss Belle and her maid turned Meg into a fine lady. They curled her hair, and they polished* her neck and arms with some powder. They made her lips look even redder. Her sky-blue dress was so tight that she could hardly breathe.* They gave her silver jewelry, pink silk gloves, and high heeled boots. Finally, she carried a small bag and a fan.

"Come and show yourself," said Miss Belle, leading the way to the room where the others were waiting.

As Meg went after, with her long skirt, her earrings sparkling, her curls waving, and her heart beating, she felt as if her fun had really begun.

"You don't look a bit like yourself, but you are very nice," said Sallie. "Don't trip* on your long dress."

Meg got safely downstairs and into the drawing rooms* where a few early guests were sitting. Several young ladies, who had not talked to her before, were very kind all of a sudden.* Several young gentlemen asked to be introduced.

"Margaret March," whispered Mrs.

---

torn 찢어진  ball 무도회  polish 윤기를 내다  breathe 숨을 쉬다  trip 발을 헛디디다  drawing room 거실, 응접실  all of a sudden 갑자기

Moffat to one of the young men. "Her father is in the army, they lost their money a while ago, they are good friends with the Laurences, and she's very sweet."

Her dress was uncomfortable, and she feared that she would lose her earrings. She was flirting* and laughing with a boy but suddenly stopped. Laurie was staring at her with surprise. Though he bowed and smiled, something in his honest eyes made her blush and wish she had her old dress on.

"I'm glad you came," she said to Laurie and tried to sound like a grown-up.* "I was afraid you wouldn't."

"Jo wanted me to come and tell her how you looked," answered Laurie without looking at her.

"What shall you tell her?" asked Meg.

"I shall say I didn't know you," said Laurie. "I'm quite afraid of you."

"How ridiculous!" said Meg. "The girls dressed me up for fun, and I like it. Wouldn't Jo stare if she saw me?"

"Yes, I think she would," replied Laurie.

"Don't you like me so?" asked Meg.

"No, I don't," said Laurie.

"Why not?" asked Meg.

"I don't like fancy dresses and feathers,*" replied Laurie.

"You are the rudest boy I've ever seen," said Meg.

She went and stood quietly at a window to relax. As she stood there, she heard one of the rich young men talk to his mother.

"They are making a fool of* that little girl," he said. "I wanted you to see her, but she's nothing but* a doll tonight."

She leaned* her forehead* on the

---

flirt 희롱하다, 시시덕거리다  **grown-up** 어른  **feather** 깃털, 깃털 장식
**make a fool of** ~을 웃음거리로 삼다  **nothing but** 오직, 그저  **lean** 기대다
**forehead** 이마

window and hid behind the curtains even though her favorite song was playing. Suddenly, she felt someone touch her shoulder.

"Please forgive my rudeness, and come and dance with me," said Laurie.

Meg smiled and went with him. They danced skillfully around the room because they had practiced dancing at home.

"Laurie, I want you to do me a favor, will you?" said Meg.

"Of course!" said Laurie.

"Please don't tell them at home about my dress tonight," said Meg. "They won't understand the joke, and it will worry Mother."

"Then why did you do it?" said Laurie.

"I shall tell them myself all about it," said Meg. "Just say I looked pretty and was having a good time."

"I'll say the first, but how about the

other?" asked Laurie. "You don't look as if you are having a good time. Are you?"

"No...I thought it would be fun," said Meg. "But this dress is so uncomfortable!"

"Here comes Ned Moffat," said Laurie. "What does he want?"

"I suppose he wants to dance!" said Meg. "He's so boring."

He did not speak to her again till suppertime, when he saw her with Ned and his friend Fisher, who were behaving like a pair of fools.

"Meg, aren't those boys annoying?" he whispered.

"I'm not Meg tonight," she answered. "I'm 'a doll' who does all sorts of crazy things. Tomorrow I shall put away* my feathers and be good again."

"I wish tomorrow were here now,"

---

put away 치우다

grumbled Laurie as he walked away.

Meg danced and flirted as the other girls did. After supper, she avoided* Laurie and danced with a German boy. She was sick all the next day, and on Saturday went home, feeling tired of Annie's house.

"Home is a nice place, even though it isn't fancy," said Meg as she sat with her mother and Jo on the Sunday evening.

"I'm glad to hear you say so," replied her mother, who had given her many anxious looks that day. Meg had told her adventures over and over. She told them she had a good time. But after the younger girls went to sleep, she stared at the fire and looked worried.

"Mommy, I want to confess," she said finally.

"I thought so," said Mrs. March. "What is it, dear?"

"Shall I go away?" asked Jo.

"Of course not," said Meg. "Don't I always tell you everything? I was ashamed to speak of it before the younger children, but I want you to know everything."

"We are prepared,*" said Mrs. March, smiling but looking a little anxious.

"I told you they dressed me up, but I didn't tell you that they made me look like a doll," said Meg. "Laurie thought I wasn't proper. I knew it was silly, but they complimented me and said I was a beauty,* so I let them make a fool of me."

"Is that all?" asked Jo.

"No, I tried to flirt with a few of the boys," said Meg.

"There is something more, I think," said Mrs. March.

"Yes. It's very silly, but I want to tell it because I hate to have people say such

---

avoid 피하다   prepare 준비하다   beauty 미인

things about us and Laurie."

Then she told the various bits of gossip* she had heard at the Moffats', and as she spoke, Jo saw her mother's face become angry.

"Just wait till I see Annie Moffat!" laughed Jo. "I will teach her not to say that Mom has plans for us to marry Laurie just because he is rich!"

"If you tell Laurie, I'll never forgive you!" said Meg.

"No, never repeat* that foolish gossip," said Mrs. March seriously. "I am sorry that I let you play with such people."

"Don't be sorry," said Meg, looking half ashamed. "I won't let it hurt me. I'll forget all the bad and remember only the good. Thank you very much for letting me go. I know I'm a silly little girl, but it is nice to be praised and admired."

"That is perfectly natural," said Mrs.

March. "Just remember to stay modest."

Meg sat thinking a moment, while Jo looked confused.* Jo felt like her sister had changed so much in two weeks.

"Mother, do you have 'plans,' as Mrs. Moffat said?" asked Meg.

"Yes, my dear, I have a great many, all mothers do, but mine are different from Mrs. Moffat's," said Mrs. March. "I want my daughters to be beautiful, accomplished, good, admired, loved, and respected. I want you to have a happy childhood and a good marriage. To be loved by a good man is the best and sweetest thing which can happen to a woman, and I sincerely* hope my girls may know this. It is natural to think of it, Meg. My dear girls, you do not have to marry rich men just because they are rich.

---

gossip 뜬소문, 험담; 남 이야기를 하다, 험담을 하다   repeat 반복하다
confused 혼란스러워 하는   sincerely 진심으로

Money is important, but I never want you to think it is the only important thing. I'd rather see you'll be poor men's wives, if you were happy, than unhappy queens."

"What if we never marry?" asked Jo.

"Mother and Father will always be there," said Mrs. March. "Whether you are married or single,* you will make us proud and we love you."

# The Pickwick Club and the Post Office

봄에 네 자매는 화창한 날에는 정원을 가꾸고,
비가 오는 날에는 집에서 여러 가지 놀이를 한다.
피크위크 클럽은 신문사 놀이인데, 로리가 가입하면서 더 활기를 띠게 된다.

As spring came, the garden had to be planted, and each sister had a quarter of the little garden to plant whatever she wanted.

Meg had roses and a little orange tree

---

single 미혼인, 독신인

in it. Jo's garden was always different, for she was always trying experiments.* This year, she wanted to grow sunflowers* so she could feed the seeds* to her chickens. Beth had flowers that smelled good in her garden, including sweet peas,* pansies,* chickweed* for the birds, and catnip* for the cats. Amy had honeysuckle* and morning glories* hanging in graceful wreaths,* tall white lilies, and delicate ferns.*

On sunny days, they gardened or played in the river, and on rainy ones, they played games at home. One of these was the 'Pickwick Club', and it was a secret society. They met every Saturday evening and always had the same ceremonies.* Three chairs were arranged* in a row* in front of a table on which was a lamp. There were also four white badges,* with a big 'P.C.' in different colors on each.

Jo was the editor* of the weekly newspaper. Beth was the secretary,* Amy the treasurer,* and Meg the president.* The paper was filled with original tales,* poetry,* local news, funny advertisements,* and hints.* Jo began to read that week's newspaper:

"THE PICKWICK PORTFOLIO*"
MAY 20, 18○ ○
POET'S CORNER

ANNIVERSARY SONG
Again we meet to celebrate
With badge and serious rite,*
Our fifty-second anniversary,*
In Pickwick Hall, tonight.

---

experiment 실험  sunflower 해바라기  seed 씨앗  sweet pea 스위트피(콩과의 원예 식물)  pansy 팬지  chickweed 별꽃  catnip 개박하  honeysuckle 인동  morning glory 나팔꽃  wreath 화환  fern 양치식물  ceremony 의식  arrange 배열하다  in a row 한 줄로, 잇달아  badge 배지  editor 편집장, 편집자  secretary 비서  treasurer 회계 담당자  president 사장  original tale 창작 이야기  poetry 시  advertisement 광고  hint 실용적인 정보  portfolio 작품집  rite 의식, 예식  anniversary 기념일

We all are here in perfect health,
None gone from our small band:*
Again we see each well-known face,
And shake each friendly hand.
Our President, always at his place,
With respect we greet,
As, glasses on nose, he reads
Our well-written weekly sheet.
Although he suffers from* a cold,
We joy to hear him speak,
For words of wisdom from him fall,
Even though his voice may squeak.*
The year is gone. We still unite*
To joke and laugh and read.
EDITOR

---

THE MASKED MARRIAGE

(A Tale of Venice)

Gondola after gondola floated through the city. Knights and ladies, elves* and boys, monks* and flower girls all danced together.

Sweet voices and rich melody filled the air.

"Has Your Highness seen the Lady Viola tonight?" asked a Knight* to the Queen.

"Yes, she is sad, for she must wed Count* Antonio, whom she passionately* hates," said the Queen.

"I envy him," said the Knight. "There he comes in a black mask. He is going to dance with Viola."

"They say that she loves the young English artist," said the Queen as they joined the dance.

A priest* appeared and took Viola and the Count out of the dance and to the front of the room.

"My lords* and ladies, this young man and woman will be married tonight," said the priest.

---

band 일단, 무리   suffer from (병을) 앓다   squeak (목소리가) 갈라지다
unite 연합하다   elf 요정   monk 수도승   knight 기사   count 백작
passionately 열렬히, 격렬하게   priest 사제, 성직자   lord 영주, 군주

All eyes turned toward the bridal party.* Neither bride* nor groom* removed their masks. They were married.

"Unmask and receive my blessing," said the priest.

The groom took off his mask and revealed* the face of Ferdinand Devereux, Viola's artist lover. The bride also took off her mask to reveal Viola, joyfully* smiling.

"To you, my friends, I can only wish that you will find your true love, like me," said the groom.

PRESIDENT

---

A SAD ACCIDENT

On Friday night, we were startled* by a sudden noise from our basement.* We discovered* our beloved* president lying on the floor, having tripped and fallen while getting wood. In his fall, Mr. President had plunged* his head and shoulders into a tub* of water, and torn his garments* badly. It was discovered that he had suffered no injury* but several bruises.* We are happy to add that he is now doing well.

TREASURER

---

THE PUBLIC GRIEF*

It is our painful duty* to report the sudden and mysterious disappearance* of our friend, Mrs. Snowball Pat Paw. This lovely and beloved cat was the pet of warm and admiring friends. Her beauty charmed* everyone.

It is feared that some villain stole her. Weeks have passed, so we have lost hope and weep* for her. She seems lost to us forever.*

---

bridal party 신부 측 일행  bride 신부  groom 신랑  reveal 밝히다  joyfully 기쁘게  startled 깜짝 놀란  basement 지하실  discover 발견하다  beloved 총애 받는, 사랑 받는  plunge 거꾸러지다  tub 통  garment 의복, 옷  injury 부상, 상처  bruise 멍  grief 큰 슬픔  duty 임무, 의무  disappearance 실종  charm 매료시키다  weep 울다  forever 영원히

SECRETARY

---

ADVERTISEMENTS

A WEEKLY MEETING will be held at Kitchen Place to teach young ladies how to cook. Hannah Brown will teach, and all are invited to attend.

The DUSTPAN* SOCIETY will meet on Wednesday. All members must appear in uniform and bring their brooms at nine.

---

HINTS

If the President didn't use so much soap on his hands, he wouldn't always be late at breakfast. The Editor is requested* not to whistle in the street. Secretary, please don't forget Amy's napkin. The Treasurer must not worry about his dress.

---

WEEKLY REPORT
Meg - Good.

Jo - Bad.

Beth - Very Good.

Amy - Middle.

As the President finished reading the paper, applause* followed, and then the Editor stood up.

"Mr. President and gentlemen," he said, "I wish to propose* adding a new member. I propose Mr. Theodore Laurence become a member of the P.C. Come now, let him in!"

Jo's sudden change of tone made the girls laugh, but all looked anxious, and no one said a word.

"We'll have a vote,*" said the President. "Everyone who agrees with this, say 'aye'."

"Aye!" said the Editor and Secretary.

"If you don't agree, say, 'No'," said the

---

dustpan 쓰레받기   request 요구하다, 요청하다   applause 박수갈채
propose 제안하다   vote 투표, 투표권

president.

Meg and Amy said "No."

"I'm afraid he'll laugh at our paper and make fun of us afterward,*" said the President.

"Sir, I promise you that Laurie won't," said Editor Jo. "He likes to write, and he'll help make the newspaper! We can do so little for him, and he does so much for us."

"Yes, we should do it!" said Secretary Beth.

Finally, the other girls agreed to let Laurie into the club.

Jo threw open the door of the closet and revealed that Laurie had been hiding in there, listening.

"You traitor*!" cried the three girls as Jo gave Laurie a new badge. "Jo, how could you?"

"My faithful* friend and noble ladies, do not be angry at your Editor," said Laurie.

"I planned it, and she only agreed after lots of teasing.* But I will never do it again, and from now on, devote myself to* this club."

"That's right!" cried Jo.

"I wish to say thank you," said Laurie. "I have set up* a post office at the bottom of the hill. Letters and books can be received and mailed from there. Here is the key that anyone in the club can use!"

Everyone clapped* as he put the key on the table. A long discussion followed. It was an unusually exciting meeting and did not finish until late that evening. No one ever regretted* letting Laurie into the club. He certainly* did add spirit* to the meetings, and his writing was very good. Jo thought he wrote as well as Shakespeare.

The P.O. was a wonderful thing and

---

afterward 이후에, 추후   traitor 배신자   faithful 충실한, 충직한   teasing 성가신 것, 귀찮은 일   devote A to B A를 B에 헌신하다, 바치다   set up 세우다, 설치하다   clap 박수 치다   regret 후회하다   certainly 확실히, 분명히   spirit 정신, 활기

flourished.* Laurie's grandfather amused himself* by sending mysterious messages and funny telegrams* to their post office. His gardener was in love with* Hannah and once sent a love letter there. They laughed and didn't realize that their post office would carry many love letters in the future.

## Chapter 11

# Experiments

네 자매는 모처럼 휴가를 얻는다.
바쁜 일상에 지쳤던 네 자매는 아무 일도 하지 않고 쉬기로 했으나
쉬기만 하는 일도 힘이 든다는 사실을 알게 된다.

"The Kings are going to the seashore* tomorrow, and I'm free," exclaimed Meg to her sisters. "I have three months of vacation!"

"Aunt March went on vacation today,

---

flourish 번성하다　amuse oneself 즐기다, 흥겨워하다　telegram 전보
be in love with ~와 사랑에 빠지다　seashore 해변, 바닷가

too!" said Jo. "I was afraid she was going to ask me to go with her."

"Aunt March is like a vampire*!" said Amy. "What shall you do all your vacation?"

"I shall sleep and do nothing," replied Meg.

"No," said Jo. "I'm going to read all of my books when I'm not playing with Laurie."

"Well, if Mother doesn't mind, I want to learn some new songs," said Beth.

"May we play all vacation, Mother?" asked Meg.

"You can try, but I think after a week you will become bored," said Mrs. March.

The next morning, Meg did not appear until ten o'clock. Her breakfast did not taste good, and the room seemed lonely. The house looked untidy* because none of the girls wanted to clean. Meg thought about all the dresses she wanted to buy.

Jo spent the morning on the river with Laurie and the afternoon reading. Beth practiced her music, and she was happy that she had no dishes to wash. Amy wore a nice dress and drew a picture under a tree.

At teatime, they talked together. Meg, who went shopping in the afternoon, realized that her new dress didn't fit.* Jo had burned the skin on her nose boating and got a headache by reading for too long. Beth was confused by trying to learn three songs at the same time, and Amy had damaged* her nice dress outside.

As the week passed, the days kept getting longer and longer, and the girls began to become moody* and bored. Only Beth was okay because she forgot she

---

vampire 뱀파이어, 흡혈귀   untidy 어수선한   fit (사람, 사물 등에) 맞다
damage 손상을 주다, 훼손하다   moody 침울한, 감상적인

wasn't supposed to* do any work. Amy felt the worst. When her sisters left her alone, amusing herself became a great burden. She didn't like dolls or fairy tales.

No one would admit* that they were tired of the experiment, but by Friday night each one was glad that the week was over. Mrs. March, in order to teach her daughters a lesson, gave Hannah a holiday. When they got up on Saturday morning, there was no fire in the kitchen, no breakfast in the dining room, and no mother anywhere.

"What has happened?" cried Jo.

"Mother isn't sick, only very tired, and she says she is going to stay quietly in her room all day," said Meg. "She says it has been a hard week for her, so we must take care of ourselves."

Actually, it was relieving* for them all to have a little work. Beth and Amy set the table, and Meg and Jo got breakfast.

"I shall take some up to Mother," said Meg.

The boiled tea was very bitter, the omelet burned, and the biscuits tasted strange, but Mrs. March thanked her daughters for breakfast.

Meg went to the living room, where she started cleaning things. It was harder than she thought, so she closed the blinds* over the windows so the room looked less dirty. Jo put a note in the post office, inviting Laurie to dinner.

"You'd better see what food you have before you invite company," said Meg.

"Oh, there's corned beef* and plenty of potatoes, and I shall get some asparagus* and a lobster,*" said Jo. "We'll have

---

be supposed to ~하기로 되어 있다   admit 인정하다   relieve 안도하게 하다   blind 블라인드   corned beef 콘드비프(소금과 향신료를 섞어 살균한 쇠고기)   asparagus 아스파라거스   lobster 바다가재

lettuce* and make a salad. I don't know how, but I have a cookbook."

"You had better ask Mother's permission* before you buy any food," said Meg.

"Of course I shall," said Jo. "I'm not a fool."

"Get what you like, and don't disturb* me," said Mrs. March when Jo spoke to her. "I'm going out to dinner and can't worry about things at home. I've never enjoyed housekeeping,* and I'm going to take a vacation today, and read, write, go visiting, and amuse myself."

Feeling very strange, Jo hurried into the living room to find Beth sobbing* over Pip, the canary,* who lay dead in the cage.

"It's all my fault!" cried Beth, taking the poor thing in her hands. "I forgot to feed him! How could I be so cruel*?"

"Put him in the oven, and maybe he will

get warm and revive,*" said Amy hopefully.

"The funeral* shall be this afternoon, and we will all go," said Jo. "Now, don't cry, Beth."

Leaving the others to console* Beth, she departed to the kitchen. She began to wash the dishes, and she discovered that the fire was out.

She lit the fire, and she thought she would go to the market while the water heated.* When she came back from the market, the stove* was red-hot. Meg had put some bread in the oven. Meg was entertaining* Sallie Gardiner in the living room and had forgotten about her bread. The other girls found it burned in the oven.

Mrs. March went out, after checking

---

lettuce 상추  permission 허락  disturb 방해하다  housekeeping 살림, 집안일 하기  sob 울다, 흐느끼다  canary 카나리아  cruel 잔인한  revive 회복하다, 소생시키다  funeral 장례식  console 위로하다  heat 뜨거워지다, 데워지다  stove 난로  entertain 접대하다

on the girls and comforting Beth. A few minutes later, Miss Crocker appeared, and said she'd come to dinner. Now this lady was a thin spinster,* with a sharp nose and gossiped about everything. They disliked her, but their mother told them to be kind to her. So Meg gave her a chair and tried to entertain her.

Jo became nervous and anxious as she struggled to make dinner alone and discovered that she was not a good cook. The asparagus was too hard, the bread burned black, and the salad dressing tasted horrible.* Jo rang the bell half an hour later than usual. Being afraid of what Laurie and Miss Crocker would say, she stood, hot, tired, and depressed.*

As they ate, Amy giggled,* Meg looked upset, Miss Crocker made bad faces,* and Laurie talked and laughed. Jo had thought she had done a good job with the fruit.

Miss Crocker tasted it first, made a bad face, and drank some water quickly. Amy took a large spoonful, choked,* hid her face in her napkin, and left the table.

"Oh, what is it?" exclaimed Jo, trembling.

"Salt instead of sugar, and the cream is sour,*" said Meg. Jo groaned.* She turned red and almost began to cry, when she met Laurie's eyes, which looked cheerful. Suddenly, she laughed till the tears ran down her cheeks. So did everyone else, even Miss Crocker.

"Well, let's stop laughing," said Jo. "We have to do the funeral."

They stood and Miss Crocker left the house.

Laurie dug a grave under the ferns in the

---

spinster 노처녀, 독신녀  horrible 끔찍한  depressed 우울한, 기분이 저하된
giggle 키득거리다  make bad faces 얼굴을 찌푸리다  choke 숨 막히게
하다, 질식시키다  sour 신맛이 나는, 시큼한  groan 신음 소리를 내다

garden. Little Pip was put in the ground, and covered with dirt* while a wreath of violets* was hung on the stone. The words on the stone were:

Here lies Pip March,
Who died the 7th of June;
We loved him and will not forget him.

As twilight* came, one by one, they gathered on the porch,* feeling exhausted.

"What a dreadful* day this has been!" said Jo.

"It seemed shorter than usual, but so uncomfortable," said Meg.

"Not a bit like home," added Amy.

"It's terrible without Mommy and Pip," sighed Beth, glancing* with full eyes at the empty cage above her head.

"Here's Mother, dear, and you shall have another bird tomorrow, if you want it," said Mrs. March.

As she spoke, Mrs. March came and sat next to them.

"Are you satisfied with your experiment, girls, or do you want another week of no work?" she asked.

"I don't!" cried Jo.

"Nor do I," said the others.

"Mother, did you go away just to see what we would do?" said Meg.

"Yes, I wanted you to see that it's better if we all share the work and do a little every day," said Mrs. March. "Don't you agree it's better?"

"We do, Mother!" cried the girls.

"We'll work like bees," said Jo. "I'll learn to cook before we have another party."

"Very good!" said Mrs. March. "Now you have learned that every day, you must make time for playing and working!"

---

**dirt** 흙　**violet** 제비꽃　**twilight** 황혼　**porch** 현관　**dreadful** 끔찍한
**glance** 흘깃 보다

Chapter 12

# Camp Laurence

로리의 영국인 친구들이 놀러 오고 마치가의 네 자매도 초대를 받는다.
그들은 호수 반대편에서 여러 가지 놀이를 하며 시간을 보내는데,
어떤 이들은 친구가 되고 어떤 이들은 서로간의 차이를 느끼기도 한다.

It was Beth's job to get the mail every day. One July day, she came in with her hands full, and gave everyone their letters and packages.* As Beth gave Mrs. March her letters, she glanced at Meg, who was looking very pretty, and very womanly,* as she sat sewing. Beth also handed Jo a letter.

It was from her mother and said:

My Dear,

I am very satisfied with how you have controlled your temper lately. I know that you are working very hard, patiently* and bravely. Please remember that I understand how you feel.

Mother

"Oh, Mommy! Thank you!" said Jo as she hugged her mother tightly. "This letter means a lot to me!" She decided to carry the note in her pocket. She opened the other letter she received:

Dear Jo!

Some English girls and boys, the Vaughns, are coming to see me tomorrow, and I want to have a jolly time. They are nice

---

**package** 소포　**womanly** 여성스러운　**patiently** 끈기 있게

people. I want you all to come. Don't bother about food! Mr. Brooke, my tutor, will be there too.

Yours, Laurie.

"Of course we can go, Mother?" Jo asked. Her mother nodded.

"I hope the Vaughns are not strange," said Meg. "Do you know anything about them, Jo?"

"There are four of them. Kate is older than you, Fred and Frank are twins and about my age, and there's a little girl, Grace, who is nine or ten," said Jo.

"I'm so glad my new dress is clean!" said Meg. "Do you have anything to wear, Jo?"

"Yeah!" said Jo. "You'll come, Beth?"

"If you won't let any boy talk to me, I will go," said Beth.

"That's my good girl," Jo said and kissed her. "Don't be so shy! Thank you, Mother."

"I got a box of chocolate drops and the picture I wanted to copy," said Amy.

"And I got a note from Mr. Laurence asking me to come over and play the piano for him tonight," said Beth.

"Now let's work extra hard today, so we can play tomorrow," said Jo.

The next morning, each girl prepared for their outing* that day. Meg curled her hair, Jo put cream on her face, Beth hugged her dolls, and Amy put a clothespin* on her nose to make it higher. Beth, who was ready first, kept reporting what went on next door as she looked through the window.

"One of the boys is handicapped* and uses a crutch,*" said Beth. "Laurie didn't tell us that. Why is Ned Moffat coming too?"

---

**outing** 소풍, 산책   **clothespin** 빨래집게   **handicapped** 장애가 있는
**crutch** 목발

"That's strange," said Meg. "Do I look okay?"

"You look great!" said Jo. "Let's go!"

"Oh, Jo, you are not going to wear that awful* hat Laurie gave you?" said Meg. "You will look like a boy."

"I don't mind being a guy if I'm comfortable," Jo said as she led the girls to Laurie's house.

Laurie ran to meet and present* them to his friends. Meg was grateful to see that Miss Kate, though twenty, was dressed very simply. Ned complimented her, but her personality seemed cold. Beth decided that she liked the handicapped boy because he seemed gentle and feeble,* and she would be kind to him. Amy found Grace, and after staring at each other for a few minutes, they suddenly became very good friends.

When they got to the lake, Laurie and Jo

rowed* one boat, Mr. Brooke and Ned the other, while Fred Vaughn, the naughty* twin, did his best to make it harder to row. The others liked Jo's funny hat. Even Kate, who thought Jo was strange but clever, liked it.

In the other boat, most of the boys were looking at Meg and trying to impress her. Mr. Brooke was a serious, silent young man with handsome brown eyes and a pleasant voice. He never talked to her much, but he looked at her often. After they arrived at the meadow,* they set up the tents and the croquet* game.

"Welcome to Camp Laurence!" said Laurie. "Now, let's have a game before it gets hot, and then we'll have dinner."

Frank, Beth, Amy, and Grace sat down to watch the game played by the other

---

**awful** 끔찍한  **present** 소개하다  **feeble** 연약한  **row** 배의 노를 젓다
**naughty** 버릇없는, 말 안 듣는  **meadow** 초원, 목초지  **croquet** 크로케

eight. Mr. Brooke chose Meg, Kate, and Fred. Laurie took Sallie, Jo, and Ned. The English played well, but the Americans played better. Jo and Fred often got into arguments* during the game.

"You pushed it," said Jo sharply after Fred's turn. "I saw you. It's my turn now."

"I didn't move it!" said Fred.

"We don't cheat* in America!" said Jo angrily.

"Americans cheat all the time, and everybody knows it!" answered Fred, as he hit her ball far away.

Jo wanted to say something rude, but stopped herself in time. She went off to get her ball, and it took her a long time. When she got there, the other side had nearly won.

"We're going to win!" cried Fred excitedly.

"Americans have a trick of being

generous to their enemies,*" said Jo. She cleverly hit her ball in a way that made her team win.

"Good for you, Jo!" whispered Laurie to Jo. "He did cheat. I saw him."

"You didn't get angry, Jo. I'm proud," Meg whispered to her.

"Time for lunch," said Mr. Brooke, looking at his watch.

After they prepared the food and table, they had a very merry lunch. Everything seemed fresh and funny. Little black ants ate some food without being invited, and fuzzy* caterpillars* fell from the trees.

"I had an unusually good time today thanks to you, Meg, and Mr. Brooke," said Laurie. "What shall we do when we can't eat anymore?"

"Let's play games till it's cooler," said Jo.

---

argument 언쟁, 말다툼  cheat 속이다, 사기 치다  enemy 적  fuzzy 솜털이 보송보송한  caterpillar 애벌레

"Why don't you talk to Kate? She looks lonely."

"I thought she'd like Mr. Brooke, but he keeps talking to Meg," said Laurie.

"Do you know the game Truth?" asked Sallie.

"What is it?" said Fred.

"Everyone gets a number," said Sallie. "The person who takes the lowest number has to answer one question truthfully* that the group asks him or her."

"Let's try it," said Jo.

Kate and Mr. Brooke, Meg, and Ned declined,* but Fred, Sallie, Jo, and Laurie played. Laurie got the lowest number.

"Who are your heroes?" asked Jo.

"Grandfather and Napoleon," said Laurie.

"Which lady here do you think prettiest?" asked Sallie.

"Margaret," said Laurie.

"Which do you like best?" asked Fred.

"Jo, of course," said Laurie.

"Let's play again," said Fred. This time, it was Jo's turn.

"What is your greatest fault*?" asked Fred.

"A bad temper," said Jo.

"What do you most wish for?" asked Laurie.

"A pair of boots," answered Jo.

"Not a true answer," said Laurie. "You must say what you really do want most."

"Genius," she said and smiled as he looked disappointed. "But you can't give that to me, Laurie. Well, I think Truth is very silly. Let's play something else."

Ned, Frank, and the little girls joined their game while Mr. Brooke, Meg, and Kate talked together.

---

**truthfully** 정직하게, 성심껏   **decline** 거절하다   **fault** 결점, 잘못

"I wish I could draw," said Meg to Kate.

"Why don't you learn?" replied Kate graciously.*

"I don't have time," said Meg.

"You go to a private school, I suppose?" said Kate.

"I don't go at all," said Meg. "I am a nanny for young children."

"Oh, indeed!" said Kate.

Meg felt embarrassed.*

"Young ladies in America love independence* as much as their ancestors* did," said Mr. Brooke.

"Oh, yes, of course it's very nice and proper," said Kate in a way that hurt Meg's pride.

"I have a book with German poetry," said Mr. Brooke. "Do you read German? Let's try together."

"It's so hard, I'm afraid, to try," said Meg.

"I'll read a bit to encourage* you," said Kate and read one of the most beautiful passages* correctly, but she also sounded boring.

"Try this passage," said Mr. Brooke to Meg.

Meg did not read perfectly, but her soft voice made the words beautiful. She understood the emotions* in the story.

"That was beautiful!" said Mr. Brooke.

"You've a nice accent* and in time will be a clever reader," said Kate, leaving. "I didn't come to spend time with a nanny, even though she is young and pretty. Americans are so strange. Laurie will be spoiled among them," she said to herself.

"I forgot that English people look down on* nannies and don't treat them with

---

graciously 우아하게, 상냥하게　embarrassed 쑥스러운, 당황스러운　independence 독립　ancestor 선조, 조상　encourage 격려하다, 용기를 주다　passage 구절　emotion 감정　accent 억양　look down on ~을 경시하다, 얕잡아 보다

respect," said Meg.

"Tutors also are not respected there," added Mr. Brooke.

"I'm glad I live in America," said Meg. "I don't like my work. I wish I liked teaching like you do."

"I think you would if you had Laurie for a student," said Mr. Brooke. "I shall be very sorry to lose him next year."

"Going to college, I suppose?" said Meg.

"Yes. I shall become a soldier," said Mr. Brooke. "I am needed."

"I am glad of that!" exclaimed Meg. "Every young man should want to go. It's hard for us mothers and sisters to stay home."

"I have none and very few friends," said Mr. Brooke rather bitterly.

"Laurie and his grandfather would care, and we would care, too," said Meg.

"Thank you," said Mr. Brooke. "That

sounds pleasant."

"Don't you love to ride?" asked Grace to Amy as they watched the older children ride.

"My sister, Meg, used to ride when Papa was rich, but we don't keep any horses now," said Amy.

"I have a pony at home and ride nearly every day in the park with Fred and Kate," said Grace.

"Dear, how charming!" said Amy. "I hope I shall go abroad some day, but I'd rather go to Rome."

"I'm afraid you are tired," Beth said to Frank, who could not ride horses. "Can I do anything for you?"

"Talk to me, please," answered Frank. "It's dull,* sitting by myself."

"What do you like to talk about?" Beth

---

dull 따분한

asked, feeling very shy.

"Well, I like to hear about cricket, boating, and hunting," said Frank.

"I've never seen any hunting, but I suppose you know all about it," said Beth.

"I did once, but I can never hunt again," said Frank. "I got hurt, trying to climb a gate."

"Your deer are much prettier than our ugly buffaloes,*" Beth said about the animals that lived in England and America. She tried to talk about something happier. Her sisters happily saw that Beth and Frank continued to talk together about animals.

"I always said she was a little saint," said Meg to Jo.

"I haven't heard Frank laugh so much in a long time," said Grace to Amy.

"My sister Beth is a very good girl," said Amy.

As the day ended, they cleaned up everything and put away all the tents. They all went to say goodbye to each other.

"They have bad manners, but American girls are very nice when one knows them," Kate said to Mr. Brooke after the March girls had gone home.

"I quite agree with you," said Mr. Brooke.

**buffalo** 물소

Chapter 13

# Castles in the Air

어느 날 로리는 네 자매가 나들이 가는 것을 목격한다.
그들은 강 근처의 경치가 아름다운 곳에 앉아
자신이 꿈꾸는 미래의 모습에 대해 이야기한다.

Laurie was in a bad mood one September afternoon. He had skipped his studies with Mr. Brooke, annoyed the servants, and angered his grandfather.

"What are those girls doing now?" thought Laurie as he looked over to the house next door. Meg had a cushion, Jo a book, Beth a basket, and Amy a portfolio. All walked quietly through the garden, out at the little back gate, and began to climb the hill.

"Are they going on a picnic without me?" said Laurie to himself. "If they are going to take the boat, they need the key."

It took him a while to finally find the boat key. By that time, he could not see the girls. He eventually* found them sitting under a tree near the river. Meg sat upon her cushion, sewing with her white hands, and looking as fresh and sweet as a rose. Beth was collecting the cones* that lay thick under the tree, for she made pretty things with them. Amy was drawing a group of ferns, and Jo was knitting as she read. It seemed to Laurie that he wasn't invited here, but he was also very lonely.

**eventually** 결국   **cone** 솔방울(= pine cone)

Finally, Beth noticed him and smiled.

"May I come in, please?" Laurie asked, advancing* slowly. "Or shall I be a bother*?"

"Of course you may," said Meg. "We should have asked you before, but we thought you wouldn't like our games today."

"I always like your games, but if Meg doesn't want me, I'll go away," said Laurie.

"I don't mind, but you must do some work," said Meg.

"I'll do anything. I'm so bored," said Laurie as he sat down.

"Finish reading this story to us," said Jo.

"Yes, Miss," said Laurie.

The story was not a long one, and when it was finished, he wanted to ask some questions.

"Please, ladies, tell me what you are doing," said Laurie.

"Would you tell him?" asked Meg of her

sisters.

"He'll laugh," said Amy.

"Who cares?" said Jo.

"I guess he'll like it," added Beth.

"Well, we have tried not to waste our holiday," said Jo. "Each of us has something that we were supposed to learn to do and practice during the vacation. We are very proud that we have done our work."

"Oh, yes, that's good," said Laurie.

"Mother wants us to play outside," said Jo. "We pretend to be pilgrims* climbing the mountains and admire how beautiful the country looks."

Jo pointed, and Laurie saw the wide, blue river, the meadows on the other side, and the green hills that rose to meet the sky. The sun was low, and the heavens

advance 나아가다  bother 성가신 사람  pilgrim 순례자

glowed* under the autumn sunset. Gold and purple clouds lay on the hilltops.*

"How beautiful that is!" said Laurie softly.

"Jo wants to live in the real country with pigs, chickens, and farms," said Beth. "It would be nice, but I wish the beautiful country up there in heaven were real, and we could go to it."

"We shall go when we are good enough," said Meg.

"It seems so long to wait," said Beth. "I want to fly away at once, as those birds fly."

"You'll get there, Beth, sooner or later,*" said Jo. "I'm the one that will have to fight and work, and climb and wait, and maybe never get in."

"You'll have me for company, if that's any comfort," said Laurie. "I shall have to do a deal of traveling before I come to the city in heaven."

Something in the boy's face troubled* Beth.

"If people really want to go, and really try all their lives, I think they will get in," Beth said finally.

"Wouldn't it be fun if all the castles in the air* which we imagine were real?" said Jo.

"I've imagined so many different things, but I can't choose which one I really want," said Laurie.

"You must have a favorite one," asked Meg. "What is it?"

"After I see the world, I'd like to settle* in Germany and make music," said Laurie. "I want to be a famous musician. I don't care about money or business. What do you want, Meg?"

"I want a lovely house, full of all sorts

---

glow 빛나다  hilltop 언덕 정상  sooner or later 조만간, 머지않아  trouble 괴롭히다  castle in the air 공중누각, 백일몽  settle 정착하다, 자리를 잡다

of luxurious things, including nice food, pretty clothes, handsome furniture, pleasant people, and money," said Meg. "I would have servants so I wouldn't have to work. But I would also do good* and help people."

"You won't have a husband?" asked Laurie.

"I said 'pleasant people,' you know," said Meg.

"Why don't you want a husband and some angelic* children?" said Jo, who didn't like romance.

"You'd have nothing but horses and novels in yours," said Meg.

"I'd have a stable* with Arabian horses, piles of novels, and I'd write with a magic pen, so I would be as famous as Laurie," said Jo. "I want to do something wonderful before I settle in my castle. I will get rich by becoming a famous author."

"Mine is to stay at home safe with Father and Mother and help take care of the family," said Beth.

"Don't you wish for anything else?" asked Laurie.

"Since I have my little piano, I am perfectly satisfied," said Beth.

"I have so many wishes, but I really want to go to Rome and be the best artist in the world," said Amy.

"I do wonder if any of us will ever get our wishes," said Laurie.

"I haven't got a chance,*" said Meg.

"Yes, you have," said Laurie. "You have your beautiful face."

"That's ridiculous!" said Meg.

"Wait and see," said Laurie.

Meg became embarrassed and looked at the river.

---

**do good** 도움이 되다, 이롭다   **angelic** 천사 같은   **stable** 마구간   **chance** 가능성, 가망

"Let's meet in ten years and see what we have done," said Jo.

"I hope I shall have done something to be proud of by that time, but I'm so lazy," said Laurie.

"You need something to motivate* you," said Meg.

"I should be happy to please Grandfather, and I do try," said Laurie. "He wants me to be an Indian merchant,* as he was, but I'd rather be shot. I hate tea and silk and spices.* I will go to college to make him happy. But he's afraid he will lose me, like he lost my father. I hope there is someone who wants to stay with him instead of me."

"You should sail away on one of those ships to India and have an adventure," said Jo.

"That's not right, Jo," said Meg. "You mustn't talk that way. Laurie, you should do just what your grandfather wishes. Do your best at college, and when he sees that you try to please him, I'm sure he won't be hard on you. As you say, there is no one else to stay with and love him. You should be like Mr. Brooke."

"What do you know about him?" asked Laurie.

"Only what your grandpa told us about him," said Meg. "We heard that he took care of his sick mother and wouldn't travel and leave her."

"He is a very good man," said Laurie. "Mr. Brooke couldn't understand why your mother was so kind to him. If I become a famous musician, I'll do something nice for him."

"Why don't you make his life easier now?" said Meg sharply.

---

motivate 동기를 부여하다  merchant 상인, 무역상  spice 향신료

"How do you know I annoy him, Miss?" said Laurie.

"I can always tell by his face when he leaves your house," said Meg. "If you have been good, he looks satisfied. If you annoyed him, he always walks slowly."

"So, you like to watch Mr. Brooke?" said Laurie.

"Don't tell him I said anything!" cried Meg.

"I can keep secrets," replied Laurie, who looked angry.

"Please don't be offended," said Meg. "I just wanted to say something helpful to you." Meg offered her hand. Laurie felt ashamed and took her hand.

"I'm sorry," said Laurie. "I'm just very grumpy today."

During the rest of the afternoon, he helped each of the girls with their work. Suddenly, they heard a bell ring and realized it was dinnertime.

"May I come again next time?" asked Laurie.

"Yes, if you are good and work hard for Mr. Brooke," said Meg, smiling.

"I'll try," said Laurie.

"Then you may come, and I'll teach you to knit," added Jo.

That night, when Beth played for Mr. Laurence, Laurie listened and watched his grandfather.

"I'll stay with him while he needs me, for I am all he has," Laurie thought.

Chapter 14

# Secrets

어느 날 로리는 시내에 나온 조를 발견한다.
조는 몰래 신문사를 찾아가 원고를 맡기고 나오는 길이다.
조는 로리에게 자신의 비밀을 털어놓고
로리는 조에게 브룩 씨가 메그를 좋아한다고 말해 준다.

The October days began to grow chilly,* and the afternoons were short. Jo was very busy working on her writing as Scrabble watched her. She read her writing over and over again and tried to fix all the little mistakes. Then she tied it up* with red ribbon. She had a tin box which hung against the wall. In it, she kept her papers and a few books safely away from Scrabble, who liked to eat books. She took a book she had written from the tin and put that one and her new one in her pocket.

She put on her hat and jacket as noiselessly as possible. She snuck out the back door of the house and onto the road. Finally, she found the place she had been looking for. She went into the doorway,* looked up the dirty stairs, and nervously* ran up them. From the other side of the street, Laurie was watching Jo. He saw that she had just run into a building with a dentist's office. He decided to wait for her outside the office just in case she needed help walking home.

In ten minutes, Jo came running downstairs with a very red face. When

---

chilly 쌀쌀한, 냉랭한   tie up 묶다   doorway 출입구   nervously 초조하게

she saw the young gentleman, she tried to ignore him. But he followed.

"Did you have a bad time?" Laurie asked her.

"Not really," said Jo.

"You got through quickly," said Laurie.

"Yes, thank goodness!" said Jo.

"Why did you go alone?" said Laurie.

"I didn't want anyone to know," said Jo.

"You're the oddest girl I've ever seen," said Laurie. "How many teeth did you get removed*?"

Jo looked at her friend as if she did not understand him and then began to laugh.

"There are two which I want to have come out, but I must wait a week," said Jo.

"What are you laughing at?" asked Laurie. "What are you hiding, Jo?"

"You're hiding something, too," said Jo. "You were watching me from that billiard* place across the street?"

"I wasn't in the billiard hall," said Laurie. "I was in the gymnasium* above it having a fencing lesson."

"I'm glad of that," said Jo.

"Why?" said Laurie.

"You can teach me," said Jo.

"I'll teach you," said Laurie. "But I don't believe that was your only reason for saying 'I'm glad.'"

"No, I was glad that you were not playing billiards* because I hope you never go to such places," said Jo.

"Not often," said Laurie. "Sometimes I play with Ned."

"I hope you don't become like one of those boys that wastes time and is lazy," said Jo, shaking her head.

"It's not bad to play with them sometimes," said Laurie.

remove 제거하다   billiard 당구의   gymnasium 체육관   play billiards 당구를 치다

"That depends upon* how and where they play," said Jo. "I don't like Ned and his friends. Mother won't let him come to our house, and if you play with him, she might not like you."

"Well, I'm not like Ned," said Laurie. "But I'm not a saint either."

"I can't stand* saints," said Jo. "Just be a simple, honest, respectable* boy, and we'll never leave you. I don't want you to be like Mr. King's son. He was rich, but he spent all of his money on gambling* and drinking."

"You think I'll do the same?" said Laurie.

"No, I don't, but I know that money is a big temptation,*" said Jo. "I sometimes wish you were poor."

"Do you worry about me, Jo?" asked Laurie.

"A little, when you look moody, for you've got such a strong will," said Jo.

Laurie walked in silence for a few minutes, and Jo watched him. He looked angry.

"Are you going to tell me what to do the whole time we walk home?" asked Laurie.

"Of course not," said Jo. "Why?"

"Because if you are, I'll take a bus," said Laurie. "If you're not, I'd like to walk with you and tell you something very interesting."

"Okay, I'll stop," said Jo. "I want to hear your news."

"It's a secret, and if I tell you, you must tell me yours," said Laurie.

"I haven't got any," said Jo, but stopped suddenly, remembering that she had.

"You know you have," cried Laurie. "You must confess, or I won't tell."

"You'll not say anything about it at

---

depend upon ~에 달려 있다   stand 참다, 견디다   respectable 존경할 만한   gambling 도박   temptation 유혹

home, will you?" said Jo.

"Not a word," said Laurie.

"Well, I didn't go to the dentist," said Jo. "I left two stories with a newspaperman,* and he's going to tell me if he will publish* them next week."

"Hurray for* Miss March, the American Authoress*!" cried Laurie.

"Be quiet!" said Jo. "They probably won't publish them."

"It won't fail," said Laurie. "Why, Jo, your stories are like Shakespeare compared to* the other stuff* in the newspaper!"

Jo's eyes sparkled.

"What's your secret?" asked Jo.

"I know where Meg's lost glove is," said Laurie.

"Is that all?" said Jo, looking disappointed.

"You'll be interested when you know

where," said Laurie. "Someone likes her."

"Tell me," said Jo.

Laurie whispered three words in Jo's ear. She stood and stared at him for a minute, looking both surprised and displeased.*

"How do you know?" asked Jo.

"I saw it," said Laurie.

"Where?" asked Jo.

"Pocket," replied Laurie.

"All this time?" said Jo.

"Yes, isn't that romantic?" said Laurie.

"No, it's terrible," said Jo.

"Don't you like it?" said Laurie.

"Of course I don't," said Jo. "It's ridiculous. What would Meg say?"

"You are not to tell anyone," said Laurie.

"Well, I won't for now," said Jo, "but I'm disgusted and wish you hadn't told me."

---

newspaperman 신문 기자, 신문 경영자　publish 출간하다　hurrah for ~ 만세　authoress 여류 작가　compared to ~와 비교하여　stuff 것, 물건(별로 중요하지 않은 것이나 불분명한 것을 일컬을 때 사용)　displeased 불쾌한, 못마땅한

"I thought you'd be pleased," said Laurie.

"I don't want anyone to take Meg away," said Jo.

"You'll feel better about it when somebody comes to take you away," said Laurie.

"I'd like to see anyone try it," said Jo.

"So should I!" said Laurie, laughing. "Let's race!"

Jo began to run after Laurie, not caring that she lost her comb and hairpins behind her.

"I wish I were a horse," said Jo as she and Laurie rested against the tree after they finished running. "Then I could run for miles."

Laurie went to pick up her hairpins. While Jo was resting, Meg walked by her.

"What in the world are you doing here?" Meg asked.

"Getting leaves," answered Jo shyly.

"And hairpins," added Laurie, throwing half a dozen into Jo's lap.

"You have been running, Jo," said Meg. "How could you? When will you stop?"

"Don't try to make me grow up before my time, Meg," said Jo. "It's hard enough to have you change all of a sudden. Let me be a little girl as long as I can."

"Who were you visiting?" Laurie asked Meg.

"At the Gardiners', and Sallie told me all about Belle Moffat's wedding," said Meg. "It was very splendid,* and they have gone to spend the winter in Paris."

"Do you envy her, Meg?" asked Laurie.

"I'm afraid I do," said Meg.

Meg began walking with great dignity* while the others followed, laughing

---

splendid 훌륭한　with dignity 위엄 있게

and whispering. She thought they were behaving like children, but she secretly wanted to join them.

For a week or two, Jo behaved strangely. She was rude to Mr. Brooke whenever they met, and would sit looking at Meg sadly. One afternoon, Meg, as she sat sewing at her window, was offended by the sight of Laurie chasing* Jo all over the garden and finally capturing* her. She could not see them, but she heard them laughing.

"What shall we do with that girl?" sighed Meg. "She will never behave like a young lady."

"I hope she won't," said Beth, who envied Jo a little. "She is as funny and dear as she is."

"We can never make her change," added Amy, who was brushing her hair.

In a few minutes, Jo ran inside and started to read a newspaper.

"Is there anything interesting in the newspaper?" asked Meg.

"Nothing but a story," said Jo, carefully keeping the name of the paper out of sight.*

"You'd better read it aloud," said Amy.

"What's the name?" asked Beth.

"The Rival* Painters," said Jo.

"That sounds good," said Meg. "Read it."

Jo began to read very fast. The girls listened with interest, for the tale was romantic, and most of the characters died in the end.*

"I like the part with the lovers," said Meg. "Viola and Angelo are two of our favorite names. Isn't that strange?"

"Who wrote it?" asked Beth.

The reader suddenly sat up. Her face was red.

"Your sister," Jo said.

---

chase 뒤쫓다, 추적하다   capture 잡다   out of sight 보이지 않게   rival 경쟁자, 맞수   in the end 결국, 마지막에

"You?" cried Meg.

"It's very good," said Amy.

"I knew it!" said Beth, running to hug her. "I am so proud!"

They all were so delighted and proud. The whole family read the story over and over again. Jo could not stop laughing and crying.

"Tell us about it," cried the family. "When did it come? How much did you get for it? What will Father say? Won't Laurie laugh?"

"The man at the newspaper said he liked both stories, but he doesn't pay beginners," said Jo. "When I improve,* he said he will pay me. Laurie gave me the paper today."

Jo buried her face in the paper and cried a few happy tears.

# A Telegram

워싱턴에서 마치 씨가 위독하다는 전보가 온다.
마치 집안의 네 자매는 어머니의 여행 채비를 돕고
로렌스 씨와 로리도 걱정하면서 이들을 기꺼이 돕고자 한다.

"November is the worst month in the whole year," said Meg, standing at the window.

"That's the reason I was born in it," said Jo.

---

improve 나아지다, 개선되다

"If something very pleasant should happen now, we should think it a delightful month," said Beth.

"Nothing pleasant ever does happen in this family," said Meg.

"Maybe some rich old relative* will die and leave you some money," said Jo. "Then you can go off to Europe."

"People don't have fortunes left them in that style nowadays,*" said Meg bitterly. "Men have to work, and women marry for money."

"Jo and I are going to make fortunes for you all," said Amy. "Just wait ten years."

"Two pleasant things are going to happen right away," said Jo. "Mommy is coming down the street, and Laurie is walking through the garden as if he had something nice to tell."

They both came in.

"Any letter from Father, girls?" asked

Mrs. March.

"Won't some of you come for a drive?" said Laurie. "I'm going to take Mr. Brooke home. Let's all go."

"Of course we will," said Jo, Beth, and Amy.

"I'm busy," said Meg. Her mother didn't want her to spend too much time with Mr. Brooke.

"We three will be ready in a minute," cried Amy.

"Can I do anything for you?" asked Laurie of Mrs. March.

"No, thank you, except check at the post office for a letter from Mr. March," said Mrs. March.

A minute later, Hannah came in with a letter.

"It's a telegram," Hannah said.

---

**relative** 친척  **nowadays** 요즈음

Mrs. March read it quickly and then fainted* in her chair. Laurie ran downstairs for water. Jo read the telegraph aloud:

Mrs. March:
Your husband is very ill. Come at once.
S. HALE
Blank Hospital, Washington

The girls gathered around their mother, feeling as though someone had taken all of their happiness.

"I shall go immediately, but it may be too late," said Mrs. March. "Oh, children, help me!"

For several minutes, they all began to weep and hold each other.

"We can't keep crying all day," Hannah said finally. "Let's get ready to go."

"She's right," said Mrs. March. "Be calm, girls, and let me think. Where's Laurie?"

"Here, ma'am," cried Laurie. "Oh, let me do something!"

"Send a telegram saying I will come at once," said Mrs. March. "The next train goes early in the morning. I'll take that."

"What else?" said Laurie. "The horses are ready. I can go anywhere and do anything."

"Leave a note at Aunt March's," said Mrs. March. "Jo, give me that pen and paper."

Jo gave some paper and a pen to her mother. They would have to borrow money from their Aunt for the long journey.

"Now go, dear, but be careful," Mrs. March told Laurie.

"Jo, run to the rooms, and tell Mrs. King that I can't come," said Mrs. March "Beth,

faint 실신하다, 기절하다

go and ask Mr. Laurence for a couple of bottles of old wine. I'm not too proud to beg for Father. Amy, tell Hannah to get down the black trunk, and Meg, come and help me find my things."

Everyone scattered* like leaves after a gust of wind.* Mr. Laurence came hurrying back with Beth, bringing things to send to Mr. March and promising to watch the girls while their mother was gone. He left and said he would come back later. As Meg ran through the house, she bumped into* Mr. Brooke.

"I'm very sorry to hear of this, Miss March," he said, in a kind, quiet tone. "I want to go with your mother to Washington, D.C."

Meg gasped and looked extremely grateful.

"How kind you all are!" said Meg. "Mother will accept,* I'm sure. Thank you very, very much!"

Everything was prepared by the time Laurie returned with a note from Aunt March, with some money and some words about how Mr. March should not have joined the army. Mrs. March put the note in the fire and the money in her purse.* By the end of the afternoon, Jo still did not come home. They began to get anxious, and Laurie went off to find her. She came back while he was gone, and she had a strange expression* on her face. On the table, she put down some money.

"I hope this helps bring father home!" said Jo.

"My dear, where did you get it?" said Mrs. March. "Twenty-five dollars!"

"It's mine honestly," said Jo. "I didn't beg, borrow, or steal it. I earned it, and I

---

scatter 흩어지다  a gust of wind 돌풍  bump into (우연히) ~와 마주치다
accept 받아들이다, 수락하다  purse 지갑, 작은 손가방  expression 표정

don't think you'll blame* me, for I only sold what was my own."

As she spoke, Jo took off her bonnet,* and revealed that her long, beautiful hair was cut short.

"Your one beauty! How could you?" they all cried.

"Stop crying," said Jo. "It's nothing. My head even feels lighter. I'm satisfied, so please take the money and let's have supper."

"But, my dear, it was not necessary, and I'm afraid you will regret it one of these days," said Mrs. March.

"No, I won't!" said Jo.

"What made you do it?" asked Amy.

"Well, I was wild to* do something for Father," replied Jo. "I hate to borrow money. I also already spent my money on clothes this week. I felt wicked."

"You needn't feel wicked, my child!"

said Mrs. March with a look that warmed Jo's heart.

"I saw the wigs* in the barber shop and realized that the hair wasn't as nice as mine," said Jo. "But they were selling it for a high price, so I got the idea."

"You are so brave," said Beth.

"Didn't you feel dreadful when the first cut came?" asked Meg.

"I felt strange when I saw all my hair laid out on the table," said Jo. "It almost seemed as if I'd cut an arm or leg off. But actually, this short hair is so comfortable."

"Thank you, deary," said Mrs. March and they all decided to change the subject* of conversation.

No one wanted to go to bed that night. Beth went to the piano and played their father's favorite song.

---

blame 비난하다  bonnet 보닛(모자의 일종)  be wild to 미칠 듯이 ~하고 싶다  wig 가발  subject 주제

"Go to bed and don't talk, for we must be up early," said Mrs. March, as the song ended. "Good night, my darlings."

They kissed her quietly, and went to bed. Beth and Amy soon fell asleep, but Meg lay awake, thinking the most serious thoughts. Jo lay motionless,* but Meg heard her crying.

"Jo, dear, what is it?" said Meg. "Are you crying about Father?"

"No, not now," said Jo.

"What then?" said Meg.

"My hair!" burst out* poor Jo, trying to hide her face in her pillow.

Meg kissed and petted her sister.

"I'm not sorry," said Jo. "I'd do it again tomorrow if I could. It's only the vain* part of me that's crying. Don't tell anyone. Why are you still awake?"

"I can't sleep," said Meg. "I'm so anxious."

"Think about something pleasant," said Jo.

"I tried, but I can't," said Meg.

"What did you think of?" asked Jo.

"Handsome faces and eyes," answered Meg.

"What color do you like best?" said Jo.

"Brown," said Meg.

Jo laughed, and Meg sharply ordered her not to talk.

"We'll curl your short hair tomorrow," Meg promised her sister.

The clocks were striking midnight, and the rooms were very still. Mrs. March quietly came into the room and looked at each of the sleeping girls. Finally, she opened the curtains and stared very sadly at the moon.

---

**motionless** 움직이지 않고  **burst out** 갑자기 소리를 지르다  **vain** 허영심 많은, 헛된

# Letters

마치 부인은 브룩 씨와 함께 워싱턴으로 떠난다.
네 자매는 의연하게 생활하며 걱정을 끼치지 않으려고 한다.
그동안 워싱턴과 마치 집안의 소식을 전하는 편지들이 오간다.

In the cold gray dawn, the sisters lit their lamp and read from the books their mother gave them. As they dressed, they agreed to say goodbye cheerfully and hopefully, and send their mother on her anxious journey. The big trunk stood ready in the hall, Mother's cloak and bonnet lay on the sofa, and Mother herself sat, trying to eat. The girls could not hide their tears. Nobody talked much.

"Children, I leave you to Hannah's care and Mr. Laurence's protection,*" said Mrs. March. "Don't worry while I am gone, and remember to work hard. Remember that you can never be fatherless.*"

"Yes, Mother," said the girls.

"Meg, dear, be prudent,* and watch over* your sisters," said Mrs. March. "Be patient,* Jo. Beth, comfort yourself with your music. Amy, help all you can and keep happy and safe at home."

"We will, Mother!" said the girls.

The noise of an approaching carriage made them all listen. They kissed their mother quietly and tried to wave their hands cheerfully when she drove away.

---

**protection** 보호  **fatherless** 아빠 없는  **prudent** 신중한  **watch over** ~을 돌보다  **patient** 인내심 있는

Laurie and his grandfather came to watch her go.

"Goodbye, my darlings!" whispered Mrs. March. "God bless!"

As she rolled away, the sun came out. They saw it also and smiled and waved their hands.

"I feel as if there has been an earthquake,*" said Jo as their neighbors went home to have breakfast.

"It seems as if half the house is gone," added Meg.

"Now, my dear young ladies, remember what your mother said, and don't worry," said Hannah. "Come and have a cup of coffee."

They gathered around the table and drank coffee until they felt better.

"'Hope and keep busy,' that's important," said Jo. "I shall go to Aunt March, as usual."

"I shall go to the Kings, though I'd much

rather stay at home," said Meg.

"No need of that," said Amy. "Beth and I can keep house perfectly well."

"Hannah will tell us what to do, and we'll have everything nice when you come home," added Beth.

News from their father comforted the girls very much. He was dangerously* ill, but their mother was nursing* him. Mr. Brooke sent a message every day, which grew more cheerful as the week passed. The girls continued to write letters to their mother.

My dearest Mother,

It is impossible to tell you how happy your last letter made us, for the news was so good. We are glad that Mr. Brooke has been useful to you. The girls are all good. Jo helps

earthquake 지진  dangerously 심각하게, 위험하게  nurse 간호하다

me with the sewing. Beth never forgets what you told her. Amy listens to me, and I take great care of her. Mr. Laurence watches over us like a motherly* old hen. Laurie and Jo keep us happy. Hannah is a perfect saint. She does not scold at all, and always calls me Miss Margaret. We are all well and busy, but we long, day and night, to have you back. Give my dearest love to Father.

MEG

---

My precious* Mommy,

Three cheers for dear Father! It was great that Mr. Brooke sent us a telegraph. We have such fun times, and now I can enjoy them, for everyone is like angels. Meg gets prettier every day. I must tell you that I almost had an argument with Laurie. I felt bad and wanted to talk to you very much. Laurie and I are both so proud. I thought he would apologize, but he didn't. That night, I felt better and ran over to tell Laurie that I was sorry. He was coming at the same time to say sorry, too!

Tell Father he must get better soon because I wrote him many poems*!

YOUR SILLY, JO

---

Dear Mother,

I am growing some pansies for Father to see when he comes back. I read every morning, try to be good all day, and sing myself to sleep. Everyone is very kind, and we are as happy as we can be without you. Amy wants the rest of the page, so I must stop.

Kiss dear Father on the cheek for me.

LITTLE BETH

---

motherly 어머니 같은, 모성애 있는  precious 소중한, 귀중한  poem 시

My dear Mommy,

We are all well. I do my lessons always and never contradict* the girls. Meg is a great comfort to me and lets me have jelly every night. Laurie should respect me more! I am almost a teenager! He calls me Chick* and hurts my feelings. I send lots of love to Daddy.

AMY CURTIS MARCH

---

Dear Mrs. March,

Everything is fine. Miss Margaret is going to make a proper and good housekeeper.* Jo tries, but she doesn't think before she does her work, so she often makes mistakes. Beth is the best of little creatures.* She tries to learn everything. Amy does well when I let her wear nice clothes and eat sweat things. Mr. Laurie is wild, but he makes the girls happier. His grandfather sends many things. I send my best wishes to Mr. March.

Yours respectfully,*
Hannah Mullet

---

Dear Madam,

The little girls are all well. Beth and my boy report daily. Hannah is a good servant, and guards* pretty Meg like a dragon.* I am glad that Mr. Brooke is useful, and if you need money, please ask me. Thank God your husband is healing.*

Your sincere friend,
JAMES LAURENCE

---

**contradict** 부정하다, 반박하다　**chick** 병아리, 꼬마　**housekeeper** 살림을 해 주는 사람　**creature** 존재, 생물　**respectfully** 공손하게, 삼가　**guard** 지키다　**dragon** 용　**heal** 치유되다, 낫다

Chapter 17

# Little Faithful

부모 없이 지내는 네 자매의 생활은 다소 고달프다.
그러던 중 베스는 자신이 보살피던 이웃 가족에게서
병이 옮아 몸져눕고 모든 이가 그녀를 걱정한다.

For the first week, everyone behaved very well. But after that, the girls started to go back to their old ways. Jo caught a bad cold. Amy liked making artwork* instead of doing chores. Meg spent a lot of time writing letters to her mother.

Beth kept working hard. Sometimes

Beth was depressed and hid in the closet. There she would cry alone. After that, she was always ready to help her sisters again.

"Meg, I wish you'd go and see the Hummels," said Beth ten days after Mrs. March's departure.* "You know Mother told us not to forget them."

"I'm too tired to go this afternoon," replied Meg.

"Can't you, Jo?" asked Beth.

"I'm sick," said Jo.

"Why don't you go yourself?" asked Meg.

"I have been every day, but the baby is sick, and I don't know what to do for it," said Beth. "It gets sicker and sicker, and I think you or Hannah should go."

Meg promised that she would go tomorrow.

---

**artwork** 삽화, 미술품  **departure** 떠남, 출발

"Amy will be home soon, and she will go to the Hummels for us," said Meg.

So Beth lay down on the sofa, the others returned to their work, and the Hummels were forgotten. An hour passed. Amy did not come, Meg went to her room to try on a new dress, Jo was reading her story, and Hannah was asleep. Beth quietly put on her hood,* filled her basket with things for the poor children, and went out into the chilly air.

It was late when she came back, and no one saw her creep upstairs and hide in her mother's room. Half an hour after, Jo went to her mother's room. She found Beth in the closet, staring at the wall with red eyes.

"What's the matter?" cried Jo. Beth put up her hands as a warning.*

"You've had scarlet fever,* haven't you?" asked Beth.

"Years ago. Why?" said Jo.

"Jo, the baby's dead!" cried Beth.

"What baby?" said Jo.

"Mrs. Hummel's," cried Beth. "It died in my lap before she got home."

"My poor dear!" said Jo, hugging her sister. "I should have gone."

"It was just sad," said Beth. "I saw that it was sicker. The mother had gone to get the doctor. I was holding it so that the older sister could rest. It seemed asleep, but all of a sudden, it cried, shivered* and then stopped moving. I knew it was dead."

"Don't cry, dear!" said Jo. "What did you do?"

"I just sat and held it softly till Mrs. Hummel came with the doctor," said Beth. "He said it was dead. He told me to go home and take medicine soon, or I'd have the fever."

---

**hood** (외투 등에 달린) 모자  **warning** 경고  **scarlet fever** 성홍열  **shiver** (몸을) 떨다

"No, you won't!" cried Jo, hugging her close with a frightened look.

"Don't be frightened," said Beth. "I looked in Mother's book, and saw that it begins with a headache and sore throat,* so I took some medicine, and I feel better."

"If Mother was only at home!" cried Jo. "You've been with the baby every day for more than a week, so I'm afraid you are going to have it, Beth. I'll call Hannah."

"Don't let Amy come," said Beth, anxiously. "She's never had it. You and Meg can't get it again, right?"

"I guess not," grumbled Jo as she went to get Hannah. Jo woke her up and she told Jo not to worry. Everyone gets scarlet fever, and most people do not die from it.

"We will have Dr. Bangs take a look at you, dear," Hannah said to Beth. "Then we'll send Amy off to Aunt March's for a little while so she won't get sick, and one of you girls can stay at home and amuse Beth for a day or two."

"I shall," said Jo. "It's my fault she is sick."

"I'll go and tell Amy," said Meg.

Amy declared* that she would rather have the fever than go to Aunt March. Meg reasoned,* pleaded,* and commanded, all in vain.* Laurie walked into the living room to find Amy crying. She told her story.

"Now be a smart little woman, and do as they say," said Laurie. "If you go to Aunt March's, I'll come to play with you every day."

"You will come every single day?" said Amy.

"Of course!" said Laurie.

"And you bring me back as soon as Beth

---

**sore throat** 인후염, 목 아픔   **declare** 선언하다   **reason** 이유를 대다
**plead** 애원하다, 호소하다   **in vain** 헛수고인

is well?" said Amy.

"Yes," said Laurie.

"Well, I guess I will," said Amy slowly.

"Good girl," said Laurie, and he patted her on the head.

"How is Beth?" asked Laurie.

"She is lying down on Mother's bed, and feels better," answered Meg. "The baby's death troubled her, but we think she only has a cold. Hannah says she thinks so, but she looks worried."

"Tell me if I should telegraph* to your mother or do anything," said Laurie. He still didn't like Jo's short hair.

"That is what troubles me," said Meg. "I think we should tell her if Beth is really ill, but Hannah says we mustn't. Beth won't be sick long, and Hannah knows just what to do."

"You should ask Grandfather after the doctor comes," said Laurie.

"We will," said Meg. "Jo, go and get Dr. Bangs."

"I'll go," said Laurie. He ran out of the room.

"I have great hopes for that boy," said Jo.

"He does very well, for a boy," said Meg. She wasn't interested in talking about Laurie.

Dr. Bangs came and said that Beth had symptoms* of the fever, but he thought she would be okay. Amy was ordered to go to Aunt March's house immediately. Jo and Laurie took her there.

"What do you want now?" Aunt March asked them when they arrived. "No boys are allowed here."

Laurie waited outside, and Jo told her story.

"That is what happens when you

---

**telegraph** 전보를 보내다   **symptom** 증세

spend time with poor people!" said Aunt March. "Amy can stay and make herself useful, if she isn't sick. Don't cry, child. It's annoying. What do you hear from your mother?"

"Father is much better," replied Jo.

"Oh, is he?" she replied. "I bet he will be sick again."

"GOODBYE! GOODBYE!" cried Aunt March's parrot.

"Be quiet, you disrespectful* old bird!" said the old lady. "And, Jo, you'd better go. It's not proper for you to be out so late with a boy like him."

"Be quiet, you disrespectful old bird!" cried the parrot.

"I don't think I can bear* it, but I'll try," thought Amy.

# Dark Days

베스가 성홍열로 사경을 헤맨다.
메그와 조는 베스를 밤낮으로 간호하지만 좀처럼 차도가 없다.
마치 고모할머니 집으로 보내진 에이미는 우울한 나날을 보내고
로리는 네 자매에게 물심양면으로 힘이 되어 준다.

Beth did have scarlet fever. The girls knew nothing about the illness,* and Mr. Laurence was not allowed to see her. Meg stayed at home, so she wouldn't infect* the Kings. She felt very anxious and a little

---

**disrespectful** 무례한  **bear** 참다  **illness** 병  **infect** 감염시키다

guilty when she wrote letters because she did not mention* Beth's illness. Hannah did not want the girls' mother to know.

Jo took care of Beth day and night. When her fever became very bad, she begged to sing and play the piano, even though her throat was swollen.* She started calling people by the wrong names and begged to see her mother. Then Jo grew frightened. They got a letter from Washington DC that said that their father had become sick again.

These days were very dark and lonely. Margaret finally realized that she had been rich all this time in things other than money. Jo realized how beautiful her sister Beth really was. She understood that having great talent or ambition* were not the most important things in the world. Amy longed to be at home and see her sister, Beth.

Laurie haunted* the house like a ghost, and Mr. Laurence locked the grand piano. He did not want to hear anyone else play it. Everyone missed Beth. The whole neighborhood kept asking how she was feeling and worried about her.

Meanwhile,* she longed for her cats, but she was afraid she would get them sick. She sent loving messages to Amy and wanted to write letters. But then she would get a fever again and not understand anything. Dr. Bangs came twice a day, Hannah sat up at night, Meg kept a telegram in her desk, and Jo stayed by Beth's side.

On the first day of December, the weather was snowy, bitter, and cold. When Dr. Bangs came that morning, he stared at

---

mention 언급하다  swollen 부은, 부어오른  ambition 야망  haunt 출몰하다, 자주 나타나다  meanwhile 한편, 그동안

Beth.

"If Mrs. March can leave her husband, she'd better come," said the Doctor.

Hannah nodded* without speaking. Jo got the telegram, and ran out into the storm. She was soon back. Laurie came in with a letter, saying that Mr. March was getting better again. Jo read it thankfully.

"Is Beth worse?" asked Laurie.

"I've sent for Mother," said Jo.

"Good for you, Jo!" said Laurie.

"No. The doctor told us to," said Jo. "She doesn't know us. She doesn't look like my Beth. God seems so far away, and I can't find Him."

As the tears came down Jo's face, Laurie took her hand.

"I'm here," said Laurie. "Hold on to me, Jo!"

She could not speak, but she held on to Laurie tightly.* Laurie longed to say something comforting, but he didn't know what to say. Soon she dried her tears and looked up at his face.

"Thank you, Laurie," said Jo. "I'm better now."

"Keep hoping for the best, Jo," said Laurie. "Soon your mother will be here, and then everything will be all right."

"I'm so glad Father is better," sighed Jo. "Now she won't feel so bad about leaving him."

"Doesn't Meg help?" asked Laurie.

"Oh, yes, she tries to, but she can't love Beth as I do," said Jo. "I can't lose Beth!"

Jo began to cry again. Laurie couldn't speak for a long time. He tried to make himself stop crying.

"I don't think she will die," said Laurie. "She's so good, and we all love her so

---

nod 끄덕이다  tightly 꽉

much."

"The good and dear people always do die," said Jo.

"Poor girl," said Laurie. "I'll find something to make you feel better."

Laurie went upstairs and returned with some coffee.

"You are a good doctor, Laurie, and such a comfortable friend," said Jo.

"Tonight, I'll give you something that's better than coffee," said Laurie.

"What is it?" cried Jo.

"I telegraphed your mother yesterday, and Mr. Brooke answered she'd come at once," said Laurie. "She'll be here tonight, and everything will be all right."

"Oh, Laurie!" cried Jo. "Oh, Mother! I am so glad!"

She did not weep again, but laughed and hugged her friend tightly.

Laurie was surprised. He patted her on

the back. Suddenly, she kissed him on the cheek. Jo stopped hugging him.

"Oh, I'm sorry," Jo cried shyly. "I was just so excited about Mother coming home!"

"I don't mind," laughed Laurie, as he settled* his tie. "Your mother will come, I know, and the late train is in at 2 a.m. I shall go get her. Just take care of Beth until she gets here."

"Laurie, you're an angel!" cried Jo. "How shall I ever thank you?"

"Hug me again," said Laurie with a smile. "I rather liked it."

"No, thank you," said Jo. "Go home and rest. Bless you, Laurie!"

Jo vanished* into the kitchen, where she told the cats that she was happy.

Meg was quite happy, Jo cleaned Beth's

---

**settle** (넥타이 등을) 고쳐 매다, 단정하게 하다  **vanish** 사라지다

room, and Hannah baked some pies. Everyone seemed a little happier and more hopeful. Beth's bird began to sing again. Everyone rejoiced* but Beth. She was too sick to feel anything. Her face was pale and her hair was messy.* Her lips cracked, and she only spoke to ask for water. All day Jo and Meg watched her and hoped she would get better as the snow fell outside. But night came at last. The doctor said he would return at midnight to check on Beth.

Hannah fell asleep, and Mr. Laurence marched* up and down in the living room. Laurie lay on the rug, pretending to rest, but staring into the fire. The girls never forgot that night, for no sleep came to them.

"If God spares* Beth, I never will complain again," whispered Meg earnestly.*

"If god spares Beth, I'll try to love and serve* Him all my life," said Jo.

The clock struck twelve, and both girls stared at Beth. The house was still as death, and the wind blew outside. A pale shadow seemed to fall over the bed. An hour went by, and nothing happened except Laurie went to the train station. Another hour passed and no one came.

It was past two, when Jo, who stood at the window, heard a movement* by the bed. She saw Meg kneeling in front of their mother's chair, hiding her face. A fear passed coldly over Jo.

She instantly* ran back to Beth's bed. The fever and the look of pain were gone, and the little face looked so pale and peaceful. Jo could not cry. Leaning over*

---

rejoice 크게 기뻐하다  messy 엉망인  march 행군하듯 걷다  spare ~의 목숨을 살려 주다  earnestly 간절하게  serve 섬기다  movement 움직임  instantly 곧  lean over ~ 위로 상체를 구부리다

her sister, she kissed her forehead.

"Goodbye, my Beth. Goodbye!" cried Jo.

Hannah suddenly woke up. She looked at Beth.

"The fever's stopped!" said Hannah.

Before the girls could believe the happy truth, the doctor came to confirm* it.

"Yes, my dears, I think the little girl will be okay," said the doctor. "Keep the house quiet, let her sleep, and when she wakes, give her this medicine."

They both went into the dark hall and hugged each other closely. When they went back to the room, they saw Beth sleeping peacefully.

"I wish Mother would come!" said Jo.

"The rose blossomed in the night," Meg said about the white rose she held. "I hope it will be the first thing she sees."

The sun and morning had never been so beautiful.

"It looks like a fairy world," said Meg.

There was a sound of bells at the door below and a cry from Hannah.

"Girls, she's come!" cried Hannah. "She's come!"

confirm 확인하다

# Amy's Will

에이미는 고모할머니 집에서 적응해 가고
로리는 약속대로 하루에 한 번씩 에이미를 방문하여 놀아 준다.
에이미는 죽음에 대해 생각하게 되고 진지하게 유언장을 작성한다.

While these things were happening at home, Amy was having hard times at Aunt March's. She realized how spoiled she was at home. Aunt March was not very kind to Amy even though she actually did like her very much. She really did her best to make Amy happy, but she made many mistakes.

Aunt March did not understand children, and she worried Amy very much by always giving her orders and rules. Amy was calmer than her sister, and Aunt March tried to teach her to do chores.

She had to wash the cups every morning. Then she had to dust the room. Next, Polly had to be fed, the lapdog* combed, and then she had to deliver letters for Aunt March. After working, she had to do her lessons. Then she was allowed one hour for exercise or play.

Laurie came every day. They walked together and had great times. After dinner, she had to read aloud and sit still while the old lady slept. Then she had to sew until dusk,* when she was allowed to play until teatime. The evenings were the worst of all, for Aunt March told long stories about

---

lapdog 작은 애완용 개(특히 허벅다리에 앉히는 개)  dusk 황혼, 땅거미

her childhood.

She felt that if it had not been for Laurie, and old Esther, the maid, she could never have survived.* The parrot liked to pull her hair, tease her, and throw his food. The dog was very mean* and stupid. The cook was grumpy and the other servant was deaf.*

Esther was a French woman who lived with Aunt March. Her real name was Estelle, but Aunt March ordered her to change it. Esther liked Amy, and amused her very much with odd stories of her life in France.

Amy liked to look around the house at all the strange things her Aunt owned. She loved to look at the jewels,* ornaments,* and cushions. She especially liked to look at Aunt March's old jewelry. Aunt March's old wedding ring was the most precious.

"Which one do you like the most?"

asked Esther.

"I like the diamonds best, but there is no necklace," replied Amy. "I'm fond of necklaces. I like this one."

She found a necklace with gold and black beads* and a cross.*

"I like it, but I'm Catholic, so I can't wear crosses on my neck," said Esther. "I can only pray* with them."

"You seem happy after you pray," said Amy. "I wish I could do that, too."

"I will make a special room for you to pray in. When your Aunt sleeps, you can pray there," said Esther.

Amy liked the idea and thought it would help her feel better.

"I wish I knew where all these pretty things will go when Aunt March dies,"

---

survive 살아남다  mean 심술궂은  deaf 귀가 먹은, 청각 장애가 있는  jewel 보석  ornament 장식품  bead 구슬  cross 십자가  pray 기도하다

Amy said.

"To you and your sisters," whispered Esther, smiling.

"How nice!" said Amy. "But I wish she'd let us have them now."

"You are too young to wear these now," said Esther. "The first one who is engaged will have the pearls.* Your aunt will give you the blue ring when you go."

"Do you think so?" said Amy. "It's much prettier than Kitty Bryant's. I do like Aunt March after all."

Amy tried on the blue ring with a delighted* face. From that day, she became very good and obedient.* Esther made a prayer room for Amy. In it, she put a very nice picture of Mary, Jesus's mother. Amy really loved that picture. On the table was a vase always full of the best flowers Laurie brought for her. Amy prayed for her sister every day.

The little girl was very sincere in all this. She missed her mother's help. Amy was a young pilgrim, and just now her burden seemed very heavy. She tried to stay cheerful. Finally, she decided to make a will,* like Aunt March had, in case she died.

During one of her play hours, she wrote out the important document* with some help from Esther. She also wanted to show it to Laurie. She took the parrot with her upstairs and played with the old clothing. She did not hear Laurie ring the doorbell. She carried a fan and wore high heels. Polly, the parrot, followed behind her and tried to copy her. Finally, she heard Laurie knocking at the door.

"Sit down and rest while I put these things away. Then, we must talk about a

---

**pearl** 진주  **delighted** 기쁜, 행복한  **obedient** 순종하는  **will** 유언장
**document** 서류

very serious thing," said Amy. "Yesterday, when Aunt March was asleep, Polly began to yell* and flap* his wings, so I went to let him out. A spider was in his cage. It ran out. Polly marched after it and looked under the bookcase. 'Come out and take a walk, my dear,' he said to the spider."

"Did the spider come out?" asked Laurie.

"Yes, and Polly ran away," said Amy. "'Catch her! Catch her! Catch her!' he said as I chased the spider."

"That's a lie!" cried the parrot.

"I want you to read this," Amy said and handed him her will.

He read:

MY LAST WILL AND TESTAMENT*

I, Amy Curtis March, will give all of my property* to these people:

To my father: my best pictures, sketches, maps, and art.

To my mother: all my clothes, except the blue apron with pockets

To my dear sister Margaret: my ring, and also my green box

To Jo: my most precious toy rabbit because I am sorry I burned up her story.

To Beth (if she lives after* me): my dolls, my fan, and my new slippers. I am sorry I made fun of her dolls.

To my friend and neighbor, Theodore Laurence: my clay* model of a horse

To Mr. Laurence: my purple box

To my best friend, Kitty: my blue apron

To Hannah: my sewing kit

I forgive and love everyone. I hope we will meet again. Amen.

Amy Curtis March

"Why did you write this?" asked Laurie.

---

yell 소리 치다  flap 펄럭이다, 퍼덕이다  testament 유언, 유서  property 소유물  live after ~보다 오래 살다  clay 찰흙, 점토

"Did anyone tell you about Beth?"

"What about Beth?" said Amy.

"She was so sick one day that she told Jo she wanted to give her piano to Meg, her cats to you, and the poor old doll to Jo," said Laurie. "She was sorry she had so little to give."

Laurie signed her will and then played with Amy for an hour. Finally, it was time for him to go.

"Is Beth okay?" Amy whispered to him before he went home.

"I'm afraid she's not, but we must hope for the best, so don't cry," said Laurie.

When he had gone, she prayed for Beth. A million blue rings would not make her feel better about losing her sister.

Chapter 20

# Confidential*

마치 부인이 돌아온 후 베스는 드디어 깨어난다.
마치 부인은 네 자매의 성숙해진 모습을 보고 칭찬한다.
조는 메그와 브룩 씨가 연인이 되면 어떨지에 대해
어머니와 진지한 대화를 나눈다.

When Beth woke from that long, healing sleep, the first things she saw were the little rose and her mother's face. She hugged her mother, and then she slept again. Hannah made an astonishingly*

confidential 일급 비밀의, 기밀의   astonishingly 놀랍게도, 놀라울 정도로

good breakfast. They listened to Mother whisper about Father. Mr. Brooke had promised to stay and nurse him. What a strange yet pleasant day that was. Meg and Jo closed their eyes and lay like boats in the harbor* after a storm. Mrs. March would not leave Beth's side.

Laurie meanwhile went to comfort Amy. Amy acted very strong and was not impatient* to see her mother. Everyone was proud of her. Even Polly seemed impressed, for he called her a good girl. Laurie fell asleep while Amy wrote a long letter to her mother.

Suddenly, Amy cried with joy when she saw that her mother had come to visit her. They talked alone together in Amy's prayer room.

"Yes, Mother, and when I go home I want to have a prayer room like this," said Amy. "I really love the baby in the picture with Mary."

As Amy pointed to* the smiling baby, Mrs. March saw something on her hand that made her smile.

"Aunt gave me the ring today," said Amy. "She called me to her and kissed me, and put it on my finger. I know it's a little too big, but can I wear it?"

"You are too young for such jewelry, Amy," said Mrs. March, looking at the plump* little hand, with the band of sky-blue stones.*

"I'll try not to be vain," said Amy. "I don't want to wear it to be pretty. I want to wear it because it reminds me of something."

"Do you mean Aunt March?" asked her mother, laughing.

"No, it reminds me not to be selfish,"

---

harbor 항구  impatient 짜증 난, 안달하는  point to ~을 가리키다  plump 통통한, 포동포동한  sky-blue stone 하늘색 보석

said Amy.

Amy looked so earnest and sincere.

"Beth isn't selfish, and that's the reason everyone loves her and feels so bad at the thought of losing her," said Amy. "People wouldn't feel so bad about me if I were sick, and I don't deserve to have them. I'm going to try and be like Beth all I can. This will remind me to be good."

"Yes, wear your ring, dear, and do your best," said Mrs. March. "Now I must go back to Beth. You will come home again soon."

That evening while Meg was writing to her father, Jo went upstairs into Beth's room, and nervously looked at her mother.

"What is it, deary?" asked Mrs. March, holding out her hand.

"I want to tell you something, Mother," said Jo.

"About Meg?" said Mrs. March.

"Yes, it's about her," said Jo.

"Beth is asleep. Speak low, and tell me all about it," said Mrs. March rather sharply. "That Ned Moffat hasn't been here, I hope?"

"No," said Jo. "Last summer, Meg left a pair of gloves over at the Laurences' and only one was returned. We forgot about it, until Laurie told me that Mr. Brooke admitted that he liked Meg but she was so young, and he is so poor."

"Do you think Meg cares for* him?" asked Mrs. March with an anxious look.

"I don't know anything about love!" cried Jo, sounding interested and annoyed. "In novels, the girls show it by blushing and acting like fools. But Meg doesn't do that. She only blushes when people talk

---

care for ~을 좋아하다

about lovers."

"You think Meg is not interested in John?" said Mrs. March.

"Who?" asked Jo.

"Mr. Brooke," said Mrs. March. "His first name is John."

"He's been good to Father, and you won't send him away," said Jo. "You'll let Meg marry him, if she wants to." Jo pulled her hair.

"My dear, don't get angry about it, and I will tell you how it happened," said Mrs. March. "John was very good to Father. We both grew to care about him. He told us honestly that he loves Meg but would buy a comfortable home before he asked her to marry him. He wanted our permission to try to make Meg fall in love with him. He is a truly excellent young man, but Meg is still too young to be engaged."

"That's terrible!" said Jo. "I just wish I

could marry Meg myself and keep her safe in the family."

Mrs. March laughed.

"Jo, don't say anything to Meg yet," said Mrs. March. "When John comes back, and I see them together, I can see her true feelings for him."

"She'll see those handsome eyes, and she'll go and fall in love," said Jo. "That will be the end of fun and cozy* times with her! I see it all! Mr. Brooke will carry her off, and make a hole in the family. It shall break my heart, and everything will be uncomfortable. I wish we had all been born boys."

Mrs. March sighed, and Jo looked up.

"You don't like it, Mother?" said Jo.

"I am sorry that this happened so soon, for Meg is only seventeen," said Mrs.

---

cozy 아늑한, 안락한

March. "Your father and I have agreed that she shall not marry before she is twenty. If she and John love each other, they can wait. I hope things will go happily with her."

"Wouldn't you rather hope she marry a rich man?" asked Jo.

"Money is a good and useful thing, Jo, and I hope my girls will never be poor," said Mrs. March. "I just want John to make enough money so that they are both comfortable. If one of you falls in love with a rich man, I will be happy. But I know that you don't need to be rich to be happy. She will have a good man's heart, and that is better than money."

"I understand, Mother, but I'm disappointed about Meg, for I'd planned to have her marry Laurie," said Jo. "Then she could be rich."

"He is younger than she, you know,"

said Mrs. March.

"Only a little!" said Jo. "He's tall, and he has good manners! He's rich and generous* and good, and loves us all."

"I'm afraid Laurie is not the right man for Meg," said Mrs. March. "Don't make trouble, and just let things happen naturally.*"

"Well, I won't, but I don't want to grow up!" said Jo.

"What's this about?" asked Meg, as she came into the room with the finished letter in her hand.

"Only one of my stupid speeches," said Jo. "I'm going to bed. Come, Meg."

"Please add that I send my love to John," said Mrs. March, as she glanced over* the letter and gave it back.

"Do you call him 'John'?" asked Meg,

---

**generous** 너그러운, 관대한   **naturally** 자연스럽게   **glance over** ~을 쭉 훑어보다

smiling, with her innocent eyes looking into her mother's.

"Yes, he has been like a son to us, and we are very fond of him," replied Mrs. March.

"I'm glad of that," said Meg. "He is so lonely. Good night, Mother, dear."

"She does not love John yet, but will soon learn to," Mrs. March thought, with a mixture[*] of satisfaction and regret.

# Laurie Makes Mischief, and Jo Makes Peace

메그는 로리가 쓴 가짜 연애편지를 받고
마치 집안의 세 모녀는 당혹한다.
이 일로 할아버지와 다툰 로리의 기분을 풀어 주고자
조는 로리와 로리의 할아버지를 중재하는 역할을 한다.

Meg noticed that Jo looked like she had a secret. She thought that if she ignored her, Jo would eventually tell it to her. She was rather surprised when Jo didn't tell her anything.

**mixture** 혼합

Jo wanted to play with Laurie but feared that he would learn her secret. Laurie tried everything to get Jo to tell him her secret. Finally, he gave up and decided that it must be about Mr. Brooke and Meg. He wanted to find some way to get back at* Jo for not telling him the truth.

Meg seemed to suddenly change. She blushed when looked at, and was very quiet and timid when she sewed.

"She's got all the symptoms of love!" Jo said to her mother. "I caught her singing that song he gave her. Whatever shall we do?"

"Nothing but wait," replied her mother. "Leave her alone."

"Here's a note to you, Meg," said Jo the next day as she distributed* the letters.

Meg made a strange noise and stared at the note with a frightened face.

"My child, what is it?" asked her mother,

running to her, while Jo tried to take the paper.

"It's all a mistake," cried Meg. "He didn't send it. Oh, Jo, how could you do it?" Meg hid her face in her hands.

"Me!" cried Jo. "I've done nothing! What's she talking about?"

"You wrote it, and that bad boy helped you," said Meg. "How could you be so rude, so mean, and cruel?"

Jo and her mother read the letter:

My Dearest Margaret,

I can no longer restrain* my passion. I did not tell your parents yet. I love you! Please send your response* through Mr. Laurence.

Your loving, John

"It wasn't me!" cried Jo. "It was Laurie.

---

**get back at** ~에게 복수하다   **distribute** 나누어 주다, 분배하다   **restrain** 억누르다, 제압하다   **response** 답변, 답장

He was angry because I wouldn't tell him what he wanted to know."

"Stop, Jo," said Meg. "You often make many jokes, so how can I believe that you didn't write this?"

"I promise I didn't! I've never seen that note before! If I had helped, I would have written a better note." Jo said so earnestly that they believed her.

"Oh, Meg, you didn't answer it?" cried Mrs. March quickly.

"Yes, I did!" said Meg, hiding her face again, shamefully.*

"I'll find that wicked boy," cried Jo.

"Be quiet," said Mrs. March. "Margaret, tell me the whole story."

"I received the first letter from Laurie, who didn't look as if he knew anything about it," said Meg, without looking up. "I was worried at first, but then I remembered how you liked Mr. Brooke, so I thought you wouldn't mind if I kept my little secret for a few days. Forgive me, Mother. I was so silly."

"What did you say to him?" asked Mrs. March.

"I only said I was too young to marry, and that I didn't wish to have secrets from you, and he must speak to Father," said Meg. "I was very grateful for his kindness, but I would only be his friend."

"What did he say to that?" Mrs. March asked and smiled.

"He said that he's never sent any love letter at all, and is very sorry that my sister, Jo, tricked me," said Meg. "It's very kind and respectful.*"

Meg leaned against her mother. Jo picked up both letters and looked at them carefully.

---

**shamefully** 부끄럽게, 수치스러워 하며   **respectful** 예의 바른, 정중한

"I don't believe Mr. Brooke wrote either of these letters," said Jo. "Laurie wrote both to make you angry at me."

Jo ran out of the room, and Mrs. March gently told Meg about Mr. Brooke's real feelings.

"Do you love him enough to wait for him?" said Mrs. March.

"I don't want to have anything to do with lovers for a long while," answered Meg. "If John doesn't know anything about this nonsense,* don't tell him."

Jo had brought Laurie to see her mother. Meg and Jo left the room. They heard their mother yell at Laurie for half an hour. When they were called in, Laurie was standing by their mother and humbly* apologized to Meg.

"It was terrible of me," Laurie begged. "But you'll still be my friend, right?"

Meg accepted his apology, and Laurie

promised to make it up\* to her.

Laurie looked at Jo once or twice, but she looked angry at him. He was hurt by this and walked away, alone.

As soon as he went, she wished she had been more forgiving. Finally she went over to the big house.

"Is Mr. Laurence in?" asked Jo of a maid.

"Yes, Miss, but you can't see him now," said the maid.

"Why not?" said Jo. "Is he ill?"

"No, but he had a fight with his grandson," said the maid. "He's in a bad mood."

"Where is Laurie?" said Jo.

"In his room," said the maid. "He won't answer the door."

"I'll go and see what the matter is," said Jo.

---

nonsense 허튼소리, 터무니없는 일   humbly 겸허하게, 겸손하게   **make up** 보상하다, 보충하다

Jo knocked on Laurie's door many times until he finally opened it.

The door flew open, and she ran inside.

"Please forgive me for being so grumpy," said Jo.

"It's all right," said Laurie.

"What's the matter?" said Jo.

"Grandfather shook me," said Laurie.

"That's nothing," said Jo. "I often shake you, and you don't mind."

"You're a girl," said Laurie. "I don't want any man to shake me."

"Why did he do that?" asked Jo.

"I wouldn't tell him why your mother wanted to talk to me," said Laurie. "I promised to keep it a secret."

"It wasn't nice, but he's sorry," said Jo. "Let's go talk to him together."

"No!" said Laurie. "I didn't do anything wrong this time!"

"He didn't know that," said Jo.

"He should trust me," said Laurie. "I'm not a baby. He should apologize first."

"He won't do that," said Jo.

"I won't go down till he does," said Laurie.

"You can't stay here forever," said Jo.

"I won't," said Laurie. "I'll run away until he misses me."

"You shouldn't worry him," said Jo.

"I'll go to Washington and see Mr. Brooke," said Laurie.

"What fun you'd have!" said Jo. "I wish I could run off* too."

"Come on, then!" said Laurie. "Why not? You go and surprise your father. Let's do it, Jo. I've got enough money."

For a moment, Jo looked as if she would agree. Then she looked toward the window, and she shook her head.

---

**run off** (갑자기 예고 없이) 떠나다

"If I were a boy, we'd run away together," said Jo. "But as I'm a miserable girl, I must stay at home. It's crazy!"

"That's the fun of it," said Laurie.

"I can't go!" said Jo.

"I know Meg would say no," said Laurie, "but I thought you had more spirit."

"Bad boy, be quiet!" said Jo. "If I get your grandpa to apologize for the shaking, will you give up running away?"

"Yes, but you won't do it," answered Laurie.

Jo left the room to find Laurie's grandfather.

"Come in!" said Mr. Laurence as Jo knocked on his door.

"It's only me, sir," Jo said as she entered.

"Want a new book?" asked the old gentleman.

"Yes, please," replied Jo.

Mr. Laurence began looking on the shelf

for a new book to give her. He seemed to suspect* that something was on her mind.

"Why did your mother talk to that boy?" said Mr. Laurence. "Don't try to protect him. I know he was bad."

"He did wrong, but we forgave him, and all promised not to say a word to anyone," said Jo reluctantly.*

"That won't do," said Mr. Laurence. "I must know what he did."

Mr. Laurence spoke so sharply that Jo would have gladly run away, if she could.

"Indeed, sir, I cannot tell," said Jo. "Mother forbade* it. Laurie has confessed and been punished. We don't keep silence for him, but for someone else. It was partly my fault, but it's all right now."

"You promise that you are telling the truth?" asked Mr. Laurence.

---

suspect 의심하다   reluctantly 마지못해   forbid 금지하다

"Yes. I promise," replied Jo.

"Maybe I can forgive him, but he's a stubborn* fellow and hard to manage,*" said Mr. Laurence.

"So am I, but a kind word is better than yelling at me," said Jo.

"You think I'm not kind to him?" said Mr. Laurence sharply.

"Oh, dear no, sir," said Jo. "You are too kind sometimes."

"You're right, girl, I am!" said Mr. Laurence. "I love the boy, but he is difficult. We shouldn't keep fighting...."

"He'll run away." Jo was sorry for saying that.

Mr. Laurence's face changed suddenly, and he sat down with a troubled* glance at the picture of a handsome man on his table. It was Laurie's father, who had run away in his youth, and married a woman Mr. Laurence didn't like. Jo saw that he remembered and regretted the past.

"He won't really do it," said Jo. "If we both ran away, people would think I'm a boy because of my short hair. Just look for news reports of two boys on a ship going to India, and you will find us."

She laughed as she spoke, and Mr. Laurence looked relieved.*

"Where's your respect for me?" he said, pinching* her cheeks. "Don't talk that way to me. Go and bring that boy down to his dinner."

"He won't come, sir," said Jo. "He feels badly because you didn't believe him."

"I'm sorry for that," said Mr. Laurence "What does he want?"

"If I were you, I'd write him an apology, sir," said Jo. "A formal* apology will make him see how foolish he is."

---

stubborn 고집 센  manage 다루다  troubled 걱정하는, 불안해하는
relieved 안심한, 안도한  pinch 꼬집다  formal 형식적인

"You're clever," said Mr. Laurence. "Give me some paper, so I can write this nonsense."

Jo pushed the note under Laurie's locked door. She waited for Laurie at the bottom of* the stairs. Finally, he came down them.

"How did you survive?" Laurie asked her.

"It wasn't so bad," said Jo. "Go and eat your dinner. You'll feel better after it."

Jo left the house, and Laurie went to join his grandfather at dinner. Meg often remembered this day. She didn't talk about John, but she thought of him often. Jo found a paper with "Mrs. John Brooke" written on it. She threw it into the fire and dreaded* the day when her sister would leave her.

Chapter 22

# Pleasant Meadows

다시 크리스마스가 다가오고
조와 로리는 재미있는 일을 계획한다.
크리스마스 때 뜻밖의 선물이 마치 집안의 네 자매에게 도착한다.

The sick family members became healthier. Mr. March wrote about returning home soon. Beth was soon able to play with her cats again. She was still weak, and Jo took her for walks

---

**at the bottom of** ~의 밑(바닥)에서　**dread** 몹시 무서워하다, 두려워하다

outside. As Christmas approached, Jo suggested strange ceremonies to celebrate* Christmas. Laurie also planned strange parties. No one else liked their funny ideas.

On Christmas Day, they received a letter that said that Mr. March would soon come home. Beth felt very good that morning. She looked outside to see Jo and Laurie's Christmas gift. Out in the garden, they had made a snow maiden,* with a shawl,* a crown,* and a basket of fruit. There was a poem written for Beth in the figure's mouth. Beth laughed when she saw it. Laurie handed out* the gifts, and Jo made speeches with each one.

"I'm so full of happiness, that if Father was only here, I couldn't be happier," said Beth.

"So am I," added Jo, who had received a new book.

"I'm sure I am," said Amy, who had

received a new painting.

"Of course I am!" cried Meg, smoothing* the silvery folds* of her first silk dress. It was from Mr. Laurence.

Half an hour later, Laurie opened the living room door and entered very quietly.

"Here's another Christmas present for the March family," he said with a big smile.

Behind him appeared a tall man, leaning on the arm of another tall man, who tried to say something and couldn't. The whole family ran to both of them.

Mr. March was embraced* by four pairs of arms. Jo disgraced herself* by nearly fainting. Laurie had to help her stand. Mr. Brooke kissed Meg by mistake. Amy tripped over a stool* but didn't care. She hugged her father's boots.

---

celebrate 축하하다  maiden 처녀, 아가씨  shawl 숄  crown 왕관  hand out 건네다  smooth 반반하게 하다, 펴다  fold 주름  embrace 안다, 포옹하다  disgrace oneself 체면에 먹칠하다, 망신스럽다  stool 의자

The study door flew open, and Beth ran straight into her father's arms. Hannah was crying because she had forgotten to cook the turkey. They all laughed. Mrs. March began to thank Mr. Brooke for his faithful care of her husband. Then the two sick family members were ordered to rest.

Mr. March told how he had longed to surprise them, and he continued to praise Mr. Brooke. Mr. March looked at Meg after he praised Mr. Brooke. Jo saw and understood the look, and she angrily left the room to get some food.

All of the food was delicious that night. Hannah was very proud of her meal. Mr. Laurence and his grandson dined with them, also Mr. Brooke. They told stories, sang songs, shared memories, and had a thoroughly* good time. A sleigh ride* had been planned, but the girls would not leave their father, so the guests departed early.

The happy family gathered around the fire.

"Last year we were complaining about our bad Christmas," asked Jo. "Do you remember?"

"It was a good year!" said Meg, smiling at the fire.

"I think it's been a pretty hard one," said Amy, watching the light shine on her ring.

"I'm glad it's over because we've got you back," whispered Beth to her father.

"You were all very brave," said Mr. March to his daughters.

"How do you know?" asked Jo. "Did Mother tell you?"

"She didn't have to," said Mr. March.

"How do you know?" cried Meg.

"Look at your hands, Meg," said Mr. March. "They are no longer perfectly

---

**thoroughly** 대단히, 완전히   **sleigh ride** 썰매타기

white. You have some burns on the back of them. But those burns\* have made them more beautiful because they show that you worked hard."

"What about Jo?" said Beth. "Please say something nice, for she has tried so hard and been so very, very good to me."

He laughed and looked across at the tall girl.

"Even though her hair is short, she looks more like a young lady than a boy now," said Mr. March. "I miss my wild girl, but if I get a strong, helpful woman in her place, I shall feel quite satisfied. I will forever remember the twenty-five dollars she sent me."

Jo smiled quietly.

"Now, Beth," said Amy, longing for her turn, but ready to wait.

"She is so small, though she is not as shy as she used to be," said their father cheerfully. He held her close and was very glad he didn't lose her. After a minute's silence, he looked down at Amy.

"Amy has learned to think of other people more and of herself less," said Mr. March. "She is molding* her character as carefully as she molds her clay. I am glad of this."

"What are you thinking of, Beth?" asked Jo, when Amy had thanked her father and told about her ring.

"I want to sing a song for Father about a shepherd* boy," said Beth. "I think he will like it."

So, sitting at the little piano, Beth softly touched the keys and sang her beautiful song. They all listened to her voice, which they all had thought they would never hear again.

---

**burn** 탄 자국　**mold** 틀에 넣어 만들다, (찰흙 등을) 빚다　**shepherd** 양치기

Chapter 23

# Aunt March Settles the Question

브룩 씨가 메그에게 사랑 고백을 하는 도중에
마치 고모할머니가 찾아와 이야기는 중단된다.
마치 고모할머니는 메그가 돈 없는 남자와 결혼하는 것을 말리고
이에 반발하던 메그는 자신이 브룩 씨를 사랑한다는 것을 깨닫는다.

The next day, all of the girls stayed by their father and tried to help him with everything. But not everything was right. Mr. and Mrs. March looked at one another with an anxious expression, as their eyes followed Meg.

Meg was shy and silent, jumped when

the bell rang, and turned red when John's name was mentioned.

Laurie went by in the afternoon. When he saw Meg at the window, he dramatically pretended to beg for her to come outside. Meg told him to go away and he pretended to cry.

"What was he doing?" said Meg, laughing.

"He's pretending to be John," answered Jo grumpily.* "Touching, isn't it?"

"Stop it, Jo," said Meg. "I've told you I don't care much about him."

"But you are not like your old self and seem ever so far away from me," said Jo. "I am tired of waiting for him to say something."

"I can't say anything until he speaks, and he won't because Father said I was too

---

**grumpily** 투덜대며, 짜증 내며

young," said Meg.

"If he did speak, you wouldn't know what to say," said Jo.

"I'm not so silly and weak," said Meg. "I know just what I should say. I've planned it all."

"What will you say?" asked Jo more respectfully.

"I can tell you because you are sixteen now," said Meg. "One day you will have a lover, too."

"No. I don't want to act like a fool," said Jo, looking surprised.

"What if you liked him very much and he liked you?" asked Meg.

"So what are you going to say to John?" said Jo rudely.*

"Thank you, Mr. Brooke, you are very kind, but I agree with Father that I am too young to marry," said Meg.

"I don't believe you'll ever say it, and I

know he won't be satisfied if you do," said Jo.

"Yes, I will," said Meg.

Meg rose as she spoke, but someone knocked on the door. Meg jumped a little. Jo laughed.

"Good afternoon," said Mr. Brooke. "I came to get my umbrella."

"It's over there," Meg said nervously. "I'll go get it."

"Mother will like to see you," said Jo, leaving the room. "Sit down. I'll call her."

"Don't go," said Mr. Brooke. "Are you afraid of me, Margaret?" Mr. Brooke looked so hurt. She blushed, for he had never called her Margaret before.

"How can I be afraid when you have been so kind to Father?" said Meg. "I only wish I could thank you for it."

---

**rudely** 무례하게

"Shall I tell you how?" asked Mr. Brooke as he held Meg's hand and looked into her eyes.

"Oh no, please don't," said Meg.

"I won't trouble you," said Mr. Brooke. "I only want to know if you care for me, Meg. I love you so much, dear."

"I don't know," Meg answered softly.

"Will you try and find out?" said Mr. Brooke. "I want to know so much."

"I'm too young," Meg answered as her heart beat quickly.

"I'll wait, and can you learn to like me?" said Mr. Brooke.

"I...."

"Please choose to learn, Meg," said Mr. Brooke. "I love to teach, and this is easier than German." He held both of her hands now.

She looked at his face and noticed that he was smiling. He thought he had her!

But she didn't want him to have all the power over her.

"Please go away and let me be!" said Meg.

Poor Mr. Brooke looked depressed.

"Do you really mean that?" he asked anxiously.

"Yes, I do," said Meg. "I don't want to be worried about such things."

"Can't I change your mind?" said Mr. Brooke. "Don't play with me, Meg."

He looked pale and serious. He just stood looking at her, and she felt her cold heart melting.* However, Aunt March arrived at their home and interrupted* their meeting. She surprised Meg and John so much. John disappeared into the other room.

"Who is he?" cried the old lady.

---

melt 녹다  interrupt 방해하다

"It's Father's friend," said Meg. "I'm so surprised to see you!"

"What did he say to you?" said Aunt March. "Why is your face red?"

"We were only talking," said Meg. "Mr. Brooke came for his umbrella."

"Brooke?" cried Aunt March, looking shocked.* "That boy's tutor? Ah! I understand now. I know all about it. Have you accepted his proposal*?"

"Don't speak so loudly," said Meg. "Shall I call Mother?"

"Not yet," said the old lady. "I have something to say to you. If you marry that man, I will not give you any of my money."

If Aunt March had begged Meg to accept John Brooke, she would have probably said that she didn't love him. However, because her Aunt told her not to love him, she decided that she did. Meg opposed* the old lady with unusual spirit.

"I shall marry a man whom I please, Aunt March," said Meg. "You can leave your money to anyone you like."

"You'll be sorry when you are living in a small house," said Aunt March.

"It's better than being unhappy in a big house," said Meg.

Aunt March put on her glasses and took a look at the girl. Meg felt so brave and independent.*

"Now, Meg, my dear, take my advice." said Aunt March. "I mean it kindly. You should marry rich and help your family. It's your duty."

"Father and Mother don't think so," said Meg. "They like John."

"Your parents, my dear, are foolish," said Aunt March.

"I'm glad that I love him," said Meg.

---

**shocked** 충격을 받은  **proposal** 제안, 청혼  **oppose** 반대하다, 맞서다
**independent** 독립된, 독립적인

"He has no rich relatives?" said Aunt March.

"No, but he has many warm friends," said Meg.

"You can't live on friends," said Aunt March. "Does he have a business?"

"Not yet," said Meg. "Mr. Laurence is going to help him."

"That won't last long," said Aunt March.

"John is good, wise, talented, and brave!" said Meg, who looked beautiful and honest. "Everyone likes and respects him, and I'm proud to think he cares for me."

"He knows you have rich relatives," said Aunt March. "That's why he likes you."

"How could you say that?" cried Meg. "I won't listen to you. My John wouldn't marry for money. We are willing to work. I'm not afraid of being poor, and I...."

Meg stopped there, remembering that

John might be listening to her in the other room.

Aunt March was very angry, and something in the girl's happy young face made the lonely old woman feel sad.

"I'm disappointed in you, and don't expect anything from me when you are married," said Aunt March. "I'm done with you forever."

The old woman slammed the door in Meg's face and left the house. Meg stood for a moment, deciding whether to laugh or cry. Mr. Brooke ran in the room.

"I heard everything, Meg," said Mr. Brooke. "Thank you for defending* me."

"I didn't know how much I cared," she whispered and hid her face in his coat.

Fifteen minutes after Aunt March's departure, Jo came softly downstairs. Jo

---

defend 방어하다, 옹호하다

had hoped that Aunt March had chased John away.

But poor Jo saw her sister sitting on John's lap and staring at him with love. Jo gasped. Mr. Brooke saw Jo.

"Sister Jo, congratulate us!" he said to her happily.

Jo ran up to the room and to her parents.

"Help!" shouted Jo. "John did something to Meg!"

Mr. and Mrs. March ran downstairs quickly. Jo cried as she told the awful* news to Beth and Amy. The little girls, however, liked the news.

John spoke to Meg's parents that afternoon about all of his plans. At supper, the new couple looked so happy that even Jo could no longer be angry.

"In most families there comes a year full of events," said Mrs. March. "Everything has ended well."

"I hope the next will end better," grumbled Jo.

"In three years, it will be even better," said Mr. Brooke, smiling at Meg.

"Doesn't it seem very long to wait?" asked Amy.

"I've got so much to learn before I shall be ready," answered Meg.

Laurie came happily into the room. He gave flowers to Meg and congratulated her. Jo looked angrier.

"I knew you would get what you wanted," said Laurie.

"Thank you," said Mr. Brooke. "You are invited to our wedding."

"I'll come just to see Jo's face," said Laurie. "You are still angry?"

"I don't approve,* but there's nothing I

---

awful 끔찍한   approve 인정하다

can do," said Jo. "It can never be the same again. I've lost my dearest friend."

"You've got me!" Laurie said honestly. "I will stand by you all the days that I live."

"I know you will," said Jo. "You are always a great comfort to me, Laurie."

"Meg is happy, and it will be very jolly to see Meg in her own little house," said Laurie. "When I come back from college, we'll go on adventures. Do you feel better?"

"Maybe, but who knows what will happen in the next three years?" said Jo thoughtfully.

"That's true," said Laurie.

Father and Mother sat together quietly. Amy was drawing the lovers. Beth lay on her sofa, talking happily with Mr. Laurence. Jo sat in her favorite chair, looking serious and thinking, and Laurie smiled.

# 전문번역

# 순례자 놀이

p.14 "선물 없는 크리스마스는 크리스마스도 아닐 거야." 조가 양탄자에 누워서 투덜댔다.

"우리에게는 아빠, 엄마, 그리고 서로가 있잖아." 베스가 미소 지으며 말했다.

"아빠는 안 계셨잖아. 그리고 오랫동안 같이 계시지 않을 테고." 조가 말했다. 그들은 전투가 벌어지고 있는 곳으로 멀리 떠나 계신 아버지 생각을 했다.

p.15 "엄마가 이번 크리스마스에 어떤 선물도 하지 말자고 제안하셨던 이유는 이번 크리스마스가 모두에게 힘든 겨울이 될 것이기 때문이라는 것을 알잖아." 메그가 유감스럽게도 그들에게 기억을 일깨웠다. "엄마는 우리나라의 남자들이 군대에서 고생하고 있는데 우리가 즐기려고 돈을 써서는 안 된다고 생각하셔."

"엄마나 언니에게 무언가를 기대하지 않겠다는 것에는 동의하지만 나는 내 자신에게 정말로 사탕을 사 주고 싶어……." 독서를 몹시 좋아하는 조가 말했다.

"나는 새 악보에 내 돈을 쓸 계획이었어." 베스가 살짝 한숨을 쉬며 말했다.

"나는 근사한 스케치용 연필을 한 상자 살 거야." 에이미가 말했다. "나는 진짜 그 연필들이 필요해."

"우리 각자 원하는 것을 사고 조금 즐기자." 조가 외쳤다.

p.16 "그런 짜증 나는 아이들을 하루 종일 가르칠 필요가 없다면 좋을 텐데." 메그가 다시 불평하기 시작했다.

"언니가 하는 것은 무엇이든 만족스러워 하지 않는 신경질적인 할머니랑 몇 시간이고 집 안에 있는 것은 어떨 것 같아?" 조가 말했다.

"아니지, 설거지하고 청소하는 것이야말로 최악의 일이야." 베스가 자신의 거칠거칠한 손을 바라보면서 조용하게 말했다.

"나는 언니들 중 누구도 내가 하는 것만큼 고생한다고 생각지 않아." 에이미가 외쳤다. "언니들은 아빠가 부자가 아니라는 이유 때문에 놀리는 속물 여자아이들과 학교에 다닐 필요는 없잖아."

"너희는 우리가 어렸을 때 아빠가 잃으셨던 그 돈이 있다면 얼마나 좋을까 하고 바라지 않니?" 더 좋았던 시절이 기억나는 메그가 말했다.

조가 즉시 일어나 앉아서 주머니에 손을 넣고, 휘파람을 불기 시작했다.

"하지 마, 조 언니." 에이미가 소리쳤다. "그거 하면 정말 선머슴 같아."

p.17 "그래서 그렇게 하는 건데." 조가 말했다.

"나는 무례한 선머슴 같은 여자아이를 혐오해." 에이미가 말했다.

"난 천생 여자에다 징징대는 머리가 텅 빈 아이들이 싫더라!" 조가 말했다.

"정말이지, 애들아, 너희 둘 다 틀렸어." 메그가 말했다. "조세핀, 너는 더 단정하게 행동할 만큼 나이도 먹을 대로 먹었잖아. 이제 너는 네가 아가씨라는 것을 유념해야 해."

"나는 아니야." 조가 자기 머리를 잡아당기며 외쳤다. "나는 어른이 되고 싶지도 않고, 긴 드레스를 입고 화장을 하고 싶지도 않아! 나는 내가 남자가 아닌 것이 실망스러워. 나는 아빠와 함께 싸우러 가고 싶어 죽겠어. 하지만 나는 고작 집에 있으면서 뜨개질이나 할 수 있을 뿐이지!"

"가엾은 조 언니!" 베스가 조의 머리를 매만지며 다정하게 말했다. "참 안타깝지만 어쩔 수 없잖아."

p.18 "에이미, 네 이야기를 하자면 너는 지나치게 다 자란 아가씨처럼 행동하려고 해." 메그가 말했다. "너의 과장된 말이나 고민거리들은 전부 짜증 나."

"만약 조 언니가 말괄량이이고 에이미는 속물이면, 나는 뭐야?" 베스가 물었다.

"너는 더도 말고 덜도 말고 현모양처지." 메그가 따뜻하게 대답했다.

밖에 12월의 눈이 내리는 동안 네 자매는 조용하게 뜨개질을 했다. 비록 가구들은 낡았지만 그것은 안락한 방이었다. 크리스마스 꽃이 창가에 피었다.

네 자매 중 장녀인 마가렛은 열여섯 살이고 아주 예뻤다. 메그는 눈이 커다랗고 머리카락은 연한 갈색이었으며 손은 새하앴는데, 그녀는 하얀 손을 자랑스러워했다. 열다섯 살의 조세핀은 키가 아주 크고, 마르고, 피부는 구릿빛이었다. 조는 사람들에게 망아지를 연상시켰으며 그녀의 예리한 회색 눈은 모든 것을 알아보는 듯했다. 조의 길고 굵은 머리카락은 조가 가진 단 하나뿐인 아름다움이었다. 엘리자베스는 장밋빛 피부에 초롱초롱한 눈을 가진 열세 살 소녀이다. p.19 베스는 수줍음이 많고 소심하고 평온했다. 베스는 자신만의 행복한 세상에 살고 있는 것 같았고 자기가 사랑하고 자기가 믿는 사람들하고만 이야기했다. 에이미는 눈이 파랗고 금발 머리카락이 어깨 주변에 넘실거렸다. 에이미는 막내였지만 자기가 아주 중요하다고 여겼고 사람들을 얕잡아 보았다.

시계가 6시를 쳤다. 어머니가 돌아올 시간이었고 네 자매는 모두 어머니를 맞이하고 싶어 했다. 조는 어머니를 위해 슬리퍼를 데워 놓으려고 벽난로 주변에서 슬리퍼를 들고 있었다.

"슬리퍼가 무척 낡았어." 조가 말했다. "엄마한테 새 슬리퍼를 한 켤레 사 드려야겠어."

"내가 엄마한테 슬리퍼를 사 드리고 싶어." 베스가 말했다.

"아니, 내가 사 드릴 거야." 에이미가 소리쳤다.

"내가 장녀잖아." 메그가 말했다.

"아빠가 멀리 계시니까 지금은 내가 이 집안의 가장이야." 조가 끼어들었다. p.20 "내가 슬리퍼를 사 드릴 거야."

"우리 각자 엄마한테 크리스마스 선물로 무언가를 사 드리자." 베스가 말했다.

"무엇을 사 드릴까?" 조가 말했다.

"나는 근사한 장갑을 한 켤레 사 드릴 거야." 메그가 말했다.

"군화." 조가 외쳤다.

"손수건." 베스가 말했다.

"나는 작은 향수를 한 병 사 드릴 거야." 에이미가 덧붙였다. "싼 걸로. 그래야 내가 여전히 연필을 살 수 있으니까."

"그 물건들을 어떤 식으로 드리지?" 메그가 물었다.

"우리가 우리 자신을 위한 물건을 살 것으로 엄마가 생각하시게 만들고 놀래 드리는 거야." 조가 이리저리 걸어 다니면서 말했다. "우리는 내일 오후에 쇼핑하러 가야 해, 메그 언니. 오늘 밤에는 연극 연습을 해야 하거든. 에이미, 이리 와서 기절하는 장면을 연습하자."

p.21 "나는 다치고 싶지 않아." 재능 있는 여배우가 아니었던 에이미가 말했다.

"이렇게 해 봐." 조가 말했다. "이렇게 손을 잡고 극적으로 우는 거야!"

에이미는 따라 했지만, 목소리에는 그와 같은 열정이 없었다. 조는 깊게 한숨을 쉬었고 메그는 웃었다. 베스는 흥미를 가지고 재밋거리를 지켜

보았다. 그러고 난 후로는 상황이 순조롭게 흘러갔다. 그들 모두 대사를 외웠고 맡은 인물이 되어 연기했다.

"우리가 여태까지 한 것 중 가장 좋았어." 죽은 악당을 연기하고 있었던 메그가 말했다.

"어떻게 언니가 그런 놀라운 것들을 글로 쓰고 연기하는지 모르겠어, 조 언니." 베스가 외쳤다. "언니는 셰익스피어 같아!"

"좀 모자라지." 조가 겸손하게 대답했다. "나는 비극적인 오페라 〈마녀의 저주〉가 재미있다고 생각하지만, 〈맥베스〉를 시도해 보고 싶어."

p.22 "모두 아주 행복해하니 기쁘구나, 우리 딸들." 문에서 활기 있는 목소리가 들렸다. 문가에 서 있는 부인은 우아하게 입지는 않았지만 품위 있는 생김새였다.

"누구 찾아온 사람이 있었니, 베스?" 마치 부인이 말했다. "감기는 어떠니, 메그? 조, 너 아주 피곤해 보이는구나. 와서 나에게 키스해 주렴."

마치 부인은 젖은 옷을 벗고 따뜻한 슬리퍼를 신었다. 마치 부인이 앉자 에이미가 그녀의 허벅다리 위에 앉았다. 메그는 찻상을 차리고 조는 벽난로에 넣을 나무를 대충 가져왔다. 에이미가 모두에게 지시를 내리는 동안 베스는 몇 가지 집안일을 끝냈다.

"저녁을 먹고 나서 너희에게 줄 좋은 것이 있단다." 네 자매의 어머니가 말했다.

"아빠한테서 온 편지야!" 네 자매가 외쳤다.

"나는 아빠가 군목으로 가신 것이 대단하다고 생각해. 군인이 되기에는 너무 나이가 많으시잖아." 메그가 따뜻하게 말했다.

p.23 "나도 군악대 고수나 간호사로 갈 수 있으면 좋을 텐데." 조가 말했다. "그러면 내가 아빠 옆에서 도와드릴 수 있을 텐데."

"아빠는 언제 집에 오실까요, 엄마?" 베스가 물었다.

"몇 달 남지 않았어, 얘야." 마치 부인이 말했다. "이제 이리 와서 편지를 들어 보렴."

네 자매는 모두 벽난로 주위에 모였다. 아버지는 전장에서의 생활을 희망적으로 그리고 활기차게 적었다. 마지막으로 아버지는 네 자매에게 사랑과 안부 인사를 전했다.

"아이들에게 매일 아이들을 생각한다고 전해 줘요. 일 년은 기다리기에 아주 긴 시간인 것 같소만, 우리는 기다리는 동안 일을 해야 하고 세월을 낭비하지 말아야 한다고 아이들에게 상기시켜 주시오. 나는 아이들이 나를 자랑스럽게 만들 훌륭한 아가씨들이 될 것임을 알고 있소."

그 부분에서 네 자매는 모두 울었다. 에이미는 이기적으로 굴지 않겠다고 약속했다.

p.24 "우리 모두 그럴 거예요." 메그가 말했다.

"저는 정숙한 여자가 되도록 노력할게요." 남부에서 군인으로 싸우는 것보다 집에 머무는 것이 더 어렵다고 생각하면서 조가 말했다.

"너희들이 어린아이였을 때 어떻게 놀곤 했는지 기억하니?" 마치 부인이 말했다. "너희들은 항상 많은 물건들을 수집하고 새 도시를 건설하고 있는 척했어."

"가장 재미있는 부분은 사자와 도깨비들과 싸우는 것이었는데." 조가 말했다.

"나는 많이 기억나지는 않아." 이제 열두 살에 불과한 에이미가 말했다. "그런 놀이를 하기에 너무 나이가 많은 게 아니라면 다시 해 보고 싶어."

"이런 놀이를 하기에 우리가 나이를 너무 많이 먹은 것은 절대 아니란다, 에이미." 마치 부인이 말했다. "우리의 실제 삶에서, 우리는 여행을 해야 하고 또 좋은 것들을 이룩하기 위해서 싸워야 하지. 너희들은 각자 맞서 싸워야 할 무언가를 가지고 있는 거야."

p.25 "저는 좋은 피아노가 있는 아이들이 부럽고, 모두가 두려워요." 베스가 속삭였다.

"우리 그렇게 하는 거다." 메그가 생각에 잠겨 말했다.

네 자매는 모두 바느질을 시작했는데, 그 일은 따분했지만 불평하는 사람은 아무도 없었다. 9시에 그들은 일을 멈추고 노래를 불렀다. 베스는 낡은 피아노를 능숙하게 쳤다.

# 즐거운 크리스마스

p.26 흐린 크리스마스 아침, 조가 가장 먼저 일어났다. 조의 베개 밑에는 중요한 이야기가 담긴 붉은 책이 있었다. 조는 메그를 깨웠다. 어머니가 몇 마디 적은 글이 담겨 있는 초록 표지의 책이 있었다. 베스와 에이미도 일어나서 책을 발견했다. 하나는 흰색이고 다른 하나는 파란색이었다.

p.27 "얘들아, 엄마는 우리가 이 책들을 읽기 바라시는 거야." 메그가

진지하게 말했다. "나는 여기 탁자 위에 내 책을 놓아두고 매일 아침 조금씩 읽을 거야."

그런 다음 메그는 새 책을 펴고 읽기 시작했다. 조도 메그에게 팔을 두르고 역시 책을 읽었다. 책을 읽을 때 조는 평상시와는 달리 조용했다.

"엄마는 어디에 계셔?" 30분 후에 메그가 물었다.

"모르겠어요." 해나가 대답했는데, 그녀는 메그가 태어난 이래로 마치 가족과 함께 살고 있었다. "어떤 가난한 여자가 구걸을 하고 있었어요. 어머님은 그 여자를 도우러 가셨고요."

"엄마가 곧 돌아오실 테니까 전부 다 준비해 놓자." 메그가 바구니에 담긴 선물을 보면서 말했다.

"엄마가 오셨어." 문이 쾅 닫혔을 때 조가 외쳤다. p.28 "바구니를 숨겨, 빨리!"

에이미가 재빨리 안으로 들어왔고 언니들이 모두 자신을 기다리고 있는 것을 보았을 때는 부끄러운 듯 보였다.

"어디에 갔다 왔어?" 메그는 게으른 에이미가 일찍 일어나 밖에 나갔다 온 것을 보고 놀라서 물었다. "그리고 너 뒤에 무엇을 숨기고 있는 거야?"

"나 비웃으면 안 돼, 조 언니!" 에이미가 말했다. "나 엄마한테 더 큰 병에 담긴 향수를 사 드리기로 결심했어. 나 정말로 더 이상 이기적으로 굴지 않으려고 노력하고 있는 거야!"

메그가 즉시 에이미를 안아 주었다. 네 자매는 문가에서 또 다른 소리를 들었고 그들의 어머니가 안으로 들어왔다.

"메리 크리스마스, 엄마!" 네 자매가 모두 함께 외쳤다. "책 선물 고맙습니다."

"메리 크리스마스, 내 딸들!" 마치 부인이 말했다. "하지만 아침 먹으러 앉기 전에 너희에게 이야기를 좀 하고 싶구나. 우리 집 근처에 살고 있는 가난한 아주머니에게 갓난아기와 여섯 명의 자식이 있단다. p.29 그들에게는 난롯불도 없고 음식도 없어. 얘들아, 그들에게 너희 아침 식사를 크리스마스 선물로 줄 수 있겠니?"

"저희가 아침을 먹기 시작하기 전에 엄마가 오셔서 다행이에요!" 비록 몹시 배가 고팠음에도 불구하고 마침내 조가 대답했다.

"제가 불쌍한 아이들에게 물건 나르는 것을 도우러 가도 돼요?" 베스가 열성적으로 물었다.

"네가 그렇게 할 거라고 생각했단다." 마치 부인이 만족하며 말했다.

그들은 곧 채비를 하고 함께 그 가난한 여자의 집으로 갔다. 그들은 가난하고 초라한 집에 도착했다. 어머니와 아기 그리고 여섯 명의 아이들 모두가 작은 담요 하나를 덮고 있었다.

"천사들이 우리에게 오셨구나!" 가난한 여자가 기쁨으로 울먹이며 말했다.

p.30 나무를 날랐던 해나가 불을 피웠다. 마치 부인은 가난한 집의 어머니에게 차와 수프를 주고 그녀를 위로했다. 네 자매는 아이들에게 음식을 먹이고 그들과 이야기를 나누었다. 네 자매는 비록 그 음식 중 어느 것도 먹지 못했지만 그것은 무척 행복한 아침 식사였다.

"정말 즐거웠어." 마치 부인이 위층에서 그 가난한 가족에게 줄 옷을 모으고 있는 동안에 네 자매가 그들의 선물을 차려 놓으면서 메그가 말했다.

"엄마가 오고 계셔!" 조가 외쳤다. "베스, 연주를 시작해! 문을 열어, 에이미!"

마치 부인은 놀랐을 뿐 아니라 감동도 받았다. 마치 부인은 즉시 슬리퍼를 신고, 장갑을 끼고, 향수를 뿌렸으며 주머니에 손수건을 넣었다.

네 자매는 그날 남은 시간을 저녁 행사를 준비하며 보냈다. 그 행사들은 여덟 명 정도의 다른 소녀들과 함께 하는 연극의 일부였다. 그들은 부유하지 않았기 때문에 연극에 필요한 모든 것을 직접 만들어야 했다. p.31 그들은 아주 영리해서 의상과 무기를 만들기 위해 다양한 가정용품들을 사용했다.

남자가 없었기 때문에 연극 중의 대부분의 남자 역할을 조가 했다. 소녀들 각자는 많은 역할을 해야 했다. 크리스마스 저녁에 열두 명의 소녀들이 파란색과 금색의 커튼 뒤에서 연극이 시작하기를 기다렸다. 에이미는 계속해서 키득거렸다. 마침내 종이 울렸고 커튼이 열렸다.

첫 번째 장면은 커다란 동굴이 있는 어두운 숲속에서 일어났다. 그때 악당 휴고를 연기하던 조는 옆구리에 검을 차고 검은색 수염과 요상한 망토를 걸치고 부츠를 신은 채 몰래 들어왔다. 휴고는 자라에 대한 자신의 사랑과 영웅 로드리고에 대한 증오심을 소리쳐 말했다.

p.32 메그는 검은색과 빨간색으로 된 마녀 의상을 입고 나왔다. 휴고는 자라가 자신을 동경하게 만들 묘약과 로드리고를 죽일 묘약을 요구했다. 마녀는 둘 다를 약속했고 묘약을 만들러 올 유령을 불렀다.

조용한 음악이 연주되기 시작했고, 반짝이는 날개와 금발을 지닌 어떤 형체가 나타났다. 그 형체는 마녀에게 묘약을 주고 그런 다음 무대를 떠났다. 무서운 음악이 연주되기 시작했고 검은 옷을 입은 뿔 달린 형체가 나타났다. 그 형체도 마녀에게 묘약을 주고 웃으면서 무대를 떠났다. 휴고는 무대를 떠났다. 마녀는 청중에게 휴고가 자기 친구들 중 몇 명을 죽였기 때문에 그를 속여서 자신의 원한을 갚을 것이라고 말했다.

커튼이 다시 올라갔을 때는 천장까지 탑이 솟아 있었다. 아름다운 파란색과 은색의 드레스를 입은 자라가 로드리고를 기다리고 있었다. 로드리고가 빨간색 모자와 기타를 들고 부츠를 신고 들어왔다. p.33 로드리고는 탑 아래에 무릎을 꿇고 자라에게 노래를 해 주었다.

어떤 노인이 나타나 자라는 집으로 돌아가야 하고 로드리고는 떠나야 한다고 요구했다. 로드리고는 그 노인의 말을 거역하고 떠나려고 하지 않았다. 자라 또한 자기 아버지의 말을 거역했다. 두 사람 다 지하 감옥으로 가라는 명령을 받았다.

3막은 성의 홀 안이었으며, 여기에 마녀인 하가가 나타났다. 하가는 두 연인을 풀어 주려고 왔다. 하가는 휴고가 오고 있는 소리를 듣고 숨었다. 하가는 휴고가 로드리고에게 쓸 묘약을 따르는 것을 보았다. 하가는 자신의 유령 하인들 중 한 명에게 휴고가 쳐다보고 있지 않을 때 컵을 바꿔치기 하라고 했다. 휴고는 로드리고에게 쓸 작정이었던 묘약을 마시고 죽었다.

p.34 그런 다음 하가가 노래를 부르기 시작했는데, 그것이 전체 공연보다 더 나았다. 4막에서는 로드리고가 자라가 자신을 미워한다고 생각해서 자기 자신을 칼로 막 찌르려고 했다. 갑자기 로드리고는 자라가 위험에 빠졌다는 말을 듣게 되고 대신에 그는 그녀를 구하러 갔다.

5막에서는 자라의 아버지가 자라에게 수녀가 되어야 한다고 말했다. 로드리고가 나타나 자라에게 청혼하지만, 그녀의 아버지는 그가 부유하지 않다는 이유로 거절했다. 그들은 서로 언쟁을 벌였고 마침내 하인이 나타났다. 하인은 그들에게 하가가 자신의 모든 돈을 젊은 연인에게 줄 것이며 자라의 아버지가 그들이 결혼하는 것을 허락하지 않으면 그를 벌하겠다고 쓴 편지를 주었다. 마침내 자라의 아버지는 두 연인이 결혼하는 것을 허락하는 데 동의했다.

모두 박수갈채를 보냈고, 해나는 소녀들에게 마치 부인이 그들이 저녁 식사를 하러 오기를 원한다고 말했다. 저녁 식사에는 분홍색과 흰색 아이

스크림, 케이크, 과일이 있었다. p.35 그것은 정말로 소녀들의 호흡을 멎게 했고, 그들은 식탁을 쳐다보고 나서 어머니를 쳐다보았다.

"요정들인가요?" 에이미가 물었다.

"산타클로스야." 베스가 말했다.

"모두 틀렸어." 마치 부인이 대답했다. "로렌스 씨가 식사를 보내 주셨단다."

"그 로렌스라는 남자아이의 할아버지가요!" 메그가 외쳤다. "하지만 우리는 그분을 알지도 못하잖아요!"

"해나가 로렌스 씨의 하인 중 한 명에게 너희들이 아침 식사 때 가난한 사람들을 도와준 이야기를 했단다. 로렌스 씨는 특이한 신사분이시지만 그 이야기가 그분을 기쁘게 해 드렸단다."

"우리 어머니는 로렌스 씨를 알고 계시지만 그분은 매우 자부심이 강하셔." 메그의 친구가 말했다. "그분은 손자를 집 안에 두고 공부를 매우 열심히 하도록 시키신다고 해."

"나는 그 아이의 예의범절이 마음에 들더구나. 그 아이는 어린 신사 같아. 그래서 나는 너희들이 그 아이를 알게 되는 것이 싫지 않단다." 마치 부인이 말했다. p.36 "그 아이가 오늘 우리에게 꽃을 가져왔어."

# 로렌스가의 소년

p.37 "조!" 메그가 소리쳤다. "어디에 있니?"

"여기 있어!" 메그는 동생 조가 자신이 가장 좋아하는 독서 장소에서 사과를 먹으면서 책 너머로 소리치는 것을 발견했다. 애완용 쥐 스크래블 역시 그곳에 살았다.

p.38 "우리 가디너 부인의 내일 밤 새해 전야 파티에 초대받았어!" 메그가 말했다. "엄마는 우리가 가도 된다고 하셨어. 우리 무엇을 입어야 해?"

"우리는 각자 한 벌씩만 좋은 드레스를 가지고 있잖아." 조가 대답했다.

"실크 드레스가 있다면 좋을 텐데!" 메그가 한숨을 쉬었다.

"언니 드레스는 괜찮아 보여." 조가 말했다. "하지만 내 것은 탄 자국이 있거든. 나 어떡하지?"

"너는 등 쪽을 숨겨야 해." 메그가 말했다. "엄마가 내가 내 새 장갑을 껴도 된다고 하셨어. 그것도 괜찮기는 하지만 더 좋은 것이 있으면 좋을 텐데."

"내 것은 레모네이드 때문에 엉망이 되었는데." 조가 말했다. "그리고 나는 새것을 살 수도 없어."

"너 장갑은 꼭 가지고 있어야 해. 안 그러면 나는 안 갈 거야." 메그가 소리쳤다. "장갑은 다른 어떤 것보다 중요해. 장갑 없이 춤출 수는 없어."

"그러면 나는 춤은 안 출래." 조가 말했다. "어쨌든 그런 종류의 춤은 좋아하지 않으니까."

"너 엄마한테 새것을 사 달라고 해서는 안 돼." 메그가 말했다. p.39 "장갑은 아주 비싸니까. 그리고 너는 아주 조심성이 없어. 그냥 옛날 것을 끼면 안 돼?"

"우리 각자 언니의 괜찮은 장갑을 한 짝씩 끼고 상태가 안 좋은 내 장갑은 한 짝씩 들고 있는 것은 어때?" 조가 말했다.

"네 손이 내 손보다 크잖아." 메그가 말했다. "그럼 내 장갑이 늘어날 텐데."

"그러면 나는 장갑 없이 갈래." 조가 외쳤다. "사람들이 뭐라고 해도 상관없어!"

"알았어!" 메그가 말했다. "내 장갑 중 한 짝을 빌려주면 되잖아! 너 아가씨처럼 행동해야 해!"

섣달 그믐날 저녁에 두 명의 동생은 두 언니가 옷을 입는 것을 도와주었다. 메그는 은색과 파란색으로 된 드레스를 입었고, 조는 짙은 붉은색과 흰색으로 된 드레스를 입었다. 그들은 둘 다 불편했지만 우아하고 아름답게 보일 테니 괜찮을 것이라고 마음먹었다.

p.40 "좋은 시간 보내거라!" 두 자매가 집을 나설 때 마치 부인이 말했다. "저녁 너무 많이 먹지 말고, 11시에는 집에 와라."

두 사람은 드디어 가디너 부인 집에 도착했다. 메그와 조는 위축되는 기분을 느끼며 파티 장소로 내려갔다. 그들은 파티에 가 본 적이 거의 없었다. 가디너 부인은 친절하게 그들을 맞이하고 자기 딸들과 담소를 나누라고 했다. 메그는 편안하게 다른 소녀들과 이야기를 나누었지만, 조는 조심스럽게 등을 벽에 기대고 섰다. 다른 방에서는 여섯 명 정도의 소녀들이 스케이트 타는 것에 대해 이야기하고 있었다. 조는 그들에게 끼어들고 싶은 생각이 간절했다.

누구도 조에게 말을 걸기 위해 다가오지 않았다. 조는 자신의 타 버린 드레스가 드러날 수 있기 때문에 방을 어슬렁거리며 다닐 수 없었으므로 춤이 시작될 때까지 사람들을 쳐다보았다. 메그는 즉시 춤 신청을 받았다. 조는 붉은 머리 소년이 자신에게 다가오는 것을 보아서 커튼 뒤에 숨었다. p.41 불운하게도 수줍음을 타는 또 다른 사람도 같은 은신처를 선택한 터였다. 조는 거기서 '로렌스가의 소년'을 발견했다.

"여기 누가 있는 줄은 몰랐어요!" 조가 말했다.

"나는 신경 쓰지 마세요." 소년이 말하고 웃었다. "원한다면 여기 있도록 해요."

"전에도 본 적이 있는 것 같아요." 조가 말했다. "우리 집 근처에 살지 않나요?"

"옆집이에요." 소년이 대답했다.

"당신의 크리스마스 선물 덕분에 우리 가족은 즐거운 시간을 보냈어요." 조가 말했다.

"할아버지가 그것을 보내신 거예요." 소년이 말했다. "고양이는 잘 지내요, 마치 양?"

"잘 있어요, 고마워요, 로렌스 씨." 조가 말했다. "그런데 나는 마치 양이 아니에요. 그냥 조예요."

"나도 로렌스 씨가 아니에요." 소년이 말했다. p.42 "그냥 로리예요."

"로리 로렌스, 참 이상한 이름이네요." 조가 말했다.

"내 이름은 시어도어이지만, 어떤 사람들은 나를 테디라고 불러서 나는 그 이름을 싫어해요." 로리가 말했다.

"나도 내 이름이 싫어요!" 조가 말했다. "모든 사람들이 조세핀 대신 조라고 불렀으면 좋겠어요."

"춤추는 거 좋아하지 않아요, 조?" 로리가 물었다.

"우리가 더 빠르게 춤추어도 된다면 나도 추고 싶어요." 조가 말했다. "춤 안 춰요?"

"때때로 춰요." 로리가 말했다. "나는 여행을 많이 다녀서 여기서는 어떻게 춤을 추는지 잘 몰라요."

"여행을 했어요!" 조가 외쳤다. "파리에는 갔어요?"

"지난겨울을 거기에서 보냈어요." 로리가 말했다.

"프랑스 어를 할 수 있어요?" 조가 말했다.

"물론이죠." 로리가 말했다.

"조금 해 봐요." 조가 말했다. "나는 읽을 줄은 아는데 발음은 못해요."

p.43 로리는 프랑스 어로 몇 마디를 말했다.

"정말 잘하네요!" 조가 말했다. "저기에 있는 여자아이에 대해 말하고 있었던 거죠, 그렇죠?"

"맞아요." 로리가 말했다.

"우리 언니 마가렛이에요!" 조가 말했다. "우리 언니가 예쁘다고 생각해요?"

"네." 로리가 말했다. "아가씨처럼 춤을 추네요."

조는 로리가 언니를 칭찬하고 있는 것에 기분이 좋아서 나중에 언니에게 말해 주어야겠다고 마음먹었다. 그들은 둘 다 편안하게 느껴질 때까지 함께 대화를 나누었다. 조는 언니 동생들에게 로리에 대해 말해 줄 수 있도록 로리가 어떻게 생겼는지 자세하게 쳐다보고 기억해 놓았다.

'로리는 곱슬곱슬한 검은 머리카락에, 피부는 구릿빛이고 눈은 커다랗고 검은색인 데다가 코는 잘생겼고 이는 고르고 손과 발은 작아. 나보다 키가 크고 사내아이 치고는 아주 예의 바르고 쾌활해. 이 아이는 몇 살일까?' 조는 혼자서 생각했다.

p.44 "곧 대학에 가겠네?" 조가 물었다.

"1~2년은 지나야 해." 로리가 대답했다.

"대학에 가게 된다면 좋을 텐데!" 조가 말했다.

"나는 대학 가는 거 싫은데!" 로리가 말했다.

"너는 무엇을 하고 싶은데?" 조가 물었다.

"이탈리아에서 살고, 즐기고 싶어." 로리가 대답했다.

"저거 좋은 노래인데!" 조가 외쳤다. "가서 춤추는 거 어때?"

"너도 같이 간다면 추지." 로리가 대답했다.

"못 해……." 조가 말했다.

"왜 못 하는데?" 로리가 말했다.

"말하지 않을 거지?" 조가 말했다.

"절대로 말 안 할게!" 로리가 말했다.

"내가 드레스 등 쪽을 태워 먹었거든." 조가 말했다. "그래서 등을 보일 수가 없어. 원한다면 웃어도 돼. 우습다는 것은 나도 아니까."

"그런 것은 신경 쓰지 마." 로리가 말했다. "저 밖에 긴 홀이 있고, 아무도 우리를 보지 못하는 곳에서 춤추면 되잖아. p.45 같이 가시죠."

조는 로리에게 고마워하면서 기쁜 마음으로 갔다. 홀은 비어 있었고, 로리는 조에게 독일 춤을 가르쳐 주었는데 그것이 조를 기쁘게 했다. 음악이 멈추었을 때, 그들은 계단에 앉아서 숨을 골랐다. 메그가 여동생을 찾아서 다가왔다. 메그는 조가 빈 방으로 따라오게 했다.

"나 발목을 다쳤어." 메그가 말했다. "저 멍청한 하이힐이 돌아갔지 뭐야. 서 있기도 힘든데, 어떻게 집에 가야 할지 모르겠어."

"그 어리석은 신발 때문에 발을 다칠 줄 알았다니까." 조가 다친 발목 부분을 문질러 주며 대꾸했다. "유감이야."

"누가 마차를 가지러 가지 않는 이상 나는 마차를 탈 수 없잖아." 메그가 말했다.

"내가 갈게." 조가 말했다.

p.46 "안 돼!" 메그가 말했다. "9시가 지났어. 해나가 올 때까지 쉴게. 그런 다음 내가 할 수 있는 최선을 다해 볼래."

"로리한테 물어볼게." 조가 말했다. "그 아이가 가 줄 거야."

"누구한테도 부탁하거나 말하지 마." 메그가 말했다. "그냥 해나를 기다릴래."

그래서 메그는 쉬었고 조는 저녁을 먹으러 볼썽사납게 갔다. 거기서 조는 커피를 들어 올리다가 드레스에 쏟았다. 조는 커피를 닦기 위해 메그의 장갑을 사용했다.

"나는 정말 바보야!" 조가 소리쳤다.

"내가 도와줄까?" 정감 있는 목소리가 들렸다. 그리고 거기에 로리가 있었다.

"메그 언니에게 뭔가를 갖다 주려고 하고 있었어." 조가 대답했다.

"나는 이 아이스크림을 줄 누군가를 찾고 있었는데." 로리가 말했다. "너희 언니한테 이것을 줘도 될까?"

"오, 고마워!" 조가 말했다. "언니가 어디 있는지 알려줄게."

조가 길을 안내했다. 그들은 한동안 대화를 나누었고 너무 재미있어 하다가 메그는 자기 발에 대해서는 잊어버렸다. p.47 해나가 두 자매를 데리러 왔을 때 메그는 갑자기 일어서다 아파서 울부짖었다.

"별 것 아니야." 메그가 말했다. "발을 조금 다쳤는데, 그게 다야."

해나는 나무랐고 메그는 울었다. 조는 하인을 찾아서 그에게 마차를 가져오라고 부탁했다. 로리가 우연히 조의 말을 듣고 자기 할아버지의 마차를 제공했다.

"지금은 시간이 아주 이르잖아!" 조가 말했다.

"나는 항상 일찍 가." 로리가 말했다. "집에 데려다 주게 해 줘."

조가 감사하며 받아들였다. 마차 뒷좌석에 앉아서 타고 오면서 두 자매는 파티에 대해 이야기했다.

"내가 피했던 빨간 머리 남자랑 언니가 춤추고 있는 것을 봤어." 조가 말했다. "좋은 사람이었어?"

p.48 "오, 무척!" 메그가 말했다.

"그는 베짱이 같이 생겼던데." 조가 말했다. "로리와 나는 웃음을 참을 수가 없었어. 우리가 하는 말 들었어?"

"아니, 하지만 그런 행동은 아주 무례한 거였어." 메그가 말했다.

집에 도착했을 때 두 자매는 동생들에게 파티에 대해 모두 말해 주었다.

# 마음의 짐

p.49 "오, 얘들아. 휴가를 보내고 나서 다시 일하러 돌아가는 것은 너무 힘들어." 메그가 다음날 아침 불평을 했다.

"항상 크리스마스 아니면 설날이었으면 좋겠다." 조가 말했다.

p.50 "나는 항상 사치스러운 물건을 가지고 있는 여자아이들이 부러울 거야." 메그가 말했다.

"그렇지만 우리는 그런 것을 가질 수는 없잖아." 조가 말했다. "그러니 너무 투덜대지는 말자."

메그는 네 명의 꼬마 아이들이라는 짐이 자신에게 여태까지보다 얼마나 더 무거운 짐인 것 같은지에 대해 생각했다.

"나는 가난하니까 다른 소녀들이 누리는 것처럼 내 삶을 즐길 수가 없어!" 메그가 말했다.

베스는 두통이 있어서 소파에 누워서 어미 고양이와 새끼 고양이 세 마리와 함께 안정을 취하려고 애쓰고 있었다. 에이미는 숙제를 하지 않았기 때문에 걱정했다. 마치 부인은 편지를 마저 다 쓰려고 애쓰느라 몹시 바빴다.

"우리는 최고의 투덜이 가족이야!" 조가 소리쳤다.

"그중에 언니가 제일 투덜거리면서!" 에이미가 말했다.

"얘들아, 얘들아, 조용히 하렴!" 마치 부인이 말했다. "나는 이 편지를 다 써야 해."

"네 고양이를 안고 귀여워해 주고 두통도 낫도록 해, 베스." 조가 문을 박차고 나가며 말했다. p.51 "다녀올게요, 엄마. 모두, 가자! 우리는 지금은 악동들이지만 천사처럼 집에 돌아올 거예요."

"너는 너를 네가 좋을 대로 불러." 메그가 밖으로 나가면서 조에게 말했다. "하지만 나는 악동이 아니야."

"언니는 사치스러운 물건들을 가질 수 없다고 속상해 하잖아." 조가 말했다. "내가 큰돈을 모을 때까지 그냥 기다리기만 해. 그러면 언니는 마차를 타고 매일 밤 파티에서 춤을 출 수 있을 테니까."

"너는 정말 어처구니가 없구나, 조!" 메그가 웃었다.

두 자매는 작별 인사로 서로를 안아 주고 각자 다른 방향으로 걸어갔다. 마치 씨가 돈을 잃었을 때 네 자매 중 두 언니는 가족을 돕게 일을 할 수 있도록 허락해 달라고 간청했다. 부모는 동의했고 그들 둘 다 서로 다른 일자리에서 일을 하기 시작했다.

p.52 마가렛은 보모로 일할 자리를 찾았고 작은 봉급에도 부자라고 느꼈다. 자기가 말했듯이 메그는 '사치스러운 물건들을 좋아했다.' 메그는 자기 가족이 돈이 더 많고 집에 가족이 원하는 모든 것을 가지고 있었을 때를 다른 자매들보다 더 잘 기억하고 있었다. 메그는 자기가 일하는 킹 씨의 집에서 날마다 자기가 원하는 모든 것을 보았다. 메그는 자신보다 더 나이 많은 아가씨들의 파티와 그들이 구입한 모든 화려한 물건들에 대해 들었다. 메그는 자주 불평을 하지는 않았지만, 마음속으로는 쓸쓸함을 느꼈다.

조는 마치 고모할머니를 위해 일했는데, 고모할머니는 걸을 수 없어서 자신을 도와줄 활동적인 사람이 필요했다. 자식이 없는 고모할머니는 마치 씨 가족이 돈을 잃고 나서 네 자매 중 한 명을 입양하겠다고 제안했다. 그러나 네 자매의 부모는 거절했다. 마치 고모할머니는 무척 마음이 상했다.

마치 고모할머니는 한동안 마치 씨 가족과 이야기도 하지 않으려고 했지만, 친구의 파티에서 조를 만났다. p.53 마치 고모할머니는 조의 유머가 마음에 들었고 조를 날마다 자신의 말동무로 삼겠다고 제안했다. 처음에 조는 이 생각을 마음에 들어 하지 않았지만 마치 고모할머니를 방문하기 시작하고 나서 자신들이 매우 잘 지낼 수 있다는 것을 깨달았다. 때때로 그들은 싸우기도 했지만 항상 빠르게 화해했다.

조가 정말로 좋아한 것은 서재였다. 마치 고모할머니가 낮잠을 잘 때나 손님을 맞느라 바쁠 때 조는 이 조용한 장소로 급히 가서 독서를 했다.

조의 꿈은 중요한 일을 하는 것이었다. 조는 그것이 무엇인지는 아직 몰랐다. 책을 읽거나 연극을 할 시간을 충분히 갖지 못했기 때문에 조의 감정은 언제나 빠르게 변했다. 하지만 조는 마치 고모할머니로부터 많이 배웠다.

베스는 지나치게 부끄럼을 많이 타서 학교에 다니지 못했다. p.54 베스는 집에서 아버지와 함께 수업을 했다. 해나를 도와 집안일을 하는 것과 사랑 받는 것을 아주 좋아했다. 베스에게는 많은 상상 속의 친구들이 있어서 집에서도 항상 바쁘게 지냈다. 베스는 인형들이나 애완동물이 못생겼거나 부서져도 몹시 애정을 기울여 돌보았다.

베스는 다른 사람들처럼 고민거리들이 있었다. 베스는 자신의 피아노가 너무 낡아서 남몰래 울곤 했다. 베스는 음악을 사랑했고 배우려고 무척 노력했다. 아무도 베스를 도와주지 않았고, 혼자 있을 때 그녀가 피아노의 누런 건반 위에 흘린 눈물을 아무도 보지 못했다.

세상에는 부끄럼을 타고 조용하고 다른 사람들을 위해서 무엇이든지 하는 베스 같은 사람들이 많다. 그들이 갑자기 떠나면 모두가 자기들이 얼마나 훌륭한 존재를 잃었는지를 깨닫는다.

에이미가 아기였을 때, 조는 실수로 에이미를 떨어뜨렸고 코가 바닥에 부딪혔다. 에이미는 코가 줄곧 납작해져 갔다. 에이미는 이것을 무척 싫어했고 수백 장의 높은 코 그림을 그렸다. p.55 그런 코들을 전부 그린 후 에이미는 그림을 아주 잘 그리게 되었다.

에이미의 친구들은 그녀를 좋아했고 그녀가 아주 우아하다며 칭찬했다. 에이미는 또한 프랑스 어 회화에 소질이 있었고 학교 공부를 잘했으며 뛰어난 음악가였다. 에이미는 응석받이였고 점점 더 이기적으로 굴었다. 하지만 에이미는 사촌의 헌 옷을 입어야 했고, 그것을 몹시 싫어했다. 에이미는 종종 자기 옷의 촌스러운 색깔에 대해 메그에게 불평하곤 했다.

메그와 에이미는 아주 친밀했고 조와 베스 역시 아주 친밀했다. 수줍음을 타는 그 아이는 오직 조에게만 자기 생각을 이야기했다.

"누구 할 이야기 있는 사람 있어?" 그날 저녁 네 자매가 함께 앉아 바느질을 할 때 메그가 말했다.

"내가 고모할머니를 위해 성경의 한 부분을 읽고 있는 동안 고모할머니는 늘 그러시는 것처럼 잠이 드셨어." 조가 말했다. p.56 "마치 고모할머니가 잠이 드실 때마다 그분이 다시 일어나실 때까지 나는 내가 읽고 싶은 책을 한 권 골라서 대신 읽어. 하지만 고모할머니는 잠에서 깨셨고 내가 내 책을 읽는 것을 잡아내신 거야!

그러고 나서 고모할머니는 내 죄를 나무라시고 나에게 앉아서 내가 지은 죄에 대해 곰곰이 생각해 보라고 말씀하셨어. 하지만 고모할머니는 다시 잠이 드셨지! 그래서 나는 다시 나의 재미있는 책을 읽기 시작했어. 그러다가 고모할머니는 다시 잠에서 깨셨는데, 이번에는 더 다정해지셨어. 고모할머니가 나에게 내 바보 같은 책 중에서 한 권을 읽어 달라고 하시는 거야. 그래서 나는 고모할머니께 이 해적들의 모험 이야기를 읽어 드렸어. 나는 약간 폭력적인 부분에 이르렀어. 나는 고모할머니가 화내시지 않도록 그만 읽고 싶었는데, 고모할머니가 나에게 그 장을 마저 읽으라고 하시지 뭐야!"

"너 고모할머니가 그 이야기를 마음에 들어 하셨다고 생각했니?" 메그가 물었다.

"오, 아니야!" 조가 대답했다. "고모할머니는 걱정거리들을 손에서 놓기만 하셔도 더 행복해지실 텐데! 나는 고모할머니가 부자라고 해도 부럽지가 않아. 부자들은 걱정이 너무 많아."

p.57 "그 말을 들으니 나도 무언가 말할 것이 생각난다." 메그가 말했다. "조의 이야기처럼 재미있지는 않아. 킹 씨 집 아이들 중 나이가 많은 남자아이 한 명이 학교에서 남부끄러운 짓을 한 것 같더라."

"수지 퍼킨스가 오늘 예쁜 빨간 반지를 끼고 학교에 왔어." 에이미가 언니들에게 말했다. "나는 그 반지가 아주 몹시 갖고 싶어서 내가 진심으로 그 아이면 좋겠다고 바랐거든. 그런데 수지가 괴물 코를 가진 데이비스 선생님 그림을 그린 거야. 우리가 그 그림 때문에 웃고 있었는데, 갑자기 데이비스 선생님이 우리를 보신 거 있지! 선생님은 수지의 귀를 잡아당기고 나서 반성문을 백 줄 쓰게 만드셨어."

"나는 오늘 아침에 내가 좋아하는 것을 봤어. 그리고 저녁 식사 시간에 그 이야기를 하려고 작정했는데 잊어버린 거 있지." 베스가 말했다. "내가 해나를 대신해 굴을 좀 사러 갔을 때, 로렌스 씨가 생선가게에 계셨지만 나를 보시지는 못했어. p.58 가난한 아주머니가 대걸레를 들고 오셨어. 그 아주머니는 아이들을 먹일 저녁거리가 없다며 커터 씨한테 청소를 하게 해 주는 대신 생선을 조금 달라고 하셨어. 커터 씨는 안 된다고 하셨어. 하지만 로렌스 씨가 결국에는 커다란 물고기를 사서 그 아주머니한테 공짜로 주시는 거야! 그 아주머니는 그 커다란 물고기를 들고 가시는 동안 아주 귀엽고 행복해 보이셨어."

그들은 베스의 이야기를 듣고 웃고 나서 어머니에게 이야기를 해 달라고 했다.

"나는 아버지가 매우 걱정이 되었고 무슨 일이 아버지에게 생긴다면 우리가 얼마나 외롭고 속수무책일까 생각했단다." 마치 부인이 말했다. "어떤 노인이 가게에 들어와서 나에게 말을 걸기 시작했어. '군대에 보낸 아들이 있으세요?'라고 내가 물어보았어. '있습니다, 부인. 네 명이 있었는데, 둘은 죽었고, 하나는 포로가 되었지요. 그리고 나는 워싱턴의 한 병원에 있는 위독한 아들에게 가는 중이라오.'라고 그 노인은 조용히 대답했단다. '나라를 위해 대단한 일을 하셨군요, 선생님.'이라고 나는 말했지. p.59 그 노인은 아주 쾌활하게 말했고 무척 진지해 보여서 나는 내 자신이 부끄럽게 느껴졌단다. 나는 남편 하나만 내주었는데, 그 노인은 불평하지도 않고 네 명의 아들을 내주었으니까. 나는 집에 나를 위로해 주는 딸들이 있는데, 그 노인의 막내아들은 멀리 떨어진 곳에서 노인에게 작별 인사를 하려고 기다리고 있었던 것이지. 나는 내게 내려진 축복을 생각하면서 무척 풍요롭고 행복하다고 느꼈단다. 나는 그 노인에게 돈을 조금 드리고 내게 가르쳐 주신 교훈에 감사드렸단다."

"하나 더 해 주세요, 엄마." 조가 말했다.

마치 부인은 미소를 짓고 즉시 이야기를 시작했다.

"옛날에 네 자매가 살았단다. 그들은 필요한 모든 것을 가지고 있었지만 만족할 줄을 몰랐지. 이 자매들은 끊임없이 '이것이 있다면 좋을 텐데.' 혹은 '저것을 할 수 있다면 좋을 텐데.'라고 말했단다. 그래서 네 자매는 어떤 할머니에게 행복해지려면 어떤 주문을 쓸 수 있는지 물었단다. p.60 할머니는 '불만스러울 때는 너희들에게 내려진 축복에 대해 생각해 보고 감사하는 마음을 갖도록 하거라.'라고 말해 주었어. 네 자매는 분별 있는 아이들이어서 할머니의 충고를 따라 보기로 마음먹었단다. 곧 네 자매는 자기들이 얼마나 풍족한지 알고 놀랐단다. 그래서 그 아이들은 불평하는 것을 그만두고 이미 가지고 있는 축복을 누리기로 마음먹었단다."

"이런, 엄마, 우리들의 이야기를 바꾸어서 우리에게 들려주시다니 엄마는 아주 현명하세요." 메그가 소리쳤다. "엄마는 저희에게 사랑 이야기 대신 훈계를 해 주셨네요!"

"저는 그런 식의 훈계를 좋아해요." 베스가 사려 깊게 말했다.

"저는 다른 사람들이 하는 만큼 그렇게 많이 불평하지는 않아요." 에이미가 말했다.

"저희한테는 그런 교훈이 필요했어요. 그리고 저희는 그 교훈을 잊지 않을 거예요." 조가 덧붙였다.

# 이웃과 친해지다

p.61 어느 날 눈이 내린 후, 조는 엄청난 기운으로 눈을 치우기 시작했다. 조는 빗자루를 들고 정원 곳곳에 난 길을 쓸었다. 로렌스가의 집과 마치가의 집은 이 정원을 사이에 두고 나뉘었다. p.62 마치가의 식구들은 아직 시골 느낌이 나는 교외에 살았는데, 이곳에는 아직 커다란 정원과 조용한 거리가 있었다.

두 집 사이에는 쭉 늘어선 낮은 나무 울타리가 있었다. 울타리 한쪽에는 덩굴 식물과 꽃으로 뒤덮인 오래된 갈색 집이 있었다. 울타리의 반대쪽에는 호화롭고 값비싼 것들로 가득한 커다란 석조 대저택이 있었다.

조에게 이 화려한 집은 아무도 만져 보지도 또는 가지고 놀아 보지도 못한 놀라운 물건들이 가득한 마법의 장소였다. 조는 로렌스가의 소년을 포함해서 항상 그 집 안에 있는 물건들을 보고 싶어 했다. 파티 이후 조는 전보다 더 그 소년을 다시 만나고 싶어 했다. 마침내 조가 언니, 동생들과 눈 속에서 놀고 있던 어느 날 그 소년이 창밖을 쳐다보고 있는 것을 보았다.

조는 다시 소년을 만나서 소년과 놀아야겠다고 마음먹었다. 소년에게 재미있는 놀이와 친구가 필요하다는 것이 조가 보기에는 분명했다. p.63 조는 소년의 할아버지가 오후 시간 동안 차로 외출하는 것을 보고 그의 집 쪽으로 눈을 파기 시작했다. 모든 것이 조용했다. 조는 창가의 소년의 얼굴 외에는 사람이나 하인을 한 명도 볼 수 없었다. 조는 눈을 조금 가져가 눈덩이를 만들어 창문에 던졌다. 처음에 소년은 펄쩍 뛰고 놀랐지만, 그런 다음 아래를 내려다보고 조를 보았다. 소년은 미소를 짓고 창문을 열었다.

"어떻게 지냈어?" 조가 물었다. "아파?"

"나아졌어. 고마워." 소년이 말했다. "독감에 걸렸어."

"안됐구나." 조가 말했다. "하루 종일 뭐해?"

p.64 "아무것도 안 해." 소년이 말했다. "아주 따분해."

"책은 안 읽어?" 조가 물었다.

"많이는 안 읽어." 소년이 대답했다. "사람들이 내가 그러도록 내버려두지 않을 거야."

"누가 너한테 읽어 주면 되지 않아?" 조가 말했다.

"할아버지께서 가끔 읽어 주시는데, 내 책은 할아버지에게는 재미가 없잖아." 소년이 말했다.

"누구를 오라고 해서 만나 보는 것은 어때?" 조가 말했다.

"보고 싶은 사람이 하나도 없어." 소년이 말했다. "사내아이들은 너무 시끄러워."

"여자아이들은 조용하잖아." 조가 말했다.

"나는 아는 사람이 한 명도 없어." 소년이 말했다.

"우리를 알잖아." 조가 말했다.

"그렇구나!" 로리가 외쳤다. "네가 와 줄래?"

"나는 조용하거나 친절하지는 않지만 엄마가 허락하시면 갈게." 조가 말했다. "가서 엄마한테 여쭤볼게."

그 말과 함께 조는 어머니한테 물어보러 집으로 돌아갔다. 로리는 모든 것을 깨끗이 치우고 모든 것이 괜찮아 보이게 만들려고 노력하면서 이리저리 뛰어다녔다. p.65 마침내 누군가가 초인종을 울렸다. 놀란 하인이 로리에게 젊은 아가씨가 그를 만나러 왔다고 말했다. 조는 한 손에는 덮개를 덮은 요리를, 다른 손에는 베스의 새끼 고양이 세 마리를 데리고 나타났다.

"나 왔어." 조가 말했다. "메그 언니가 자기가 만든 케이크를 조금 가져다주면 했어. 그리고 베스는 자기 고양이들이 위로를 해 줄 거라고 생각했어. 네가 웃을 것이라는 것은 알지만, 베스는 정말 무언가를 해 주고 싶어 했거든. 내가 큰 소리로 책을 읽어줄까?" 조는 서가에 있는 책들을 바라보았다.

"고맙지만, 그것들은 다 읽었어." 로리가 대답했다. "나는 이야기를 하고 싶어."

"좋아!" 조가 말했다. "베스는 항상 내가 말이 너무 많대!"

"베스가 집에 많이 있는 동생이야?" 로리가 흥미로워하며 물었다.

p.66 "그래. 그 아이가 베스야." 조가 대답했다.

"예쁜 아가씨는 메그이고, 곱슬머리의 아가씨는 에이미일 것 같은데?" 로리가 말했다.

"어떻게 알았어?" 조가 말했다.

"너희가 놀고 있는 것을 종종 보거든. 너희들이 서로 이야기하는 것도 듣고." 로리가 말하고 얼굴을 붉혔다. "때로는 너희가 너희 어머니께 말하고 있는 것도 보았어. 보지 않을 수가 없어. 알다시피 나한테는 어머니가 안 계시거든." 로리는 몸을 돌려 난롯불을 쳐다보았다. 조는 로리가 한 말에 감동을 받았다.

"우리를 그냥 관찰하기만 하는 대신에 들러서 우리를 만나 봐." 조가 말했다. "너희 할아버지가 허락하지 않으실까?"

"허락하실 거야. 너희 어머님이 요청하시면." 로리가 말했다. "할아버지는 친절해 보이시지는 않지만 실제로는 아주 친절하셔."

"우리는 너를 알고 싶어." 조가 말했다. "부끄러워하지 마."

로리는 다시 얼굴을 붉혔다.

"학교는 마음에 들어?" 로리가 물었다.

**p.67** "나는 학교에 안 다녀." 조가 대답했다. "고모할머니를 돌봐 드려."

조는 고모할머니와 그녀의 뚱뚱한 푸들, 스페인 어를 하는 앵무새와 서재에 대해서 설명했다.

"계속 이야기해 줘." 로리가 말했다.

조는 로리에게 자기 생활과 언니, 동생들과의 놀이와 아버지, 자신이 읽기 좋아하는 책들에 대해 말해 주었다.

"네가 책을 그렇게 많이 좋아한다면, 내려가서 우리 책을 봐!" 로리가 말했다.

그들은 서재에 갔다. 거기에는 책들이 줄지어 있었고, 그림과 조각상, 그리고 온갖 종류의 흥미로운 물건들이 있었다.

"이렇게 많을 수가!" 조가 한숨을 쉬었다. "시어도어 로렌스, 너는 이 세상에서 가장 행복한 소년임에 틀림없어."

**p.68** "사내아이는 책만으로는 살 수 없어." 로리가 말했다. 종이 울리고 하녀가 들어왔다.

"할아버지께서 보고 싶어 하세요, 도련님." 하녀가 말했다.

"잠깐 나가 봐도 되겠어?" 로리가 말했다.

"그럼. 나는 여기 있어서 행복해." 조가 대답했다.

로리는 밖으로 나갔고, 그러고 나서 몇 분 후 문이 열렸다. 조는 로리 할아버지의 초상화를 바라보고 있었다.

"나는 할아버지가 무서울 것 같지는 않다고 이제 확신해. 대단히 고집스러워 보이시기는 하지만 눈매가 친절하시잖아." 조가 돌아보지 않고서 말했다. "우리 할아버지만큼 잘생기지는 않으셨지만, 나는 너희 할아버지가 마음에 들어."

"고맙소, 아가씨." 조의 등 뒤에서 걸걸한 목소리가 들렸다. 대단히 당혹스럽게도 거기에는 로렌스 씨가 서 있었다.

가엾은 조는 얼굴이 붉어지려야 더 붉어질 수 없을 만큼 붉어졌고 자기가 한 말이 생각났을 때 심장은 불편할 정도로 마구 뛰기 시작했다.

p.69 "아가씨, 그러니까 아가씨는 내가 두렵지 않다는 말이지?" 로렌스 씨가 말했다.

"그다지요, 로렌스 씨." 조가 말했다.

"그리고 아가씨 할아버지만큼 잘생겼다고 생각하지도 않고?" 로렌스 씨가 말했다.

"좀 덜하시기는 하세요, 로렌스 씨." 조가 말했다.

"또 내가 엄청난 고집을 가지고 있다 그거지?" 로렌스 씨가 말했다.

"그냥 그런 생각이 든다는 말이었어요." 조가 말했다.

"하지만 그럼에도 불구하고 내가 마음에 든다고?" 로렌스 씨가 말했다.

"네, 로렌스 씨." 조가 말했다.

그 대답이 노신사를 기쁘게 했다. 로렌스 씨는 짧게 웃고 조와 악수를 했다. 그때 로렌스 씨는 조의 얼굴을 보았다.

p.70 "아가씨는 아가씨 할아버지의 성격을 닮았군. 하지만 얼굴은 안 닮았네." 로렌스 씨가 말했다. "아가씨 할아버지는 멋진 사람이었고 나는 그 사람의 친구인 것이 자랑스러웠어."

"감사합니다, 로렌스 씨." 조가 말했다. 그 후 조는 마음이 아주 편해졌다.

"아가씨는 내 손자인 이 아이에게 무엇을 하고 있었지?" 로렌스 씨가 말했다.

"그냥 좋은 이웃을 사귀고 있었어요, 로렌스 씨." 조가 말했다.

"아가씨는 그 아이가 따분해 보인다고 생각하는 거지?" 로렌스 씨가 말했다.

"네, 로렌스 씨." 조가 열성적으로 말했다. "조금 외로워 보였어요. 저희는 여자아이들이지만, 저희가 돕겠어요. 저희는 여전히 크리스마스 선물을 기억하고 있답니다."

"내가 언제 아가씨 어머니를 만나 뵈어야겠군." 로렌스 씨가 말했다. "아가씨 어머니께 그렇게 전해 주게. 차나 함께 하자고 한다고."

로리가 방으로 뛰어 들어왔다. 로리는 조와 자기 할아버지를 보고는 놀란 것처럼 보였다.

p.71 "오셨는지 몰랐어요, 할아버지." 로리가 말했다.

"차를 마시러 오거라, 그리고 점잖게 행동하거라." 로렌스 씨가 말했다.

로렌스 씨는 차를 넉 잔 마시는 동안 그다지 말을 많이 하지는 않았지만, 두 젊은이들을 관찰했다. 차를 다 마셨을 때 조는 가야 한다고 말했지만, 로리는 조에게 무언가를 더 보여 주고 싶어 했다. 로리는 조를 온실로 데리고 갔다. 이리저리 걸어 다니면서 꽃을 볼 때 조에게는 그것이 마치 동화처럼 보였다. 로리는 꽃을 몇 송이를 모아서 조에게 주었다.

"이 꽃을 너희 어머님께 가져다드리고, 보내 주신 약에 감사드린다고 전해 줘." 로리가 조에게 말했다.

그들은 로렌스 씨가 거실에 서 있는 것을 발견했다. p.72 조는 그들이 커다란 피아노를 가지고 있는 것을 보았다.

"너 피아노를 치니?" 조가 로리에게 몸을 돌리면서 물었다.

"가끔." 로리가 대답했다.

"지금 연주해 봐." 조가 말했다. "베스한테 말해 줄 수 있도록 네 피아노 연주를 듣고 싶어."

"네가 먼저 쳐 보는 게 어때?" 로리가 말했다.

"나는 칠 줄 몰라." 조가 말했다.

그래서 로리가 피아노를 치고 조는 들었다. 조는 매우 감명을 받았고 로리를 계속해서 칭찬했다.

"로리의 음악이 나쁘지는 않지만, 나는 그 아이가 더 중요한 일을 잘하기를 바란단다." 로렌스 씨가 말했다. "아가씨 어머니께 안부 전해 드리고, 잘 가거라, 의사 아가씨."

로렌스 씨는 친절하게 악수를 해 주었지만, 무언가가 그의 기분을 언짢게 하는 것 같아 보였다. 그들이 홀에 들어갔을 때, 조는 로리에게 자기가 무언가 잘못 말한 것이 있는지 물었다. 로리는 고개를 저었다.

"아니, 나 때문이야." 로리가 말했다. "할아버지는 내가 연주하는 것을 듣는 것을 좋아하지 않으셔."

p.73 "왜?" 조가 말했다.

"나중에 말해 줄게." 로리가 말했다. "하지만 다시 와 줄 거라고 바라도 되지?

"네가 나은 뒤에 우리를 보러 온다고 약속한다면야." 조가 말했다.

"그럴게." 로리가 말했다.

"잘 있어, 로리!" 조가 말했다.

"잘 가, 조!" 로리가 말했다.

"엄마, 왜 로렌스 씨는 로리가 피아노를 치는 것을 원하지 않으실까요?" 조가 집에 돌아온 후에 물었다.

"확실하지는 않지만, 그분의 아드님 때문일 거야." 마치 부인이 말했다. "로리의 아버지가 음악가인 이탈리아 여성과 결혼했는데 그 일이 로렌스 씨를 언짢게 했단다. 로리의 어머니는 좋은 분이었지만 로렌스 씨는 로리 어머니를 좋아하지 않으셨거든. 로리의 부모님은 두 분 다 로리가 어렸을 때 돌아가셨지. 로리의 음악적 재능이 로렌스 씨에게는 당신이 좋아하지 않았던 로리의 어머니를 떠올리게 하는가 보구나."

p.74 "어머나, 참 낭만적이네요!" 메그가 외쳤다.

"참 어처구니없네요!" 조가 말했다.

"로리가 그렇게 멋진 검은 눈과 좋은 예의범절을 지닌 이유가 바로 그것 때문이구나." 메그가 말했다. "이탈리아 인들은 언제나 멋지거든."

"로리의 눈과 예의범절에 대해서 언니가 무엇을 아는데?" 조가 말했다. "로리와 말해 본 적도 없잖아."

"파티에서 봤잖아." 메그가 말했다. "약에 대한 말은 짧지만 멋진 말이었어."

"로리한테는 엄마도 안 계시니까 우리는 로리에게 잘해 줘야 해. 엄마, 로리가 우리를 보러 와도 되는 거죠?"

"그럼. 조, 네 친구는 대환영이야." 마치 부인이 말했다.

# 베스, 아름다운 궁전을 발견하다

p.75 모두들 로리를 좋아했고, 로리는 소녀들의 순수한 우정에서 무언가 아주 매력적인 것을 발견했다. 로리의 가정교사인 브룩 씨는 로리의 할

아버지에게 로리가 소녀들과 놀러 가느라고 자주 수업을 빼먹는다고 불평하기 시작했다.

p.76 "그 아이가 휴가를 갖도록 내버려두게." 로렌스 씨가 말했다. "마치 부인이 우리가 할 수 있는 것보다 그 아이에게 더 잘해 주고 있으니."

그들은 모두 함께 스케이트를 타고 놀이를 했다. 메그는 꽃을 감상하러 온실에 들어갈 수 있었고, 조는 새로운 서재에 있는 모든 책들을 읽었다. 에이미는 그림을 베꼈 그리고 로리는 자매들을 위해 즐겁게 피아노를 연주했다.

하지만 베스는 비록 로리의 집에서 피아노를 연주하고 싶기는 해도 결코 그 집에 갈 용기를 내지 못했다. 베스는 한 번 조와 함께 간 적이 있었지만, 노신사가 그녀를 겁먹게 했다. 로리 할아버지는 자기가 베스를 겁주었다는 것을 깨달았다. 어느 날 네 자매를 방문했을 때 로렌스 씨는 가수들과 음악에 대해 이야기했다. 로렌스 씨는 자기가 누군가에게 얼마나 피아노 연주하는 법을 가르치고 싶어 하는지에 대해 말하기 시작했다.

"로리가 지금은 음악을 등한시하고 있어요." 로렌스 씨가 말했다. p.77 "하지만 누군가는 피아노를 다시 쳐야 해요. 부인의 아이들 중 가끔 피아노 연습하는 것을 좋아하는 아이가 있나요?"

베스는 앞으로 한 발 나섰지만, 여전히 지나치게 수줍어서 말을 하지는 못했다. 마침내 베스는 로렌스 씨에게 살금살금 다가가 소심하게 그의 손에 자기 손을 올려놓았다.

"네가 음악에 재능이 있는 아가씨로구나?" 로렌스 씨가 물었다.

"저는 베스예요." 베스가 말했다. "아무도 듣는 사람이 없다는 것이 아주 확실하다면 제가 갈게요."

"한 사람도 없단다, 얘야. 집이 반나절은 비어 있으니 와서 연주하렴." 로렌스 씨가 말했다. "나에게도 한때 이런 눈망울을 가진 어린 여자아이가 있었지." 로렌스 씨가 말했다. "얘야! 복 많이 받아라. 안녕히 계세요, 부인." 그리고 로렌스 씨는 빨리 그 집을 떠났다.

베스는 무척 행복했다. 그날 밤에 그녀는 아름답게 노래했다. p.78 다음날 노신사와 소년이 집을 나가는 것을 본 후 베스는 소리를 내지 않고 집 안으로 들어갔다. 처음에는 두려웠지만 연주를 시작했을 때 베스는 두려움을 잊었다. 연주하는 동안 베스는 더할 나위 없이 행복했다. 베스는 해나가 저녁 식사를 하라고 그녀를 데리러 올 때까지 있었다. 그 이후 그 어린 소녀는 매일 연주하러 그 집에 살금살금 건너갔다.

"엄마, 저 로렌스 할아버지에게 슬리퍼를 한 켤레 만들어 드릴래요." 베스가 몇 주 뒤에 말했다. "할아버지는 저에게 무척 친절하세요. 저는 할아버지께 감사드려야 해요. 그래도 되나요?"

"그럼, 애야." 마치 부인이 대답했다. "로렌스 씨를 무척 기쁘게 해 드릴 거야."

메그와 조와 심각하게 많은 의논을 한 후 베스는 어떤 색깔과 무늬를 구입할지 결정했다. 베스는 밤낮으로 아주 열심히 작업했다. 베스는 바느질에 솜씨가 좋아서 슬리퍼를 빨리 다 만들었다. 슬리퍼가 완성되었을 때, 베스는 로렌스 씨 집에 그것을 놓고 왔다.

p.79 하루가 지났고 베스는 선물에 대해 아무 말도 듣지 못했다. 이틀째 되는 날 오후에 베스는 산책하러 갔다. 베스가 집에 왔을 때, 매우 기분이 좋은 세 자매가 그녀를 반겼다.

"여기 로렌스 씨한테서 온 편지가 있어!" 세 자매가 말했다. "빨리 와서 읽어 봐!"

문가에서 세 자매는 베스를 잡고 응접실로 데려갔다.

"저기 봐!" 세 자매가 외쳤다.

베스는 쳐다보고 기쁨과 놀라움으로 얼굴이 창백해졌다. 왜냐하면 작은 피아노가 한 대 세워져 있었기 때문이었다.

"내 거야?" 베스가 조에게 매달리면서 헉 하고 숨을 멈추었다.

"그래! 편지를 읽어 봐." 조가 여동생을 안아 주고 편지를 건네며 소리쳤다.

p.80 "언니가 읽어 줘!" 베스는 말하고 얼굴을 가렸다.

조가 편지를 열었다.

마치 양께,

친애하는 아가씨,

내가 살면서 많은 슬리퍼를 신어 봤지만, 아가씨가 준 것처럼 나한테 딱 맞는 것은 한 번도 없었습니다. 나는 내가 진 빚에 대해 보답하고 싶으니 아가씨한테 무언가 보내는 것을 허락해 주실 줄로 압니다. 그 피아노는 내 손녀가 세상을 떠나기 전까지 그 아이의 것이었답니다.

고마워하는 친구이자 충실한 봉사자
제임스 로렌스

"이런, 베스, 저것은 자랑할 영예야, 확실해!" 조가 전에 없이 너무 흥분한 것처럼 보이는 베스를 진정시키려고 애쓰면서 말했다. "로리가 로렌스 할아버지가 죽은 아이를 얼마나 좋아하셨는지 이야기해 준 적이 있어."

p.81 "피아노가 얼마나 예쁜지 봐 봐!" 메그가 말했다. "여기에 황금색 장미가 있어."

"당신의 충실한 봉사자, 제임스 로렌스라니." 그 편지에 무척 감명을 받은 에이미가 말했다.

"쳐 봐요, 베스." 해나가 말했다. "꼬마 피아노 소리를 들려주세요."

그래서 베스는 시험 삼아 피아노를 연주했고, 그들은 들어 본 중 가장 놀라운 피아노라고 말했다. 베스는 아름다운 검은색과 흰색 건반을 애정을 담아 쓰다듬었다.

"너 가서 로렌스 할아버지한테 감사를 드려야 해." 조가 말했다.

"응. 겁먹기 전에 지금 가야 할 거 같아." 그리고 가족들이 놀랄 정도로 베스는 정원으로 걸어 나가 나무 울타리를 지나 로렌스 씨 집으로 들어갔다. p.82 그녀는 가서 개인 서재 문을 두드렸다. 나이 많은 신사를 보았을 때 베스는 로렌스 씨가 어쩌다 손녀를 잃게 되었는지가 기억나서 두 팔을 벌려 로렌스 씨의 목덜미를 안고 그에게 키스했다.

로렌스 씨는 무척 놀랐지만 매우 행복했다. 로렌스 씨는 자신의 어린 손녀가 다시 살아난 것 같은 느낌을 받았다. 베스는 그때부터 로렌스 씨를 그만 두려워하게 되었다. 베스가 집에 갈 때 로렌스 씨는 베스를 집까지 마중해 주었고 에이미와 악수를 했다.

# 에이미의 굴욕

p.83 "나는 그저 로리가 저 말에 쓰는 돈 중 조금만 가지면 좋겠어." 네 자매가 로리가 말 타는 것을 볼 때 에이미가 조용히 말했다.

"왜?" 메그가 친절하게 물었다.

"나는 돈이 몹시 필요해." 에이미가 말했다. "빚을 졌거든."

p.84 "에이미, 빚을 지다니?" 메그가 외쳤다. "무슨 말이야?" 메그는 심

각해 보였다.

"있잖아, 내가 학교에서 다른 아이들한테 적어도 열두 개 정도의 라임 절임을 빚졌는데, 그것을 살 돈이 없어."

"라임이라니?" 메그가 말했다. "무슨 말이야?"

"아이들이 자주 라임 절임을 사거든. 다른 아이들이 나를 싫어하는 것을 원하지 않는다면 그것을 사 주어야 해." 에이미가 말했다. "내가 인기가 있어서 사람들이 나에게 라임을 계속 주기는 했지만 나는 답례를 해 줄 수 없었거든."

"돈이 얼마나 필요한데?" 메그가 물었다.

"25센트면 충분하고도 남을 거야." 에이미가 말했다.

"여기 돈 있어." 메그가 말했다.

"오, 고마워 언니!" 에이미가 말했다. "용돈을 갖는다는 것은 틀림없이 아주 멋질 거야!"

p.85 다음날 에이미는 학교에 지각했다. 에이미가 책상 위에 조그만 갈색 봉투를 놓았을 때 모두 그녀가 학교에 라임을 가져온 것을 알았다. 에이미는 갑자기 매우 인기가 높아졌다. 전에 에이미를 놀렸던 스노우도 사과하고 에이미에게 수학 숙제를 도와주겠다고 제안했다. 하지만 에이미는 스노우의 제안을 거절했다.

스노우는 기분이 상해서 선생님에게 에이미가 학교에 라임 절임을 가져왔다고 말했다. 그들의 선생님인 데이비스 선생님은 학교에 라임 절임을 가져오는 것을 금지했었다. 데이비스 선생님은 어린 학생들을 다루는 것에 고군분투하는 신경이 예민한 사람이었다. 그날 데이비스 선생님은 특히 예민했었다. 에이미가 라임을 가지고 있다는 것을 들었을 때 데이비스 선생님은 책상을 탕 하고 세게 쳤다.

"여러분!" 데이비스 선생님이 외쳤다. p.86 "주목!"

50쌍의 파란 눈, 검은 눈, 회색 눈, 갈색 눈이 데이비스 선생님을 쳐다보았다.

"마치 양, 내 책상으로 나와요." 데이비스 선생님이 말했다.

에이미가 일어났다.

"책상 안에 있는 라임을 가지고 와요." 데이비스 선생님이 명령했다. 에이미는 몰래 봉지에서 반을 남기고 그것을 선생님의 책상으로 가지고 갔다.

"이게 다예요?" 데이비스 선생님이 말했다.

"사실은 아니에요……." 에이미가 말했다.

"나머지도 당장 가져와요." 데이비스 선생님이 말했다.

"이제 이 기분 나쁜 것들을 가져가서 창문 밖으로 던져 버리세요." 데이비스 선생님이 말했다.

창밖으로 라임을 던질 때 에이미는 수치심과 분노로 얼굴이 붉어졌다. 한 소녀는 울기 시작했다.

p.87 "여러분, 일주일 전에 내가 여러분에게 한 말을 기억해 봐요." 데이비스 선생님이 말했다. "마치 양, 손을 내밀어요."

에이미는 손을 등 뒤로 숨기고 데이비스 선생님을 애처롭게 쳐다보았다. 에이미는 데이비스 선생님이 좋아하는 학생이었지 않은가? 아마 데이비스 선생님은 에이미를 용서했을 것이다. 하지만 그 학급의 한 소녀가 조용히 욕을 했다. 데이비스 선생님의 얼굴은 더 붉어졌다.

"손 내밀어요, 마치 양!" 데이비스 선생님이 말했다.

에이미는 마침내 손을 내보였다. 데이비스 선생님은 여러 번 막대기로 에이미의 손바닥을 때렸다. 에이미는 울기에는 너무 자존심이 셌고 심하게 수치심을 느꼈다.

"이제 점심시간까지 강단 앞에 서 있어요." 데이비스 선생님이 말했다.

에이미는 내내 말하지도 울지도 않았다. 대신에 에이미는 참담함을 느꼈고 스노우에게 화가 났다. p.88 에이미가 서 있어야 했던 15분은 그녀에게 한 시간처럼 느껴졌다.

"들어가도 좋아요, 마치 양." 데이비스 선생님이 심기가 불편한 표정으로 말했다. 에이미는 선생님을 쓸쓸하게 쳐다보았고 한마디도 하지 않았다. 남몰래 에이미는 결코 학교에 돌아오지 않겠다고 다짐했다.

집에서 점심을 먹는 동안 에이미는 어머니와 언니들에게 자신에게 일어난 일에 대해 불평했다. 에이미는 오후에 학교에 돌아가지 않았다. 학교 수업이 끝나기 직전에 조가 학교에 가서 어머니가 쓴 편지를 전달했다. 그런 다음 에이미의 짐을 챙겨서 떠났다.

"그래, 방학을 가져도 되지만, 베스 언니와 함께 매일 조금씩 공부를 하면 좋겠구나." 마치 부인이 그날 저녁에 말했다. "나는 학생을 때리는 선생님이 싫고 네 학교 친구들도 마음에 들지 않는구나."

p.89 "잘됐네요." 에이미가 한숨을 쉬었다. "친구들을 잃어버리는 것은 유감이지만요."

"나는 네가 친구들을 잃어버리는 것이 유감스럽지는 않구나. 너는 교칙을 어겼고 벌을 좀 받을 만하니까." 마치 부인이 말했다.

"제가 수치스러운 일을 당한 것이 기쁘다는 말씀이세요?" 에이미가 말했다.

"너는 너무 오만해지고 있어." 마치 부인이 말했다. "네가 그런 나쁜 태도를 갖고 있다면 누구도 네 재능에 주목하지 않을 거야. 겸손한 것이 훨씬 더 좋은 거야."

"정말 그래요!" 한 구석에서 조와 체스를 하고 있던 로리가 말했다. "저는 음악에 정말 뛰어난 재능이 있는 한 소녀를 아는데, 본인은 그것을 모르더라고요."

"그런 멋진 소녀를 알았으면 좋을 텐데." 베스가 말했다.

"너는 그 소녀를 정말 잘 알고 있어." 로리가 베스를 쳐다보며 대답했고, 베스는 갑자기 얼굴이 아주 빨개졌다.

p.90 "로리는 재능이 많은 소년이죠?" 그날 밤 로리가 집에 돌아간 후 에이미가 물었다.

"그래, 로리는 아주 훌륭한 교육을 받았어." 어머니가 대답했다. "아주 멋진 청년이 될 거야."

"그리고 로리는 오만하지 않아요, 그렇죠?" 에이미가 물었다.

"그래! 그게 로리가 아주 매력적인 이유지." 마치 부인이 말했다. "에이미, 만약 네가 나비매듭들, 리본들, 보석들을 한꺼번에 걸치면, 그래도 멋있어 보일까?"

"아니요." 에이미가 생각에 잠겨 대답했다.

# 조, 악마를 만나다

p.91 "언니들, 어디에 가고 있는 거야?" 에이미가 물었다.

"어린아이들은 묻는 거 아니야." 조가 날카롭게 대답했다.

에이미는 이 말에 매우 모욕감을 느꼈다. p.92 에이미는 언니들이 자신에게 사실을 말해 줄 때까지 한 시간 동안 그들을 짜증나게 했다.

"너는 초대받지 않았잖아." 메그가 말했다.

"언니들은 로리와 어디 갈 거잖아." 에이미가 말했다. "언니들이 그럴 거라는 거 알아."

"그래, 그럴 거야." 조가 대답했다. "그만 좀 우리를 괴롭혀."

"나도 알아!" 에이미가 울었다. "언니들은 〈일곱 채의 성〉을 보러 극장에 갈 거잖아. 나도 가고 싶단 말이야."

"네가 가면 나는 안 갈 거야. 그리고 내가 안 가면 로리가 좋아하지 않을 거야." 조가 화를 내며 말했다.

에이미는 마룻바닥에 앉아서 울기 시작했고 메그는 동생을 위로하려고 애썼다. 하지만 곧 로리가 아래에서 불렀고, 두 자매는 울고 있는 동생을 남겨 두고 서둘러 내려갔다.

"언니는 이 일을 후회하게 될 거야. 조 마치!" 에이미가 자기 언니한테 소리쳤다.

그들은 연극을 보면서 멋진 시간을 보냈다. 하지만 연극을 보는 동안 조는 조금 죄책감을 느꼈다. 조는 에이미가 자기에게 무슨 짓을 하려고 꿍꿍이를 꾸몄는지 궁금했다. p.93 에이미와 조는 때때로 둘 다 성격이 불같아서 종종 싸웠다. 하지만 조는 화를 내고 나면 언제나 기분이 안 좋았다. 에이미는 항상 죄책감을 느끼는 것은 아니었다.

집에 도착했을 때 그들은 에이미가 거실에서 책을 읽고 있는 것을 발견했다. 에이미는 언니들을 무시하고는 대답도 하지 않으려고 했다. 조는 자기 물건들을 모두 확인했다. 물건들은 모두 제자리에 있었다. 어쩌면 에이미가 그녀를 용서해 준 것일까?

하지만 다음날, 조는 자기가 가장 아끼는 책을 찾을 수 없었다.

"누가 내 책 가져갔어?" 조가 언니와 동생들에게 물었다.

"아니." 메그와 베스가 대답했고, 그들은 놀란 것 같았다. 에이미는 난롯불을 쿡쿡 쑤시면서 아무 말도 하지 않았다.

"에이미, 네가 가져갔구나!" 조가 말했다.

"아니야. 나는 안 가져갔어." 에이미가 말했다.

p.94 "너 그 일에 대해 무언가 알고 있잖아." 조가 말했다. "당장 말하는 게 좋을 거야. 아니면 내가 말하게 만들 테니까."

"언니는 다시는 책을 보지 못할 거야." 에이미가 외쳤다.

"왜 못 보는데?" 조가 말했다.

"내가 난롯불에 그 책을 태웠으니까." 에이미가 말했다.

"내 책을?" 얼굴이 몹시 창백해지며 조가 말했다. "나는 몇 달 동안 그 책을 쓰고 있었어. 아빠를 위해 아빠가 집에 돌아오실 때까지 끝내려고 했단 말이야. 너 정말 그 책을 난롯불에 넣었어?"

"그래, 그랬어!" 에이미가 말했다.

"너 이 못된 계집애!" 조가 에이미를 난폭하게 흔들면서 괴성을 질렀다. "나는 그 책을 다시는 못 써. 절대 너를 용서하지 않을 거야!"

메그는 에이미를 구하기 위해, 그리고 베스는 조를 진정시키기 위해 달려갔다. 조는 에이미의 뺨따귀를 한 대 치고 위층으로 뛰어 올라갔다.

마치 부인은 집에 와서 그 이야기를 들었다. 조는 이 책을 쓰느라 몇 달 동안 작업을 해 왔고 어떤 것도 조의 기분을 나아지게 만들 수 없을 거라고 느꼈다. 마치 부인은 속상해 보였고 에이미는 자기가 사과해야 한다는 것을 깨달았다.

p.95 "조 언니, 나를 용서해 줘." 에이미가 그날 밤에 말했다. "아주아주 미안해."

"나는 결코 너를 용서하지 않을 거야." 조가 차갑게 말했다.

누구도 그 엄청난 문제에 대한 이야기를 꺼내지 않았다. 심지어 마치 부인조차도 그랬다. 그날 밤 그들은 함께 조용히 바느질을 했고, 그들이 노래를 부를 때 조는 아무 소리도 내지 않았다. 에이미는 울었다.

"네 동생을 용서해 주어라." 마치 부인이 그날 밤 자기 전에 조에게 속삭였다. 조는 어머니에게 울며 하소연하고 싶었지만 그러지 않았다. 조는 약해 보이고 싶지 않았다.

에이미는 자신의 사과가 거절당하자 화가 났다. 그래서 에이미는 절대 사과하는 것이 아니었다고 생각하고 더 자존심을 세우게 되었다. 조는 여전히 언제 번개를 몰고 올지 모를 구름 같았다. 베스와 메그 또한 속이 상했다.

p.96 조는 로리와 스케이트를 타러 가기로 결정했다. 조가 겨울이 끝나기 전에 스케이트를 타는 데 자기를 데려가기로 약속한 바 있었으므로 에이미는 그 이야기를 듣고 더욱 화가 났다.

"불평하지 마." 메그가 말했다. "네가 나빴어. 조가 로리와 함께 있고 기분이 좋을 때 조에게 다가가 보도록 해. 그때는 어쩌면 조가 너를 용서해 줄지도 모르니까."

"그렇게 해 볼게." 에이미가 말했다. 에이미는 자기 언니에게 가려고 밖으로 달려 나갔다. 조는 에이미가 오는 것을 보고는 등을 돌렸다. 로리는 스케이트를 타느라고 바빠서 에이미를 보지 못했다.

"나는 저기로 갈래." 로리가 조에게 말했다. "저기서 경주를 시작할 수 있겠다."

조는 자기 뒤쪽에서 나는 에이미의 목소리를 들었지만, 동생을 쳐다보지 않았다. 에이미는 자신의 스케이트를 신기 시작했다.

"물가에만 있어." 로리가 말했다. "가운데는 안전하지 않아."

조는 로리가 말하는 것을 들었지만, 에이미는 스케이트를 신느라고 바빠서 듣지 못했다. 조는 여동생에게 말해 주지 않겠다고 마음먹었다.

p.97 로리는 아주 멀리까지 가서 보이지 않았고, 조는 로리 뒤에 있었으며, 에이미는 훨씬 더 뒤에 있었다. 얼음이 더 반질반질해서 에이미는 강 중간을 향해 스케이트를 타기 시작했다. 조는 자신이 동생을 애써 무시한다는 이상한 감정을 느끼기는 했지만, 결국 돌아서서 자기 여동생을 쳐다보기로 마음먹었다.

조는 에이미 아래쪽에 있던 얼음이 깨지면서 동생이 손을 위로 올리고 아래로 가라앉는 것을 보았다. 조는 두려움으로 얼어붙었다. 조는 로리를 부르려고 했지만, 목소리가 나오지 않았다.

"나무토막을 하나 가져와. 빨리!" 로리가 갑자기 소리쳤다.

생각할 겨를도 없이 조는 물가로 스케이트를 타고 가서 부서진 울타리에서 나무토막 하나를 잡아당겼다. 조와 로리는 에이미에게 가서 얼어붙을 듯한 차가운 물에서 에이미를 끌어냈다.

p.98 "가능한 한 빨리 에이미를 집으로 데려가야 해." 자기 외투로 에이미를 감싸고 발에서 스케이트를 잡아당겨 벗으면서 로리가 외쳤다. 그들은 에이미를 집으로 데려왔다. 에이미는 뜨거운 난롯불 앞에서 잠이 들었다. 조는 에이미를 보살펴 주려고 애쓰며 정신없이 뛰어다니는 동안 말을 하지 않았다. 조의 손에는 베인 상처가 가득했다.

"에이미가 별 탈 없는 것이 확실한 거예요?" 어머니가 손에 붕대를 감아 줄 때 조가 속삭였다.

"다치지는 않았단다." 마치 부인이 기운차게 대답했다. "네가 무사히 집으로 데려왔으니까 아프지도 않을 거야."

"로리가 전부 다 했어요." 조가 바닥에 털썩 주저앉아 울기 시작했다. "저는 그곳이 안전하지 않다고 에이미에게 말해 주지 않았어요. 엄마, 에이미가 죽는다면, 그것은 제 탓일 거예요. 제가 왜 그렇게 화를 냈을까요? 제가 어떡해야 해요?"

"그냥 기분을 풀려고 노력해 보렴." 마치 부인이 딸을 안아 주고 키스해 주며 말했다. "그렇게 애달프게 울지 마라. 하지만 오늘 일을 기억하고 다시는 이런 짓을 하지 않겠다고 약속하렴. p.99 네 성격이 아주 못된 것은 아니야. 나도 예전에는 너 같았어."

"정말이세요?" 조가 말했다. "하지만 엄마는 결코 화내시는 법이 없잖아요!"

"나는 40년 동안 그것을 치유하려고 노력해 오고 있단다." 마치 부인이 말했다. "나는 평생 거의 매일 화를 내, 조. 하지만 그것을 내보이지 않는 법을 터득해 왔단다."

어머니가 자기와 같은 단점을 가지고 있다는 사실은 조의 기분을 훨씬 나아지게 만들었다.

"엄마, 엄마가 때때로 방을 나가실 때는 화가 나신 건가요?" 조가 물었다.

"그래. 나는 그냥 잠깐 밖으로 나가서 마음을 진정시킨단다." 마치 부인은 한숨을 쉬고 나서 미소를 지으며 대답했다.

"화를 제어하는 것을 어떻게 배우셨어요?" 조가 물었다.

"너희 할머니께서 나를 도와주시곤 하셨어." 마치 부인이 말했다. p.100 "나는 지나치게 자존심이 세서 내 약점을 다른 누군가에게 고백하지 않았거든. 그때 네 아버지가 나타났고 나는 너무 행복하다 보니 착해지는 것이 쉽다는 것을 알게 되었지. 하지만 우리가 돈을 잃고 나서 그러는 것은 다시 어려워졌어."

"불쌍한 엄마!" 조가 말했다. "그때는 무엇이 도움이 됐어요?"

"네 아버지란다, 조." 마치 부인이 말했다. "네 아버지는 결코 인내심을 잃는 법이 없고 의심을 하지도 않고 불평도 안 하지. 아버지가 나를 도와주고 위로해 주었어. 네 아버지는 내가 너희 자매에게 좋은 본보기가 되어야 한다는 것을 상기시켰지."

"오, 엄마. 제가 엄마의 반만큼이라도 착하다면 저는 행복할 거예요." 조가 말했다.

"훨씬 더 착하면 좋겠구나." 마치 부인이 말했다. "하지만 너는 화를 잘 내는 네 성격을 제어하려고 노력해야 해."

"노력할게요, 엄마." 조가 부드럽게 얘기했다. 조의 어머니는 슬퍼하며 시선을 피했다. "제가 엄마를 슬프게 만든 거예요?"

"아니다, 얘야. 하지만 아버지 이야기를 하다 보니 내가 얼마나 아버지를 보고 싶어 하는지 생각이 났단다." 마치 부인이 말했다.

p.101 "하지만 엄마가 아빠에게 가라고 하셨잖아요, 엄마. 아빠가 가실 때 울지도 않으셨고요." 조가 의아해 하면서 말했다.

"우리나라가 아버지를 필요로 하니까 아버지를 내준 거였어." 마치 부인이 말했다. "하지만 여전히 내 딸들이 곁에 있으니까 나는 괜찮아. 너희들은 나의 가장 큰 선물이야."

조는 어머니를 꼭 안았다. 에이미는 자면서 한숨을 쉬었다. 조는 동생을 애정 어린 눈길로 쳐다보았다.

"로리가 없었다면 에이미는 죽었을지도 몰라요!" 조가 말했다. "제가 어떻게 그렇게 못되게 굴 수 있었을까요?" 조는 동생의 머리카락을 쓰다듬었다. 에이미는 눈을 떴고 자매는 서로를 꼭 껴안았다.

# 메그, 허영 박람회에 가다

p.102 "너희들도 같이 가면 좋겠지만 그럴 수 없으니 내가 돌아오면 내 모험 이야기를 너희에게 해 줄게." 메그가 말했다. "너희 모두 나에게 아주 친절했어. 나한테 물건을 빌려주고 내가 준비하는 것을 도와주었잖아."

"엄마가 보석함에서 무엇을 꺼내 주셨어?" 에이미가 물었다.

p.103 "실크 스타킹, 저 예쁜 부채, 아름다운 파란색 스카프야." 메그가 말했다.

"내가 산호 팔찌를 와장창 부수지 않아서 언니한테 줄 수 있으면 좋을 텐데." 줘 버리거나 빌려주는 것을 아주 좋아하는 조가 말했다.

"내 새 회색 평상복과 내 깃털 달린 모자, 내 보라색 실크 손수건이 있어." 메그가 자신의 옷을 훑어보며 말했다. "내 초록색 우산은 애니의 금색 우산보다는 멋져 보이지 않아. 애니 모팻은 파란색과 분홍색 리본매듭을 모자에 달았지. 내 모자에도 리본매듭을 좀 달아 줄래?" 메그가 조에게 부탁했다.

"안 돼, 그것은 언니 드레스에 어울리지 않아." 조가 말했다.

"내가 내 옷에 진짜 레이스를 달 만큼 운 좋은 날이 과연 올까?" 메그가 조바심 내며 말했다.

p.104 "언니는 요전 날 애니 모팻의 집에 갈 수만 있다면 더할 나위 없이 행복할 거라고 했잖아." 베스가 말했다.

"그랬었지!" 메그는 자신이 가지고 있는 가장 아름다운 흰색 드레스를 보며 말했다. "이제 갈 준비는 거의 다 끝났구나."

다음날 메그는 2주간의 재미를 위해 한껏 멋을 내고 출발했다. 마치 부인은 메그가 전보다 부자 아가씨들에게 더 질투심을 갖고 여행에서 돌아오지 않을까 걱정했다. 하지만 메그는 가고 싶다고 엄청 사정했었다.

모팻 집안사람들은 유행에 매우 민감하고 단순했다. 하지만 비록 부자이고 예의가 없을지라도 그들은 친절한 사람들이었다. 메그는 그들이 사실 그다지 지적인 사람들은 아니라는 것을 깨달았다. 어쨌든 가장 좋은 옷을 입고 하루 종일 마차를 타고 돌아다니는 것은 매우 즐거웠다. 메그는 자기 주변의 아가씨들처럼 말하기 시작했다. 메그는 많은 프랑스 어 단어들을 사용해서 유행에 대해서만 이야기했다.

애니 모팻의 예쁜 물건들을 더 많이 보면 볼수록 메그는 그녀가 얼마나 부자인지를 점점 더 많이 부러워했다. p.105 비록 새 스타킹을 신고 장갑을 끼기는 했지만 메그는 자신이 매우 가난하다고 느꼈다.

메그와 다른 두 소녀는 쇼핑을 하고, 산책을 하고, 말을 타고, 친구들을 방문하고, 연극과 오페라를 보러 가거나 저녁에 집에서 연극을 했다. 애니의 언니들은 아주 아름다운 아가씨들이었고, 한 명은 약혼을 했는데, 그것은 몹시 흥미롭고 낭만적이었다.

모팻 씨는 뚱뚱하고 유쾌한 노신사로 메그의 아버지를 알고 있었고, 모팻 부인도 뚱뚱하고 유쾌한 숙녀로 메그를 좋아했다.

작은 파티가 열리는 저녁이 되었을 때, 메그는 자신의 드레스가 다른 소녀들의 드레스만큼 아름답지 않다는 것을 알았다. 다른 소녀들이 그녀에게 옷 차려입는 것을 도와주겠다고 제안했지만, 메그는 자신이 가난해서 그들이 자신을 안 됐다고 여기는 것을 깨달았다. p.106 메그의 마음은 씁쓸했다. 하녀가 문을 노크하고 붉은 장미 한 다발을 방으로 가지고 들어왔다.

"그 꽃들은 마치 양 거예요. 그리고 여기 편지가 있어요." 하녀가 말했다.

"참 재미있구나!" 아가씨들이 소리쳤다. "누구한테서 온 거야? 네가 사귀는 사람이 있는지 우리는 몰랐잖아."

"편지는 어머니한테 온 것이고, 꽃은 로리한테서 왔어." 메그가 간단하게 말했다.

"오, 정말!" 애니가 우스운 표정으로 말했다.

다시 거의 행복한 마음이 들어서 메그는 장미 몇 송이를 친구들에게 주었고, 자신의 드레스에 몇 송이를 꽂았다. 드레스는 이제 훨씬 더 예뻐 보였다.

그날 저녁 메그는 정말 많이 재미있게 보냈다. 춤을 많이 추었기 때문이었다. 모든 사람이 매우 친절했고 메그는 세 번 찬사를 받았다. 애니가 메그에게 노래를 부르게 했고 모두 그 노래를 좋아했다. 그래서 메그는 우연히 그녀를 속상하게 하는 이야기를 듣기 전까지는 매우 즐거운 시간을 보냈다. p.107 메그가 온실 근처에 앉아서 춤 상대를 기다리고 있을 때 두 사람이 벽 반대쪽에서 이야기하는 것이 들렸다.

"그 아이는 몇 살이에요?" 어떤 여자가 물었다.

"열여섯 아니면 열일곱 살이오." 모팻 부인이 대답했다.

"그 자매 중 한 명에게는 멋진 일이 될 거예요, 그렇지 않아요? 샐리가 그러는데 지금은 그 아이들이 매우 친하대요. 노신사도 그들을 좋아하고요." 그 여자가 말했다.

"저 아이 어머니가 무언가 꿍꿍이가 있는 것이 틀림없어요. 비록 저 아이가 아직 그것을 깨닫지 못한다고 하더라도요." 모팻 부인이 말했다.

"우리가 목요일에 입을 드레스를 빌려준다고 하면 그 아이가 화를 낼 거라고 생각해요?" 여자가 물었다.

"자존심이 강하지만 싫어할 것 같지는 않아요. 왜냐하면 저 오래된 드레스가 저 아이가 가지고 있는 전부니까요." 모팻 부인이 말했다.

p.108 마침내 메그의 춤 상대가 나타났다. 메그는 자존심이 강해서 자기가 방금 들은 내용에 혐오감과 수치심을 느꼈다. 메그는 집으로 달려가고 싶었지만 남아 있는 파티 시간 동안 행복한 척했다. 파티가 모두 끝났을 때 메그는 아주 기뻤고 침대에 조용히 누워 있었다. 로리와의 순수한 우정은 자신이 우연히 들은 바보 같은 말 때문에 망가졌다. 어머니한테 무슨 꿍꿍이가 있을 수 있다는 말일까? 왜 자기 드레스는 다른 아가씨들의 것처럼 아름다울 수 없을까?

다음날 메그의 친구들은 메그를 다르게 대하고 있는 것 같았다. 그들은 메그를 호기심과 존경심을 느끼며 쳐다보았다.

"네 친구 로렌스 씨에게 목요일 파티 초대장을 보냈어." 약혼한 언니 벨이 말했다. "우리는 그를 알고 싶어."

"무척 친절하지만 못 오실 거예요." 메그가 말했다.

p.109 "왜 못 오는데?" 벨이 물었다.

"연세가 많으시거든요." 메그가 말했다.

"무슨 소리야?" 클라라가 외쳤다. "몇 살인데?"

"거의 일흔은 되셨어요. 내가 알기로는." 메그가 속으로 웃으면서 대답했다.

"하하! 물론 우리는 젊은 로렌스 씨를 말한 거야." 벨이 웃으면서 외쳤다.

"그런 사람은 없어요." 메그가 말했다. "로리는 아직 어린 소년이에요."

"너에게 꽃을 보내다니 그 사람은 참 친절하구나, 그렇지 않아?" 애니가 말했다.

"응. 로리는 자주 그래. 우리 모두한테." 메그가 말했다. "어머니와 로렌스 할아버지가 친구 사이거든, 알겠지만. 그래서 우리 아이들이 함께 노는 것은 무척 자연스러운 일이야." 메그는 그들이 더 이상 말하지 않기를 바랐다.

p.110 "무엇을 입을 거야?" 샐리가 물었다.

"다시 내 오래된 흰색 드레스를 입어야지." 메그가 매우 불편한 심정으로 말했다. "하지만 그 드레스는 어젯밤에 찢어졌어."

"나에게 파란색 실크 드레스가 있는데, 지금은 내가 너무 키가 커서 입을 수가 없어." 벨이 말했다. "그 드레스를 입을래?"

"언니는 참 친절하지만 나는 내 오래된 드레스도 괜찮아요." 메그가 말했다.

"아니야. 내 드레스를 입혀 주게 해 줘." 벨이 말했다. "너는 무도회장에서 신데렐라 같을 거야."

메그는 그 제안을 거절할 수 없었다.

목요일 저녁에 벨과 그녀의 하녀는 메그를 아름다운 숙녀로 변신시켰다. 그들은 메그의 머리를 말고, 그녀의 목과 팔은 파우더로 윤기를 냈다. 그들은 메그의 입술도 훨씬 더 붉어 보이게 만들었다. 하늘색 드레스는 아주 꼭 맞아서 메그는 거의 숨도 쉴 수 없었다. 그들은 메그에게 은으로 된 보석과 분홍색 실크 장갑, 굽이 높은 부츠까지 주었다. p.111 마지막으로 메그는 작은 가방과 부채를 들었다.

"가서 보여줘 봐." 벨이 다른 사람들이 기다리는 방으로 길을 안내했다.

긴 치마를 입고 반짝이는 귀걸이를 하고 머리를 곱슬곱슬하게 말고서 쿵쿵 뛰는 가슴으로 뒤따라갈 때, 메그는 마치 재미있는 일이 정말로 시작되었다는 느낌을 받았다.

"너 조금도 너처럼 안 보이지만 아주 아름다워." 샐리가 말했다. "긴 드레스에 걸려 넘어지지 마."

메그는 무사히 층계를 내려가서 일찍 온 몇몇 손님들이 앉아 있는 응접실로 들어갔다. 전에 메그에게 말도 걸지 않았던 몇 명의 젊은 아가씨들이 갑자기 매우 친절하게 굴었다. 몇 명의 젊은 신사들은 소개를 받고 싶다고 했다.

"마가렛 마치 양이에요." 모팻 부인이 젊은이들 중 한 명에게 속삭였다. p.112 "마치 양의 아버지는 군대에 있고, 마치 양의 가족은 얼마 전에 돈을 잃었는데, 로렌스 집안과 친분이 있어요. 그리고 마치 양은 매우 사랑스럽지요."

메그는 드레스가 불편했고 귀걸이를 잃어버릴까 봐 두려웠다. 메그는 어떤 소년과 웃으며 노닥거리다가 갑자기 멈추었다. 로리가 놀라서 메그를 쳐다보고 있었다. 비록 나비넥타이를 하고 미소 짓고 있었지만 로리의 정직한 눈에 담긴 무언가가 메그의 얼굴을 붉게 만들었고 메그는 자신의 낡은 드레스를 입고 있으면 좋을 텐데 하고 바랐다.

"와서 기뻐요." 메그가 로리에게 어른처럼 말하려고 노력했다. "로리가 안 올까 봐 걱정했어요."

"조가 내가 가 보고 메그가 어떻게 보이는지 말해 주기를 원했어요." 로리가 메그를 쳐다보지 않고 대답했다.

"조에게 뭐라고 말할 건가요?" 메그가 물었다.

"못 알아봤다고 말할 거예요." 로리가 말했다. "나 메그가 아주 무서워요."

p.113 "어처구니가 없네요!" 메그가 말했다. "아가씨들이 재미삼아 나를 차려 입힌 거예요. 나도 좋았고요. 조가 나를 보면 빤히 쳐다보지는 않겠죠?"

"아니요, 그럴 거예요." 로리가 대답했다.

"내가 그렇게 마음에 안 들어요?" 메그가 물었다.

"네. 마음에 안 들어요." 로리가 말했다.

"왜요?" 메그가 물었다.

"나는 화려한 드레스나 깃털 장식을 좋아하지 않아요." 로리가 대답했다.

"당신은 내가 본 중 가장 무례한 사람이에요." 메그가 말했다.

메그는 창가로 가서 마음을 진정시키려고 조용히 서 있었다. 거기에 서 있을 때 메그는 부유한 젊은이들 중 한 사람이 자기 어머니에게 하는 말을 들었다.

"사람들이 저 아가씨를 웃음거리로 삼고 있어요!" 그가 말했다. "저는 어머니가 저 아가씨를 보셨으면 했지만, 오늘 밤에 저 아가씨는 그냥 인형에 불과하네요."

자기가 가장 좋아하는 음악이 연주되고 있음에도 불구하고 메그는 이마를 창문에 기대고 커튼 뒤에 숨었다. p.114 갑자기 누군가가 그녀의 어깨를 건드리는 것이 느껴졌다.

"내 무례함을 용서하고 가서 나와 춤을 춰요." 로리가 말했다.

메그는 미소를 짓고 로리와 함께 갔다. 집에서 춤추는 연습을 했기 때문에 그들은 방을 여기저기 누비며 능숙하게 춤을 추었다.

"로리, 나 부탁이 있는데 들어줄래요?" 메그가 말했다.

"물론이죠!" 로리가 말했다.

"오늘 밤 내 드레스에 대해서 집에 있는 우리 식구들에게 이야기하지 말아 줘요." 메그가 말했다. "식구들이 우스운 놀이를 이해하지 못할 것이고, 엄마를 걱정하게 만들 거예요."

"그런데 왜 그랬어요?" 로리가 말했다.

"내가 가족들에게 직접 이 일에 대해 모두 이야기할 거예요." 메그가 말했다. "그냥 예뻐 보였고 즐거운 시간을 보내고 있더라고 말해 줘요."

"처음 것은 그렇게 말하겠는데, 다른 것은 어때요?" 로리가 물었다. p.115 "즐거운 시간을 보내고 있는 것처럼 보이지 않거든요. 그런 거죠?"

"아니에요……. 나는 재미있을 거라고 생각했어요." 메그가 말했다. "하지만 이 드레스는 아주 불편해요!"

"네드 모팻이 여기로 오네요." 로리가 말했다. "네드가 무엇을 원하는 거예요?"

"춤추고 싶은 거겠죠!" 메그가 말했다. "그는 무척 따분해요."

로리는 식사 시간 전까지는 메그와 이야기할 수 없었다. 로리는 식사할 때 메그가 네드와 그의 친구 피셔와 함께 있는 것을 보았는데, 그 두 사람은 한 쌍의 바보처럼 행동했다.

"메그, 저 사람들 짜증나지 않아요?" 로리가 속삭였다.

"나는 오늘 밤은 메그가 아니에요." 메그가 대답했다. "나는 온갖 바보 같은 짓을 하는 '인형'이죠. 내일이면 나는 내 깃털 장식들을 치워 버리고 다시 착해질 거예요."

"지금이 내일이라면 좋겠어요." 로리가 걸어가면서 투덜거렸다.

p.116 메그는 다른 소녀들처럼 춤을 추고 시시덕거렸다. 저녁 식사 후 메그는 로리를 피해서 독일인 소년과 춤을 추었다. 다음날 하루 종일 메그는 앓았고 토요일에는 애니 집에 싫증을 느끼며 집으로 갔다.

"비록 화려하지는 않더라도 집이란 멋진 거야." 어머니와 조와 함께 그 주 일요일 저녁에 앉아 있을 때 메그가 말했다.

"네가 그런 소리를 하는 것을 듣게 되니 기쁘구나." 그날 메그에게 여러 차례 걱정스러운 표정을 지었던 어머니가 대꾸했다. 메그는 자기의 모험에 대해 계속해서 이야기했다. 메그는 그들에게 즐거운 시간을 보냈다고 말했다. 하지만 어린 동생들이 잠을 자러 가고 난 후 메그는 난롯불을 쳐다보았는데 걱정스러워 보였다.

"엄마, 저 고백하고 싶어요." 메그가 마침내 말했다.

"그럴 것 같았지." 마치 부인이 말했다. "뭐니, 애야?"

"나는 갈까?" 조가 물었다.

p.117 "물론 안 그래도 돼." 메그가 말했다. "내가 너한테는 항상 모든 이야기를 해 주지 않니? 어린 동생들 앞에서 말하기에는 부끄러웠지만, 엄마와 조는 모든 것을 알면 좋겠어요."

"우리는 준비됐다." 마치 부인은 미소를 짓고 있기는 하지만 약간은 걱정스러운 표정으로 말했다.

"그 사람들이 저에게 옷을 차려 입혀 주었다고 말했지만, 그들이 저를 인형처럼 보이게 만들었다고 말하지는 않았어요." 메그가 말했다. "로리는 예의 없다고 생각했어요. 저는 그것이 바보 같은 짓이라는 것을 알았지만 그들이 저를 칭찬하고 미인이라고 말해서 저를 웃음거리로 삼도록 놔뒀어요."

"그게 다야?" 조가 물었다.

"아니. 남자들 몇 명과 시시덕거렸어." 메그가 말했다.

"좀 더 있는 것 같구나." 마치 부인이 말했다.

"네. 아주 바보 같지만 사람들이 우리와 로리에 대해서 그런 말을 하게 두는 것이 싫기 때문에 그 이야기를 해야겠어요."

p.118 그런 다음 메그는 모팻 씨 집에서 들었던 여러 가지 뜬소문에 대해 말했고, 메그가 말했을 때 조는 어머니의 얼굴이 분노하는 것을 보았다.

"내가 애니 모팻을 만날 때까지 기다리기만 해!" 조가 웃었다. "단지 로리가 부자라고 해서 엄마가 우리를 로리와 결혼시킬 계획을 가지고 계신다고 말하지 못하게 가르쳐 줄 테니!"

"네가 로리한테 말하면 나는 너를 절대 용서하지 않을 거야!" 메그가 말했다.

"안 되지, 절대 그런 바보 같은 뜬소문을 또 다시 말하지는 마라." 마치 부인이 심각하게 말했다. "내가 너를 그런 사람들과 어울리게 했다니 유감이구나."

"유감스러워하지 마세요." 메그가 절반은 부끄러운 표정으로 말했다. "그런 일이 저를 상처 받게 하지는 않을 거예요. 저는 모든 안 좋은 것은 잊고 좋은 것만 기억할 거예요. 저를 보내 주셔서 정말 고맙습니다. 제가 어리석은 아가씨라는 것은 알지만, 칭찬을 듣고 감탄을 받는 것이 좋았어요."

"그것은 대단히 자연스러운 거란다." 마치 부인이 말했다. **p.119** "겸손함을 유지해야 한다는 것만 기억해 두거라."

메그는 잠시 생각하며 앉아 있었다. 반면에 조는 혼란스러워 보였다. 조는 언니가 2주 만에 아주 많이 변한 것처럼 느껴졌다.

"엄마, 모팻 부인이 말했던 것처럼 '계획'이 있으세요?" 메그가 물었다.

"그래, 얘야, 어머니들이라면 모두 그렇듯이 아주 많은 계획이 있지만, 내 계획은 모팻 부인의 계획과는 다르단다." 마치 부인이 말했다. "나는 내 딸들이 아름답고, 재주가 많고, 착하고, 감탄을 받고, 사랑받고, 존중받기를 원한단다. 나는 너희들이 행복한 어린 시절을 보내고 좋은 결혼을 하기를 바란단다. 좋은 남자에게 사랑받는 것은 여자에게 일어날 수 있는 최상의 일이자 가장 달콤한 일이고, 나는 내 딸들이 그것을 알게 되면 하고 진심으로 바란단다. 그 일에 대해 생각하는 것은 당연해, 메그. 내 딸들아, 너희는 단지 부자라는 이유로 부자인 남자들과 결혼할 필요는 없단다. **p.120** 돈은 중요하지만, 나는 그것이 유일하게 중요한 것이라고 너희가 생각하는 것을 결코 원하지 않아. 나는 너희가 행복하다면 불행한 여왕보다는 차라리 너희가 가난한 남자의 부인이 되는 것을 볼 거란다."

"우리가 결혼하지 않으면요?" 조가 물었다.

"나랑 아버지는 언제나 함께 있을 거야." 마치 부인이 말했다. "너희가 결혼을 하든 독신으로 살든, 너희는 우리를 자랑스럽게 만들 것이고 우리는 너희를 사랑한단다."

# 피크위크 클럽과 우체국

p.121 봄이 왔을 때 정원에는 꽃들을 심어야 했고, 자매들은 각자 자신이 원하는 것은 무엇이든 심을 수 있도록 정원의 1/4씩을 할당받았다.

메그의 정원에는 장미와 작은 오렌지나무가 있었다. p.122 조의 정원은 언제나 다양했는데, 그녀가 항상 실험을 해 보려고 하기 때문이었다. 올해 조는 병아리들에게 씨를 먹이로 줄 수 있도록 해바라기를 심고 싶어 했다. 베스는 자신의 정원에 좋은 향이 나는 꽃을 심었다. 거기에는 스위트피, 팬지, 새들을 위한 별꽃, 고양이를 위한 개박하가 포함되어 있었다. 에이미는 인동덩굴과 우아한 화환이 매달려 있는 나팔꽃, 키가 큰 흰 백합, 섬세한 양치식물을 가지고 있었다.

화창한 날에 네 자매는 정원을 가꾸거나 강에서 놀았고, 비가 오는 날에는 집에서 놀이를 했다. 이 놀이들 중 하나가 '피크위크 클럽'이었고, 그것은 비밀 모임이었다. 그들은 일요일 저녁마다 만나서 항상 똑같은 의식을 가졌다. 등불이 놓인 탁자 앞에는 세 개의 의자가 일렬로 배열되었다. 또한 각각 다른 색으로 대문자 'P.C.'라고 쓰인 네 개의 흰색 배지가 있었다.

p.123 조는 주간 신문의 편집장이었다. 베스는 비서였고, 에이미는 회계 담당자였고, 메그는 사장이었다. 그 신문에는 창작 이야기와 시, 지역 뉴스, 재미있는 광고와 실용적인 정보가 가득했다. 조가 그 주의 신문을 읽기 시작했다.

"더 피크위크 포트폴리오"
18XX년 5월 20일
시 코너

기념일 노래
또 다시 우리는 축하하기 위해 만나네
배지를 달고 심각한 의식을 하며
우리의 52번째 기념일에
오늘 밤 피크위크 홀에서.
p.124 우리 모두는 최상의 건강 상태로 여기에 모였네
우리의 작은 무리에서 한 명도 떠나보내지 않고
다시 우리는 잘 알려진 각자의 얼굴을 보네

그리고 서로와 다정한 악수를 나누네.

우리 사장은 언제나 그 자리에 있네

우리는 존경하는 마음으로 맞이하네

코에 안경을 얹고 사장은 읽네

우리의 잘 만들어진 주간 신문을.

비록 감기로 고생을 해도

우리는 그가 이야기하는 것을 듣는 것이 즐겁네

그의 추락에서 나온 몇 마디 지혜의 말을 위해서

비록 그의 목소리가 갈라진다고 해도.

한 해가 지나갔네. 우리는 여전히 모여 있네

농담하고 웃고 읽기 위해서.

편집장

---

가면 결혼식

(베니스 이야기)

곤돌라가 잇따라 도시를 떠나갔다. 기사와 숙녀들, 요정들과 소년들, 수도승들 그리고 꽃 파는 아가씨들이 모두 함께 춤을 추었다. p.125 다정한 목소리와 낭랑한 멜로디가 공기 중에 가득했다.

"여왕 폐하께서는 오늘 밤 비올라 아가씨를 보셨습니까?" 한 기사가 요정의 여왕에게 물었다.

"그렇소, 비올라는 슬퍼하고 있소. 정말로 싫어하는 안토니오 백작과 결혼해야 하니까." 요정의 여왕이 말했다.

"저는 그가 부럽습니다." 기사가 말했다. "검은색 가면을 쓰고 백작이 저기 옵니다. 백작은 비올라 아가씨와 춤을 출 겁니다."

"비올라는 젊은 영국인 화가를 사랑한다고 하던데." 그들이 무도회에 끼어들었을 때 여왕이 말했다.

사제가 나타나 비올라와 백작을 무도회에서 빼내어 방 앞으로 데리고 갔다.

"영주님들, 그리고 귀부인님들, 이 젊은 남녀는 오늘 밤에 결혼할 것입니다." 사제가 말했다.

p.126 모든 시선이 신부 측을 향했다. 신부도 신랑도 그들의 가면을 벗지 않았다. 그들은 결혼했다.

"가면을 벗고 내가 내려 주는 축복을 받으시오." 사제가 말했다.

신랑은 자신의 가면을 벗었고 비올라의 화가 연인인 페르디난드 데브로의 얼굴을 드러냈다. 신부도 즐겁게 웃고 있는 비올라가 드러나도록 자신의 가면을 벗었다.

"내 친구들인 여러분들, 나는 여러분도 나처럼 여러분의 진정한 사랑을 찾기를 희망합니다." 신랑이 말했다.

사장

---

슬픈 사고

지난 금요일 밤, 우리는 지하실에서 나는 갑작스러운 소리에 깜짝 놀랐다. 우리는 사랑하는 사장님이 나무를 가져오다가 발이 걸려 넘어져서 마룻바닥에 누워 있는 것을 발견했다. 사장님은 넘어져서 머리와 어깨를 물통에 처박았고, 옷은 심하게 찢어졌다. p.127 부상으로 고생하지는 않았지만 몇 군데 멍이 든 것이 발견되었다. 지금은 사장님이 회복하고 있다고 덧붙일 수 있어서 기쁘다.

회계 담당자

---

모두의 큰 슬픔

우리의 친구 스노우볼 팻 포 부인의 갑작스럽고 수상한 실종을 알리는 것은 우리의 고통스러운 임무다. 이 사랑스럽고 사랑 받는 고양이는 따뜻하고 경탄할 만한 애완동물이었다. 포 부인의 아름다움은 모두를 매료시켰다.

어떤 악당이 포 부인을 훔쳐갔을까 봐 두렵다. 몇 주가 흘렀으므로 우리는 희망을 잃어버렸고 포 부인을 위해 울어 주었다. 부인은 영원히 우리를 떠나간 것 같다.

p.128 비서

---

광고

아가씨들에게 요리하는 법을 가르치기 위해 '주간 모임'이 부엌에서 열릴 것이다. 해나 브라운이 가르칠 것이고, 모두 참석하라고 초대았다.

'쓰레받기 모임'은 수요일에 모임을 가질 것이다. 모든 회원들은 9시에 제복을 입고 참석해야 하며 각자의 빗자루를 가져와야 한다.

---

실용적인 정보

손에 비누를 많이 사용하지 않는다면, 사장은 아침 식사에 항상 늦지는 않을 것이다. 편집장은 거리에서 휘파람을 불지 않도록 요구받는다. 비서는 에이미의 냅킨을 잊지 마시오. 회계 담당자는 자기 드레스에 대해 걱정하지 말아야 한다.

주간 보고
메그 – 양호
p.129 조 – 불량
베스 – 매우 양호
에이미 – 보통

　사장이 신문 낭독을 끝냈을 때, 박수갈채가 이어졌으며, 그런 다음 편집장이 일어섰다.
　"사장님 그리고 신사 여러분." 편집장이 말했다. "저는 새 회원을 추가로 맞을 것을 제안하고 싶습니다. 저는 시어도어 로렌스 씨를 P.C.의 새 회원으로 들일 것을 제안합니다. 그러니 그를 받아들여 주십시오!"
　조의 갑작스러운 어투 변화는 세 자매를 웃게 만들었지만 모두 걱정스러워 보였고, 아무도 말을 하지 않았다.
　"우리 모두 투표권이 있습니다." 사장이 말했다. "이 제안에 동의하는 사람은 모두 '네'라고 하세요."
　"네!" 편집장과 비서가 말했다.
　"동의하지 않으면 '아니요'라고 말하세요." 사장이 말했다.
　p.130 메그와 에이미가 "아니요"라고 말했다.
　"나는 그가 우리 신문을 보고 웃거나 이후에 우리를 놀릴까 봐 걱정됩니다." 사장이 말했다.
　"사장님, 로리는 그러지 않을 거라고 제가 사장님께 약속합니다." 편집장 조가 말했다. "로리는 글 쓰는 것을 좋아하고 뉴스 만드는 것을 도와줄 것입니다! 우리가 로리를 위해 해 주는 것은 거의 없고, 그는 우리를 위해 많은 일을 합니다."
　"네, 우리는 그렇게 해야 합니다!" 비서인 베스가 말했다.
　마침내 다른 두 자매도 로리를 클럽으로 들이는 것에 동의했다.
　조가 벽장문을 활짝 열었고 로리가 그 안에 숨어서 듣고 있었던 것이 밝혀졌다.
　"너, 배신자!" 조가 로리에게 새 배지를 줄 때 세 자매가 외쳤다. "조, 어떻게 그럴 수 있어?"
　"내 충실한 친구이자 품위 있는 숙녀분들, 편집장에게 화내지 마세요."

로리가 말했다. p.131 "내가 계획했고, 조는 많이 들볶인 후에 동의했을 뿐입니다. 하지만 다시는 그러지 않겠습니다. 지금부터 이 클럽에 헌신하겠습니다."

"맞습니다!" 조가 외쳤다.

"여러분께 감사의 말씀을 드리고 싶습니다." 로리가 말했다. "저는 언덕 아래에 우체국을 세울 것입니다. 편지와 책들을 받을 수 있고 그곳에서 우편물을 보낼 수도 있습니다. 여기에 클럽 회원이면 누구나 사용할 수 있는 열쇠가 있습니다."

로리가 탁자 위에 열쇠를 놓았을 때 모두가 손뼉을 쳤다. 긴 토론이 이어졌다. 그것은 대단히 활기 있는 모임이었고 저녁 늦게까지 끝나지 않았다. 로리를 클럽에 가입시킨 것을 후회하는 사람은 아무도 없었다. 로리는 확실히 모임에 활기를 더했고 그의 글은 아주 훌륭했다. 조는 로리가 셰익스피어만큼이나 글을 잘 쓴다고 생각했다.

우체국은 훌륭한 것이었으며 번성했다. p.132 로리의 할아버지는 이상한 메시지와 재미있는 전보를 그들의 우체국에 보내면서 재미있어 했다. 로렌스 씨의 정원사는 해나와 사랑에 빠졌고 한 번은 그곳으로 연애편지를 보냈다. 그들은 웃었고 향후 많은 연애편지를 배달하게 될 것임을 알지 못했다.

# 실험

p.133 "킹스 집안사람들은 내일 해변으로 갈 거야. 그럼 나는 자유야." 메그가 동생들에게 외쳤다. "나는 세 달 간 휴가를 가질 거야!"

"마치 고모할머니도 오늘 휴가를 떠나셨어!" 조가 말했다. p.134 "고모할머니가 나한테 함께 가자고 하실까 봐 걱정했는데."

"마치 고모할머니는 뱀파이어 같아!" 에이미가 말했다. "휴가 내내 무엇을 할 거야?"

"나는 잠만 자고 아무것도 안 할 거야." 메그가 대답했다.

"안 되지." 조가 말했다. "나는 로리와 놀지 않을 때는 내 책을 전부 읽을 거야."

"글쎄, 엄마가 싫어하지 않으신다면, 나는 새 노래를 좀 배우고 싶어." 베스가 말했다.

"저희가 휴가 내내 놀아도 돼요, 엄마?" 메그가 물었다.

"그래 보렴. 하지만 내 생각에는 일주일이 지나면 지루해질 거야." 마치 부인이 말했다.

다음 날 아침, 메그는 10시까지 나타나지 않았다. 메그의 아침은 맛이 없었고, 방은 쓸쓸해 보였다. 자매들 중 누구도 청소하고 싶어 하지 않았기 때문에 집은 어수선해 보였다. 메그는 자기가 사고 싶은 모든 드레스들에 대해 생각해 보았다.

p.135 조는 아침을 로리와 강 위에서 보내고 오후는 독서를 하면서 보냈다. 베스는 음악을 연습하고 할 설거지가 없어서 행복했다. 에이미는 좋은 드레스를 입고 나무 아래에서 그림을 그렸다.

차 마시는 시간에 그들은 함께 이야기를 나누었다. 메그는 오후에 쇼핑하러 갔는데 자신의 새 드레스가 몸에 맞지 않는 것을 깨달았다. 조는 뱃놀이를 하다가 코가 햇볕에 타 버렸고 또 너무 오래 책을 읽어서 두통이 생겼다. 베스는 세 곡을 한꺼번에 배우려다가 헷갈렸고, 에이미는 밖에서 좋은 드레스를 망가뜨렸다.

그 주가 지나가는 동안 하루하루가 점점 더 계속해서 길어졌고 네 자매는 침울하고 지루해지기 시작했다. 베스만은 어떤 일도 하지 않기로 했다는 것을 잊어버렸기 때문에 괜찮았다. p.136 에이미는 최악의 기분을 느꼈다. 언니들이 자신을 혼자 놔두었을 때 혼자 노는 것은 큰 부담이 되었다. 에이미는 인형이나 동화를 좋아하지 않았다.

누구도 그 실험에 싫증났다는 것을 인정하려고 하지 않았지만, 금요일 밤 무렵에는 모두 일주일이 다 지나간 것을 기뻐했다. 마치 부인은 딸들에게 교훈을 가르쳐 주기 위해서 해나에게 휴가를 주었다. 네 자매가 토요일 아침에 일어났을 때, 부엌에는 불도 없었고, 식당에는 아침도 없었으며, 어머니는 아무 데도 없었다.

"무슨 일이 일어난 거야?" 조가 외쳤다.

"엄마는 편찮으신 것은 아니고 그냥 매우 피곤하신 거야. 하루 종일 방에서 조용히 보낼 거라고 하시네." 메그가 말했다. "엄마가 힘든 한 주였다고 하시면서 우리 스스로 알아서 해야 한다고 하시는데."

사실, 일을 조금 하는 것이 네 자매 모두에게 안도감을 주었다. 베스와 에이미는 상을 차리고 메그와 조는 아침을 가져왔다.

p.137 "엄마에게 뭐 좀 가져다드려야겠어." 메그가 말했다.

끓인 차는 매우 썼고, 오믈렛은 탔으며, 비스킷은 이상한 맛이 났지만, 마치 부인은 딸들에게 아침 식사가 고맙다고 했다.

메그는 거실로 갔고 그곳에서 청소를 시작했다. 생각보다 더 힘들어서 방이 덜 더럽게 보이도록 창문 위로 블라인드를 닫았다. 조는 로리를 저녁에 초대하는 편지를 우체통에 넣었다.

"친구를 초대하기 전에 어떤 음식이 있는지 알아보는 게 좋을 거야." 메그가 말했다.

"오, 여기 콘드비프가 있고 감자가 많아. 그리고 내가 가서 아스파라거스와 바닷가재를 사 올게." 조가 말했다. "상추를 준비해서 샐러드를 만들 거야. p.138 어떻게 만드는지는 모르지만 요리책이 있어."

"음식을 조금 사기 전에 엄마한테 허락을 받는 것이 좋을 거야." 메그가 말했다.

"물론 그럴 거야." 조가 말했다. "나 바보 아니거든."

"원하는 것들을 사렴. 그리고 나를 성가시게 하지 말거라." 조가 말했을 때 마치 부인이 말했다. "나는 저녁을 먹으러 나갈 예정이라 집안일은 신경 쓸 수가 없구나. 나는 집안일을 재미있게 한 적이 없었으니 오늘은 휴가를 내서 책을 읽고 글을 쓰고 이집 저집 놀러 다니면서 즐겁게 보내야겠다."

매우 이상한 기분이 들어서 조는 급히 거실로 갔다가 베스가 새장 안에서 죽어 있는 카나리아 핍 때문에 울고 있는 것을 발견했다.

"모두 내 탓이야!" 베스가 불쌍한 새를 손에 들고 울었다. "내가 모이 주는 것을 잊었어! 내가 어떻게 이렇게 잔인할 수가 있지?"

"오븐에 넣자. 그러면 몸이 따뜻해져서 되살아날지도 몰라." 에이미가 희망을 품고 말했다.

p.139 "장례식은 오늘 오후에 하게 될 거야. 그러면 우리 모두 갈 수 있을 거야." 조가 말했다. "이제 그만 울어, 베스."

다른 사람들이 베스를 위로하도록 놔두고 조는 부엌으로 갔다. 조는 설거지를 시작했고 불이 꺼진 것을 발견했다.

조는 불을 피우고 물이 데워지는 동안 시장에 가야겠다고 생각했다. 조가 시장에서 돌아왔을 때 난로는 빨갛게 달구어져 있었다. 메그는 오븐에 빵을 좀 넣었다. 메그는 거실에서 샐리 가디너를 접대하다가 빵에 대해서는 잊어버렸다. 다른 자매들이 오븐에서 빵이 탄 것을 발견했다.

마치 부인은 딸들을 확인하고 베스를 위로해 준 후 외출했다. p.140

몇 분 후, 크로커 양이 나타나서 저녁 식사를 하러 오겠다고 말했다. 이 여자는 뾰족한 코를 지닌 마른 노처녀였는데, 만사에 이러쿵저러쿵 말이 많았다. 네 자매는 그 여자가 싫었지만 어머니는 그녀에게 친절하게 대해야 한다고 말했다. 그래서 메그는 의자를 권하고 크로커 양을 접대하려고 애썼다.

조는 혼자서 저녁을 만드느라 고군분투하면서 신경이 예민해지고 걱정을 했고 자신이 좋은 요리사가 아니라는 것을 발견했다. 아스파라거스는 너무 딱딱하고 빵은 검게 타 버렸고 샐러드 드레싱은 끔찍한 맛이었다. 조는 평소보다 30분 늦게 종을 울렸다. 조는 로리와 크로커 양이 뭐라고 할지 걱정하며 얼굴이 붉어지고 피로하고 저하된 기분으로 서 있었다.

음식을 먹었을 때, 에이미는 키득거렸고, 메그는 속상해 보였으며, 크로커 양은 얼굴을 찌푸렸고, 로리는 이야기를 하면서 웃었다. 조는 자기가 과일 준비는 잘해 놓았다고 생각했다. p.141 크로커 양이 먼저 과일 맛을 보고 얼굴을 찌푸리더니 재빨리 물을 마셨다. 에이미는 큰 숟가락으로 한 숟가락 가득 떠먹더니 캑캑거렸고 냅킨으로 얼굴을 가리고 식탁을 떠났다.

"오, 왜 그래?" 조가 떨면서 소리쳤다.

"설탕 대신 소금을 넣었고, 크림은 시큼해." 메그가 말했다. 조는 신음 소리를 냈다. 조는 얼굴이 빨개져서는 거의 울기 직전이었는데, 그때 로리의 눈과 마주쳤고 그의 눈은 즐거워 보였다. 갑자기 조는 눈물이 볼을 타고 흘러내릴 때까지 웃었다. 다른 사람들도 모두 웃었고, 심지어는 크로커 양마저도 웃었다.

"이제 그만 웃자." 조가 말했다. "우리는 장례식을 치러야 해."

그들은 일어섰고 크로커 양은 마차가를 떠났다.

로리는 정원의 양치식물 아래 무덤을 팠다. p.142 제비꽃 화환이 비석에 걸리는 동안 작은 핍은 땅에 묻히고 흙으로 덮였다. 비석에는 다음과 같은 글이 적혔다.

- 여기 6월 7일 세상을 떠난
 핍 마치가 잠들었도다.
 우리는 그를 사랑했고 영원히 잊지 않으리라.

황혼이 내리자 피곤함을 느끼면서 한 사람씩 현관에 모였다.

"끔찍한 하루였어!" 조가 말했다.

"평소보다 짧은 것 같았지만, 무척 불편했지." 메그가 말했다.

"전혀 집 같지 않았어." 에이미가 덧붙였다.

"엄마와 핍이 없으니 끔찍해." 베스가 머리 위쪽의 텅 빈 새장을 눈을 동그랗게 뜨고 흘깃 보면서 한숨을 쉬었다.

"엄마 왔다, 얘들아. 원한다면 내일 다른 새를 사면 될 거야." 마치 부인이 말했다.

p.143 마치 부인은 말하면서 와서 네 자매 옆에 앉았다.

"얘들아, 너희 실험에 만족하니, 아니면 일 없는 또 다른 한 주를 원하니?" 마치 부인이 물었다.

"싫어요!" 조가 외쳤다.

"저도 싫어요." 다른 자매들이 말했다.

"엄마, 그냥 우리가 무엇을 할지 보려고 외출하셨던 거죠?" 메그가 말했다.

"그래, 나는 우리가 모두 일을 나누어서 매일 조금씩 하는 것이 더 좋다는 것을 너희가 알기를 원했단다." 마치 부인이 말했다. "그것이 더 낫다는 것에 동의하지 않니?"

"동의해요, 엄마!" 네 자매가 외쳤다.

"저희는 벌처럼 일할 거예요." 조가 말했다. "저는 다른 파티를 하기 전에 요리하는 법을 배울 거예요."

"정말 잘됐구나!" 마치 부인이 말했다. "이제 너희들이 매일 노는 시간과 일하는 시간을 내야 한다는 것을 배운 거로구나."

# 로렌스 캠프

p.144 매일 우편물을 가져오는 것은 베스의 일이었다. 7월의 어느 날, 베스는 편지와 소포를 양손 가득 들고 와서는 모두에게 나누어 주었다. 베스는 마치 부인에게 편지를 주면서 메그를 흘깃 쳐다보았는데, 메그는 바느질을 하면서 앉아 있을 때 무척 예쁘고 무척 여성스러워 보였다. 베스는 조에게 편지를 건넸다. p.145 그것은 어머니한테 온 것이었으며 이렇게 쓰여 있었다.

조에게,

네가 최근에 얼마나 네 성격을 제어했는지에 대해 엄마는 무척 만족스럽단다. 나는 네가 아주 열심히, 끈기 있고 용감하게 노력하고 있다는 것을 안단다. 네가 어떤 기분인지 내가 이해한다는 것을 기억해 주렴.

엄마가

"오, 엄마! 감사해요!" 조가 어머니를 힘껏 안으면서 말했다. "이 편지는 저에게 의미가 커요!" 조는 주머니에 편지를 넣고 다니기로 결심했다. 조는 자신이 받은 다른 편지를 열었다.

안녕 조!

본 집안의 사람들인 영국인 남녀 아이들 몇 명이 내일 나를 만나러 올 텐데 나는 즐거운 시간을 보내면 좋겠어. 그들은 좋은 사람들이야. p.146 너희들 모두 오면 좋겠어. 음식은 신경 쓰지 마! 나의 가정교사 브룩 선생님도 거기에 오실 거야.

너의 로리가

"물론 우리는 갈 수 있는 거죠, 엄마?" 조가 물었다. 어머니는 고개를 끄덕였다.

"본 집안사람들이 이상하지 않으면 좋을 텐데." 메그가 말했다. "그들에 대해 아는 것이 있니, 조?"

"그들은 네 명인데, 케이트는 언니보다 나이가 많고, 프레드와 프랭크는 쌍둥이인데, 내 나이또래야. 나이 어린 여자아이인 그레이스가 있는데, 그 아이는 아홉 살 아니면 열 살이야." 조가 말했다.

"내 새 드레스가 깨끗해서 아주 다행이야!" 메그가 말했다. "조, 너는 입을 거 있어?"

"응!" 조가 말했다. "베스, 너도 갈 거지?"

"어떤 남자아이도 나한테 말을 걸지 못하게 해 준다면 갈게." 베스가 말했다.

"참 착한 동생이야." 조가 말하고 키스해 주었다. "그렇게 부끄러워하지 마! 고맙습니다, 엄마."

p.147 "나는 초콜릿 사탕 한 상자와 베끼고 싶었던 그림을 받았어." 에이미가 말했다.

"그리고 나는 로렌스 씨로부터 오늘 밤에 와서 피아노 연주를 해 달라는 편지를 받았어." 베스가 말했다.

"이제 오늘 더 열심히 일하자. 그래야 내일 놀 수 있지." 조가 말했다.

다음날 아침, 네 자매는 각자 그날 나들이 준비를 했다. 메그는 머리를 말고 조는 얼굴에 크림을 발랐고, 베스는 그녀의 인형들을 껴안았으며, 에이미는 코를 높이려고 코에 빨래집게를 집었다. 맨 처음으로 준비를 끝낸 베스가 창문을 내다보며 옆집에서 무슨 일이 있는지를 계속해서 중계해 주었다.

"남자아이들 중 한 명은 장애가 있고 목발을 사용해." 베스가 말했다. "로리는 우리한테 그 이야기를 해 주지 않았잖아. 왜 네드 모펫도 오고 있는 거지?"

p.148 "그거 이상하네." 메그가 말했다. "나 괜찮아 보여?"

"아주 멋져!" 조가 말했다. "가자!"

"오, 조, 로리가 너한테 준 그 끔찍한 모자를 쓰고 갈 것은 아니지?" 메그가 말했다. "남자아이처럼 보일 거야."

"내가 편하면 남자가 되는 것도 괜찮아." 조가 자매들을 로리 집으로 안내하면서 말했다.

로리가 만나서 네 자매에게 자기 친구들을 소개해 주려고 달려 왔다. 메그는 케이트가 스무 살이지만 간소하게 차려입은 것을 보고 감사했다. 네드가 메그를 칭찬했으나 메그의 성정은 냉철해지는 것 같았다. 베스는 장애가 있는 소년이 상냥하고 연약해 보여서 마음에 들며 그에게 친절하게 대해 주어야겠다고 마음먹었다. 에이미는 그레이스를 발견하고 몇 분간 서로를 쳐다보더니 갑자기 매우 좋은 친구가 되었다.

그들이 호수에 도착했을 때 로리와 조가 배를 한 척 저었고 브룩 씨와 네드가 다른 배를 저었는데, 장난꾸러기 쌍둥이인 프레드 본은 노 젓는 것을 힘들게 만드는 데 최선을 다했다. p.149 다른 사람들은 조의 웃긴 모자를 좋아했다. 조가 이상하지만 영리하다고 생각했던 케이트조차도 그 모자를 좋아했다.

다른 배에서는 대부분의 남자 아이들이 메그를 보면서 그녀에게 좋은 인상을 주려고 애쓰고 있었다. 브룩 씨는 진지하고 말수가 적은 청년으로 예쁜 갈색 눈과 상냥한 목소리를 지녔다. 브룩 씨는 메그에게 말을 많이 걸지는 않았지만 그녀를 자주 쳐다보았다. 초원에 도착한 후 그들은 텐트를 세우고 크로케 경기를 준비했다.

"로렌스 캠프에 오신 것을 환영해요!" 로리가 말했다. "이제, 날씨가 더 뜨거워지기 전에 경기를 하고 저녁을 먹을 거예요."

프랭크, 베스, 에이미, 그레이스는 앉아서 다른 여덟 명이 하는 경기를 지켜보았다. p.150 브룩 씨는 메그, 케이트, 프레드를 뽑았다. 로리는 샐리, 조, 네드를 데려갔다. 영국 사람들도 경기를 잘했지만, 미국 사람들이 더 잘했다. 조와 프레드는 경기를 하는 동안 자주 언쟁을 했다.

"당신이 그것을 밀었잖아요." 조가 프레드 순서 다음에 날카롭게 말했다. "내가 봤어요. 이제 내 차례예요."

"나는 그것을 움직이지 않았어요!" 프레드가 말했다.

"미국에서는 속임수를 쓰지 않아요!" 조가 화가 나서 말했다.

"미국인들은 항상 속임수를 쓰고, 모두가 그것을 알아요!" 조의 공을 멀리 쳐내면서 프레드가 대답했다.

조는 무례한 말을 하고 싶었지만 때맞추어 잘 참았다. 조는 자기 공을 가지러 떠났고 한참이 걸렸다. 조가 그곳으로 돌아왔을 때는 상대편이 거의 이긴 상태였다.

"우리가 이길 거야!" 프레드가 흥분해서 외쳤다.

"미국인들은 적에게 너그럽게 구는 속임수를 쓰죠." 조가 말했다. p.151 조는 자기 팀이 이기게 만드는 방식으로 영리하게 공을 쳤다.

"잘했어. 조!" 로리가 조에게 속삭였다. "프레드가 속임수를 쓴 거 맞아. 나도 봤어."

"너 화를 내지 않더라, 조. 자랑스러워." 메그가 조에게 속삭였다.

"점심시간입니다." 브룩 씨가 자신의 손목시계를 보면서 말했다.

그들은 음식과 식탁을 차린 후 매우 즐거운 점심 식사를 했다. 모든 것이 새롭고 재미있어 보였다. 작은 검은 개미들은 초대받지도 않고서 음식을 먹었고, 솜털이 보송보송한 애벌레들이 나무에서 떨어졌다.

"너랑 메그와 브룩 선생님 덕분에 오늘 정말 즐거운 시간을 보냈어." 로리가 말했다. "더 이상은 먹을 수 없으니 이제 뭘 할까요?"

"시원해질 때까지 게임을 하자." 조가 말했다. p.152 "케이트에게 말을 걸어 보는 게 어때? 저 여자아이는 외로워 보여."

"케이트는 브룩 선생님을 좋아하는 것 같지만, 브룩 선생님은 계속 메그에게 말을 걸고 있어." 로리가 말했다.

"진실 게임 알아요?" 샐리가 물었다.

"뭔데요?" 프레드가 말했다.

"모두 숫자를 하나 뽑아요." 샐리가 말했다. "가장 작은 숫자를 가져가는 사람이 그룹 사람들이 묻는 질문 하나씩에 정직하게 답해야 해요."

"해 봐요." 조가 말했다.

케이트와 브룩 씨, 메그 그리고 네드는 거절했지만 프레드, 샐리, 조와 로리는 게임을 했다. 로리가 가장 적은 숫자를 뽑았다.

"당신의 영웅은 누구예요?" 조가 물었다.

"할아버지와 나폴레옹이요." 로리가 말했다.

"여기에서 어떤 아가씨가 가장 예쁘다고 생각해요?" 샐리가 물었다.

"마가렛이요." 로리가 말했다.

**p.153** "누구를 가장 좋아해요?" 프레드가 물었다.

"물론 조예요." 로리가 말했다.

"다시 해요." 프레드가 말했다. 이번에는 조의 차례였다.

"당신의 가장 큰 결점은 뭐예요?" 프레드가 물었다.

"화를 잘 내는 나쁜 성격이요." 조가 말했다.

"가장 원하는 것은 뭐예요?" 로리가 물었다.

"부츠 한 쌍이요." 조가 대답했다.

"진실한 대답이 아니잖아." 로리가 말했다. "너는 네가 정말로 가장 원하는 것을 말해야 해."

"재능이야." 로리가 실망스러워하는 것처럼 보였을 때 조는 말하고 미소를 지었다. "하지만 네가 나한테 그것을 줄 수는 없잖아, 로리. 음, 내 생각에 진실 게임은 바보 짓 같아요. 다른 게임을 해요."

네드, 프랭크, 어린 소녀들은 게임에 참여했지만 브룩 씨, 메그와 케이트는 함께 이야기를 했다.

**p.154** "나는 그림을 그릴 수 있으면 좋겠어요." 메그가 케이트에게 말했다.

"배우지 그래요?" 케이트가 우아하게 대답했다.

"시간이 없어요." 메그가 말했다.

"사립학교에 다니시나 보군요?" 케이트가 말했다.

"학교에는 안 다녀요." 메그가 말했다. "저는 어린아이들의 보모예요."

"오, 정말로요!" 케이트가 말했다.

메그는 부끄러움을 느꼈다.

"미국의 젊은 아가씨들은 그들의 선조들만큼이나 독립심을 사랑하죠." 브룩 씨가 말했다.

"오, 그렇죠, 물론 그것은 아주 좋고 훌륭한 거예요." 케이트가 메그의 자존심을 상하게 하는 투로 말했다.

"저에게 독일 시집이 있어요." 브룩 씨가 말했다. "독일어를 읽어요? 함께 읽어 볼까요?"

"유감이지만, 시도하는 것이 너무 어려워요." 메그가 말했다.

p.155 "당신에게 용기를 주기 위해서 조금 읽어 볼게요." 케이트는 말하고 나서 가장 아름다운 구절 중 하나를 정확하게 읽었지만 역시 따분하게 들렸다.

"이 구절을 읽어 보세요." 브룩 씨가 메그에게 말했다.

메그는 완벽하게 읽지는 못했지만, 그녀의 부드러운 목소리는 단어를 아름답게 만들었다. 메그는 이야기 속의 감정을 이해했다.

"참 아름다웠어요!" 브룩 씨가 말했다.

"억양이 좋아서 얼마 안 가 잘 읽을 거예요." 케이트 양이 자리를 뜨면서 말했다. "비록 저 아가씨가 젊고 예쁘다고는 하지만 나는 보모와 시간을 보내려고 온 게 아니야. 미국 사람들은 정말 이상해. 그 사람들 가운데 있으면 로리도 엉망이 될 거야." 케이트는 혼잣말을 했다.

"영국 사람들이 보모를 얕잡아 보고 존경심을 가지고 대하지 않는다는 것을 잊었어요." 메그가 말했다.

p.156 "가정교사도 그곳에서는 존중받지 못하죠." 브룩 씨가 덧붙였다.

"제가 미국에 살아서 기뻐요." 메그가 말했다. "저는 제 일을 좋아하지 않아요. 저도 선생님처럼 가르치는 일을 좋아하면 좋겠어요."

"로리를 학생으로 둔다면 당신도 그럴 거예요." 브룩 씨가 말했다. "내년에 로리를 잃게 되면 매우 유감스러울 거예요."

"대학에 가나 보죠?" 메그가 말했다.

"네. 저는 군인이 될 거예요." 브룩 씨가 말했다. "제가 필요하니까요."

"그 이야기는 반갑네요!" 메그가 외쳤다. "모든 젊은 남자들은 군대에 가고 싶어 해야 해요. 엄마들이나 여자 형제들인 우리는 집에서 기다리는 것이 힘들지만요."

"저는 아무도 없어요. 친구도 별로 없고요." 브룩 씨가 아주 씁쓸하게 말했다.

"로리와 로렌스 할아버지가 신경 쓰실 거예요. 우리도 그럴 거고요." 메그가 말했다.

"고마워요." 브룩 씨가 말했다. "그 이야기는 듣기 좋네요."

p.157 "너는 승마 좋아하지 않아?" 그레이스가 언니 오빠들이 말을 타는 것을 보면서 에이미에게 물었다.

"우리 언니, 메그는 아빠가 부자였을 때 타 봤지만 우리는 지금 말을 키우지 않아." 에이미가 말했다.

"나는 집에 조랑말이 있는데 프레드 오빠와 케이트 언니와 거의 매일 공원에서 말을 타." 그레이스가 말했다.

"아, 참 멋지겠다!" 에이미가 말했다. "언젠가 나는 외국에 가고 싶어. 나는 틀림없이 로마에 갈 거야."

"피곤해 보이는 것 같아요." 베스가 말을 탈 수 없는 프랭크에게 말했다. "제가 무엇을 해 줄까요?"

"나한테 이야기를 해 주세요." 프랭크가 대답했다. "혼자 앉아 있으니 따분해요."

"무엇에 대해 이야기하고 싶어요?" 베스가 몹시 부끄럼을 타면서 말했다.

p.158 "그럼 크리켓, 배 타기, 사냥에 대해서 듣고 싶어요." 프랭크가 말했다.

"저는 사냥하는 것을 본 적이 없지만 당신은 그것에 대해 잘 알고 있으리라는 생각이 드네요." 베스가 말했다.

"한 번 해 봤지만 나는 다시는 사냥을 할 수 없어요." 프랭크가 말했다. "문을 뛰어넘으려다 다쳤어요."

"영국 사슴이 미국의 못생긴 물소보다 훨씬 예뻐요." 베스가 영국과 미국에 사는 동물들에 대해서 이야기했다. 베스는 더 행복한 것에 대해 이야기하려고 애썼다. 자매들은 베스와 프랭크가 동물에 대해서 함께 계속 이야기하는 것을 행복하게 보았다.

"내가 베스는 작은 현모양처라고 항상 말했잖아." 메그가 조에게 말했다.

"나는 프랭크 오빠가 저렇게 많이 웃는 것을 오랫동안 보지 못했어." 그레이스가 에이미에게 말했다.

"우리 언니 베스는 정말 좋은 사람이야." 에이미가 대답했다.

p.159 날이 저물었을 때, 그들은 모든 것을 청소하고 텐트를 모두 치웠다. 그들은 모두 서로에게 작별 인사를 하러 갔다.

"그들은 예의범절이 좋지는 않지만 미국 아가씨들은 알고 나면 매우 다정하네요." 케이트는 마치 집안의 자매들이 집으로 돌아간 후에 브룩 씨에게 말했다.

"전적으로 동의해요." 브룩 씨가 말했다.

# 공중누각

p.160 9월의 어느 날 오후 로리는 기분이 좋지 않았다. 그는 브룩 씨와의 공부를 빼먹고, 일하는 사람들을 괴롭히고 할아버지를 화나게 했다.

'저 아가씨들이 지금 무엇을 하고 있는 거지?' 로리는 옆집을 살펴보면서 생각했다. 메그는 방석을, 조는 책을, 베스는 바구니를, 에이미는 작품집을 가지고 있었다. p.161 모두가 정원을 조용히 가로질러 작은 뒷문으로 나가 언덕을 올라가기 시작했다.

"나 빼고 소풍을 가고 있는 건가?" 로리가 혼잣말을 했다. "배를 타고 갈 거라면 열쇠가 필요할 텐데."

로리가 마침내 배 열쇠를 찾는 데에는 시간이 좀 걸렸다. 그 무렵 로리는 네 자매들을 볼 수 없었다. 로리는 결국 그들이 강 근처 나무 아래에 앉아 있는 것을 발견했다. 메그는 그녀의 방석 위에 앉아서 하얀 손으로 바느질을 했는데 장미처럼 싱그럽고 아름다워 보였다. 베스는 예쁜 것을 만들려고 나무 밑에 두껍게 쌓여 있는 솔방울을 모으고 있었다. 에이미는 양치류를 그리고 있었고 조는 책을 읽으면서 뜨개질을 하고 있었다. 로리는 여기에 초대받지는 않았지만 그도 역시 아주 외로웠다. p.162 마침내 베스가 로리를 눈치 채고 미소를 지었다.

"내가 끼어도 될까?" 로리가 천천히 다가가면서 물었다. "아니면 나는 방해가 될까?"

"물론 그래도 돼." 메그가 말했다. "전에 로리한테 물어봤어야 했는데 로리는 오늘 우리가 하는 게임을 좋아하지 않을 거라고 생각했어요."

"나는 언제나 아가씨들의 게임이 마음에 들어요. 하지만 메그가 내가 있는 것을 원하지 않으면 갈게요." 로리가 말했다.

"나는 괜찮지만 로리는 무슨 일이든 해야 해요." 메그가 말했다.

"무엇이든 할게요." 로리가 말했다. "나 정말 따분해요." 로리는 앉았다.

"우리에게 이 이야기를 마저 읽어 줘." 조가 말했다.

"네, 아가씨." 로리가 말했다.

그 이야기는 긴 것이 아니었으며 이야기가 끝났을 때 로리는 몇 가지 질문을 하고 싶었다.

"제발, 아가씨들, 뭐하고 있는 것인지 말해 줘." 로리가 말했다.

"로리에게 말해 줄래?" 메그가 자매들에게 물었다.

p.163 "로리가 웃을걸." 에이미가 말했다.

"뭐 어때?" 조가 말했다.

"로리가 좋아할 것 같아." 베스가 덧붙였다.

"음, 우리는 우리의 휴일을 낭비하지 않으려고 노력해 왔어." 조가 말했다. "우리들 모두 방학 동안 배워야 하거나 해야 하거나 연습해야 하는 것들이 있어. 우리는 우리 일을 해 온 것이 매우 자랑스러워."

"오, 그래. 그거 잘됐구나." 로리가 말했다.

"엄마가 우리가 밖에서 놀기를 원해서." 조가 말했다. "우리는 산을 오르면서 순례자인 척하고 시골이 얼마나 아름다워 보이는지 감탄하지."

조가 손으로 가리켰고 로리는 넓고 파란 강과 반대편의 초원, 하늘과 맞닿을 정도로 솟아 있는 푸른 언덕을 보았다. 태양은 낮고 하늘은 가을 일몰 아래로 빛을 뿌렸다. p.164 금빛과 보랏빛 구름이 언덕 정상에 놓여 있었다.

"저거 정말 아름답다!" 로리가 부드럽게 말했다.

"조 언니는 돼지와 닭 그리고 농장이 있는 진짜 시골에서 살고 싶어 해요." 베스가 말했다. "그것도 좋겠지만, 나는 저 높은 하늘에 아름다운 나라가 진짜로 있고 그곳에 갈 수 있으면 좋겠어요."

"우리가 아주 착하다면 갈 수 있을 거예요." 메그가 대답했다.

"기다리기에는 너무 긴 것 같아." 베스가 말했다. "나는 저 새들이 나는 것처럼 당장 날아가고 싶어."

"넌 머지않아 그곳에 갈 거야, 베스." 조가 말했다. "나는 싸우고 일하고 올라가고 기다리고 해야 할 사람이야. 그래도 못 들어갈지도 몰라."

"만약 그게 위안이 된다면 나를 친구 삼아 줘." 로리가 말했다. "나는 하늘에 있는 도시에 가기 전에 여행을 상당히 해야 할 거야."

p.165 로리의 얼굴에 있는 무엇인가가 베스를 괴롭혔다.

"만약 사람들이 정말로 가기를 원하면 정말로 사는 동안 노력해야죠. 그러면 들어갈 거라고 생각해요." 베스가 마침내 말했다.

"우리가 상상하는 터무니없는 공상이 모두 진짜라면 재미있지 않을까?" 조가 말했다.

"나는 여러 가지 아주 다양한 것들을 상상해서 내가 정말로 원하는 것이 어떤 것인지 고를 수가 없어." 로리가 말했다.

"가장 좋아하는 것을 하나 가지고 있어야 해요." 메그가 물었다. "뭐예요?"

"나는 세상을 구경하고 독일에 정착해서 작곡을 하고 싶어요." 로리가 말했다. "나는 유명한 음악가가 되고 싶어요. 나는 돈이나 사업은 관심이 없어요. 메그는 무엇을 원해요?"

"나는 맛있는 음식, 예쁜 옷들, 멋진 가구, 즐거운 사람들과 돈을 포함하여 모든 종류의 사치스러운 것들이 가득한 멋진 집을 원해요." 메그가 말했다. p.166 "나는 하인이 있어서 일을 할 필요가 없으면 해요. 하지만 좋은 일을 하고 사람들을 돕고 싶어요."

"남편은 갖지 않을 거예요?" 로리가 물었다.

"알다시피 나는 '즐거운 사람들'이라고 말했어요." 메그가 말했다.

"왜 남편과 천사 같은 아이들을 조금 원하지 않아?" 낭만을 싫어하는 조가 말했다.

"너는 네 집에 말과 소설 외에는 아무것도 원하지 않잖아." 메그가 말했다.

"나는 아라비아산 말들이 있는 마구간과 소설을 가득 가질 것이고 마법의 펜으로 글을 써서 로리만큼 유명해질 거야." 조가 말했다. "나는 내 성에 정착하기 전에 무언가 멋진 일을 하고 싶어. 나는 유명한 작가가 되어서 부자가 될 거야."

p.167 "내 꿈은 아빠 엄마와 함께 별 탈 없이 집에서 지내면서 가족을 보살피는 일을 돕는 거야." 베스가 말했다.

"무언가 다른 것은 원하지 않아?" 로리가 물었다.

"나한테는 나의 작은 피아노가 있으니까 나는 완전히 만족해요." 베스가 말했다.

"나는 소원이 아주 많지만, 로마에 가서 이 세상에서 최고의 예술가가 되는 것을 정말로 원해." 에이미가 말했다.

"우리들 중 누가 소원을 이룰지 정말 궁금하다." 로리가 말했다.

"나는 가망이 없어요." 메그가 말했다.

"아니요, 있어요." 로리가 말했다. "예쁜 얼굴을 가졌잖아요."

"그것 참 어처구니없네요!" 메그가 말했다.

"두고 봐요." 로리가 말했다.

메그는 당황해서 강을 쳐다보았다.

p.168 "10년 후에 만나서 우리가 이룩해 놓은 것을 보자." 조가 말했다.

"그때까지 무언가 자랑할 만한 일을 이룩해 놓고 싶어. 하지만 나는 아주 게을러." 로리가 말했다.

"로리는 무언가 자신에게 동기를 부여해 줄 것이 필요해요." 메그가 말했다.

"나는 할아버지를 기쁘게 해 드려야 행복할 테고 정말로 노력할 거예요." 로리가 말했다. "할아버지는 내가 할아버지처럼 인도 무역상이 되기를 원하시지만, 그러느니 나는 차라리 총을 맞겠어요. 나는 차, 비단, 향료가 싫어요. 나는 할아버지를 행복하게 해 드리기 위해 대학에 갈 거예요. 하지만 할아버지는 아버지를 잃으셨던 것처럼 나를 잃게 될까 봐 두려워하세요. 나를 대신해서 할아버지와 함께 있고 싶어 하는 누군가가 있으면 좋겠어요."

"너는 인도로 가는 배들 중 하나를 타고 나가서 모험을 해야 해." 조가 말했다.

"그것은 옳지 않아, 조." 메그가 말했다. "그런 식으로 말하면 안 돼요. 로리, 그냥 할아버지가 바라시는 것을 해야 해요. p.169 대학에서 최선을 다하고 할아버지께서 로리가 할아버지를 즐겁게 해 드리기 위해서 노력하는 것을 보시면 로리한테 심하게 대하시지는 않을 거예요. 로리도 말했듯이 할아버지와 함께 있고자 하고 할아버지를 사랑하는 사람이 로리 말고 아무도 없잖아요. 로리는 브룩 씨처럼 되어야 해요."

"메그가 브룩 선생님에 대해서 무엇을 알아요?" 로리가 물었다.

"로리의 할아버지께서 우리에게 그분에 대해 말씀해 주신 것만큼만요." 메그가 말했다. "브룩 씨는 편찮으신 어머니를 돌보고 그분을 놔두고 여행하지 않으려고 했다고 들었어요."

"브룩 선생님은 매우 좋은 분이에요." 로리가 말했다. "브룩 선생님은 왜 마치 아주머니께서 자신에게 그렇게 친절하게 대해 주시는지 아실 리가 없어요. 내가 유명한 음악가가 되면 브룩 선생님에게 잘해 드릴 거예요."

"지금 브룩 씨의 삶을 편하게 해 주는 것은 어때요?" 메그가 예리하게 말했다.

p.170 "내가 브룩 선생님을 괴롭히는 것을 어떻게 알아요, 아가씨?" 로리가 말했다.

"브룩 씨가 로리의 집을 나설 때 그분의 얼굴을 보면 늘 알 수 있어요." 메그가 말했다. "만약 로리가 착하게 굴면 브룩 씨는 만족스러워 보여요. 로리가 브룩 씨를 괴롭히면, 그분은 언제나 천천히 걷죠."

"그런데 메그는 브룩 선생님을 지켜보는 것을 좋아하나요?" 로리가 말했다.

"내가 무슨 말을 했다고 그분에게 말하면 안 돼요." 메그가 소리쳤다.

"나는 비밀을 지킬 수 있어요." 로리는 대답은 했으나, 화가 난 것처럼 보였다.

"화내지 말아요." 메그가 말했다. "나는 단지 로리한테 도움이 되는 말을 좀 해 주고 싶었을 뿐이에요." 메그가 손을 내밀었다. 로리는 부끄러워하며 메그의 손을 잡았다.

"미안해요." 로리가 말했다. "제가 오늘 그냥 아주 못되게 구네요."

나머지 오후 시간 동안 로리는 네 자매 개개인의 일을 도와주었다. 갑자기 그들은 종이 울리는 것을 듣고 저녁 식사 시간이라는 것을 깨달았다.

p.171 "다음에 또 와도 돼요?" 로리가 물었다.

"네, 착하게 굴고 브룩 씨를 위해 열심히 공부하면요." 메그가 웃으면서 말했다.

"노력할게요." 로리가 말했다.

"그러면 와도 돼. 그러면 내가 뜨개질하는 것을 가르쳐 줄게." 조가 덧붙였다.

그날 밤, 베스가 로렌스 씨에게 연주를 들려줄 때, 로리는 들으면서 자기 할아버지를 보았다.

'할아버지가 나를 필요로 하시는 동안에는 할아버지 곁에 있겠어. 내가 할아버지의 유일한 가족이니까.' 로리는 생각했다.

# 비밀

**p.172** 10월의 하루하루는 날씨가 쌀쌀해지기 시작하고 오후 시간은 짧았다. 조는 스크래블이 자신을 쳐다보는 동안 글 쓰는 작업을 계속 하느라 무척 바빴다. 조는 자신의 글을 되풀이해서 여러 번 읽어 보고는 작은 실수들을 모두 고치려고 했다. 그런 다음 조는 그것을 붉은 리본으로 묶었다. 조에게는 벽에 걸어 놓은 주석 박스가 있었다. **p.173** 그 안에 조는 자신의 원고와 책 몇 권을 스크래블로부터 안전하게 보관하고 있었는데, 그 쥐는 책 먹는 것을 좋아했다. 조는 주석 상자에서 이전에 써 놓았던 책을 꺼내고 그 책과 새 책을 함께 자기 호주머니에 넣었다.

조는 최대한 소리 없이 모자를 쓰고 재킷을 입었다. 조는 집 뒷문을 살짝 빠져나가 길로 들어섰다. 마침내 조는 자신이 찾고 있던 곳을 발견했다. 조는 출입구로 들어가서 더러운 계단을 올려다보고 초조하게 계단을 달려 올라갔다. 길 건너편에서는 로리가 조를 지켜보고 있었다. 로리는 조가 치과가 있는 건물로 막 달려 들어간 것을 보았다. 로리는 조가 집에 돌아가는 데 도움이 필요할 경우에 대비해서 치과 밖에서 조를 기다리기로 작정했다.

10분이 지나고 조가 매우 붉어진 얼굴로 아래층으로 달려 내려왔다. 조는 젊은 신사를 보았을 때 그를 무시하려고 했다. **p.174** 하지만 그가 따라왔다.

"힘들었어?" 로리가 조에게 물었다.

"별로." 조가 말했다.

"무척 빨리 끝냈구나." 로리가 말했다.

"그래, 다행이야!" 조가 말했다.

"왜 혼자 갔어?" 로리가 말했다.

"아무도 몰랐으면 해서." 조가 말했다.

"너는 내가 본 중 가장 이상한 여자아이야." 로리가 말했다. "이를 몇 개나 뽑게 두었니?"

조는 이해하지 못하겠다는 듯이 자신의 친구를 쳐다보고는 웃기 시작했다.

"내가 나오게 되기를 원하는 것이 두 개 있기는 하지만 일주일을 기다려야 해." 조가 말했다.

"무엇 때문에 웃고 있는 거야?" 로리가 물었다. "무엇을 숨기고 있는 거야, 조?"

"너도 무언가 숨기고 있잖아." 조가 말했다. "너 길 건너 저 당구장에서 나를 보고 있었지?"

p.175 "나는 당구장에 있었던 게 아니야." 로리가 말했다. "나는 펜싱 수업을 하느라고 당구장 위에 있는 체육관에 있었던 거야."

"그 말을 들으니 기쁘다." 조가 말했다.

"왜?" 로리가 말했다.

"네가 나를 가르쳐 줄 수 있으니까." 조가 말했다.

"가르쳐 줄게." 로리가 말했다. "하지만 그것이 '기쁘다'라고 말하는 유일한 이유인 것은 아닌 것 같은데."

"그래, 나는 네가 당구를 치고 있지 않아서 기뻐. 왜냐하면 나는 네가 그런 곳에 가는 것을 원하지 않거든." 조가 말했다.

"자주는 안 가." 로리가 말했다. "때때로 나는 네드와 게임을 해."

"나는 네가 시간을 낭비하고 게으른 사내아이들 중 하나가 되기를 원하지 않아." 조가 고개를 저으면서 말했다.

"때때로 그들과 어울려 노는 것이 나쁘지는 않아." 로리가 말했다.

p.176 "그것은 어디에서 어떻게 노느냐에 달려 있지." 조가 말했다. "나는 네드와 그의 친구들이 마음에 들지 않아. 엄마는 네드가 우리 집에 오는 것을 허락하지 않으실 거야. 그리고 네가 네드와 놀면 아마 엄마는 너도 좋아하지 않으실 거야."

"음, 나는 네드와는 달라." 로리가 말했다. "하지만 나는 성인군자도 아니지."

"나는 성인군자들은 못 참겠어." 조가 말했다. "그냥 소박하고 정직하고 존경할 만한 사람이 되면 돼. 우리는 결코 너를 떠나지 않을 거야. 나는 네가 킹 씨네 아들처럼 되는 것을 원하지 않아. 그는 부자였지만 도박을 하거나 술을 마시는 데 자기 돈을 몽땅 썼어."

"내가 똑같이 할 것 같아?" 로리가 말했다.

"아니, 그건 아니지만, 나는 돈이 커다란 유혹이라는 것을 알아." 조가 말했다. "나는 때로는 네가 가난하면 좋겠다고 바라."

"내가 걱정돼, 조?" 로리가 물었다.

"조금은. 네가 감상적으로 보일 때. 왜냐하면 너는 아주 황소고집이니까." 조가 말했다.

p.177 로리는 조용하게 몇 분을 걸었고, 조는 그를 지켜보았다. 로리는 화가 난 것처럼 보였다.

"집으로 걸어가는 내내 나에게 무엇을 해야 하는지 말할 참이야?" 로리가 물었다.

"물론 아니지." 조가 말했다. "왜?"

"네가 그런다면 나는 버스를 타려고." 로리가 말했다. "그렇게 하지 않는다면 너와 걸으면서 아주 재미있는 이야기를 너한테 말해 주고 싶어."

"알았어. 그만할게." 조가 말했다. "네 소식을 듣고 싶어."

"그거 비밀이야. 내가 너한테 말해 주면 너는 네 비밀을 나한테 말해 줘야 해." 로리가 말했다.

"나는 비밀 같은 거 없어." 조가 말했지만 갑자기 자기가 비밀을 갖게 된 것이 생각나서 말을 멈췄다.

"너도 있다는 걸 알잖아." 로리가 소리쳤다. "너 고백해야 해. 안 그러면 나도 말 안 할래."

"집에는 절대 그것에 대해 아무 소리도 하지 않을 거지, 그렇지?" 조가 말했다.

p.178 "한마디도 안 할게." 로리가 말했다.

"음, 난 치과에 갔던 것이 아니야." 조가 말했다. "신문업자에게 두 편의 이야기를 놓고 왔어. 그가 다음 주에 그것들을 출간할지 말지를 나한테 말해 줄 거야."

"미국의 여류 작가 마치 양 만세!" 로리가 외쳤다.

"조용히 해!" 조가 말했다. "그 사람들은 아마 그 이야기들을 출간하지 않을 거야."

"너는 떨어지지 않을 거야." 로리가 말했다. "저기, 조, 네 이야기는 신문에 나오는 다른 글 나부랭이들에 비하면 셰익스피어 같아!"

조의 눈이 반짝거렸다.

"네 비밀은 뭐야?" 조가 물었다.

"나는 메그가 잃어버린 장갑이 어디에 있는지 알아." 로리가 말했다.

"그게 다야?" 조가 실망한 표정으로 말했다.

"어디에 있는지 알게 되면 너는 흥미가 생길 거야." 로리가 말했다.

p.179 "누군가가 메그를 좋아해."

"말해 줘." 조가 말했다.

로리는 조의 귀에 세 단어를 속삭였다. 조는 놀라기도 하고 동시에 못마땅한 표정으로 잠깐 동안 서서 로리를 쳐다보았다.

"네가 어떻게 알아?" 조가 물었다.

"내가 그것을 봤거든." 로리가 말했다.

"어디에서?" 조가 물었다.

"주머니에서." 로리가 대답했다.

"지금껏 내내?" 조가 말했다.

"그래, 낭만적이지 않아?" 로리가 말했다.

"아니, 끔찍해." 조가 말했다.

"그게 마음에 안 들어?" 로리가 말했다.

"물론 마음에 안 들지." 조가 말했다. "어처구니없어. 메그 언니가 뭐라고 할까?"

"너 누구한테도 말하지 않는 거다." 로리가 말했다.

"음, 지금은 안 할 거야." 조가 말했다. "하지만 나 기분이 아주 안 좋아. 네가 나한테 말 안 했으면 좋을 텐데."

p.180 "나는 네가 기뻐할 거라고 생각했어." 로리가 말했다.

"나는 누가 메그를 데려가는 것을 원하지 않아." 조가 말했다.

"누군가 너를 데려가게 될 때는 기분이 좋을걸." 로리가 말했다.

"누가 그런 짓을 할지 보고 싶네." 조가 말했다.

"나도 그래야겠어!" 로리가 웃으면서 말했다. "달리기 하자!"

조는 로리를 따라 달리기 시작했고, 빗과 머리핀을 뒤쪽에서 잃어버린 것은 신경 쓰지도 않았다.

"내가 말이라면 좋을 텐데." 달리기를 끝내고 나서 로리와 나무에 기대 쉬면서 조가 말했다. "그럼 몇 마일이고 달릴 수 있을 텐데."

로리는 조의 머리핀을 주우러 갔다. 조가 쉬고 있는 동안 메그가 조를 지나쳐 갔다.

"여기서 대체 무엇을 하고 있는 거야?" 메그가 물었다.

p.181 "나뭇잎을 줍고 있었어." 조가 부끄러워하며 대답했다.

"그리고 머리핀도요." 로리가 조의 허벅다리에 대여섯 개의 머리핀을 던지면서 덧붙였다.

"너 달리기하고 있었구나, 조." 메그가 말했다. "어떻게 그럴 수가 있니? 언제 그만둘 거니?"

"때가 되기 전에 나를 어른으로 만들려고 하지 마, 메그 언니." 조가 말했다. "갑자기 사람 바꾸는 것은 힘들어. 내가 할 수 있는 한 어린 소녀로 있게 좀 놔둬 줘."

"누구를 만나고 오는 길인가요?" 로리가 메그에게 물었다.

"가디너 씨 댁에요. 샐리가 벨 모팻의 결혼식에 대해 전부 나에게 말해 주었어요." 메그가 말했다. "무척 훌륭했대요. 그리고 그들은 파리에서 겨울을 보내러 떠났대요."

"벨 모팻이 부러워요, 메그?" 로리가 물었다.

"그런 것 같아요." 메그가 말했다.

메그는 아주 위엄 있게 걷기 시작했고, 그러는 동안 다른 두 사람은 웃고 속삭이면서 따라갔다. p.182 메그는 그들이 아이처럼 행동하고 있다고 생각했지만, 내심 그들과 함께 하고 싶었다.

한두 주 동안 조는 이상하게 행동했다. 조는 만날 때마다 브룩 씨에게 무례하게 굴었고 메그를 슬프게 쳐다보면서 앉아 있곤 했다. 어느 오후에 창가에서 바느질을 하면서 앉아 있다가 메그는 로리가 정원을 누비며 조를 쫓아다니고 결국에는 그녀를 잡는 광경을 보고 기분이 상했다. 메그는 그들을 볼 수는 없었지만 그들이 웃고 있는 것은 들을 수 있었다.

"우리가 저 아이를 어떻게 해야 할까?" 메그가 한숨을 쉬었다. "조는 결코 아가씨처럼 행동하지 않을 거야."

"나는 조 언니가 그러지 않으면 좋겠어." 조를 조금 부러워하면서 베스가 말했다. "지금 그대로 아주 재미있고 사랑스럽잖아."

"우리는 조 언니를 결코 바꿔 놓을 수 없어." 에이미가 머리를 빗으며 덧붙였다.

몇 분 뒤, 조가 안으로 뛰어 들어와서 신문을 읽기 시작했다.

p.183 "신문에 뭐 재미있는 게 있어?" 메그가 물었다.

"이야기 빼고는 아무것도 없어." 조가 대답하고는 조심스럽게 신문 제호가 안 보이게 가렸다.

"큰 소리로 읽어 주면 좋겠어." 에이미가 말했다.

"제목이 뭐야?" 베스가 물었다.

"맞수 화가들." 조가 말했다.

"재미있을 것 같아." 메그가 말했다. "읽어 줘."

조는 아주 빨리 읽기 시작했다. 자매들은 재미있게 들었는데, 이야기는 낭만적이었고 마지막에 등장인물들 대부분이 죽었기 때문이다.

"연인들이 나오는 부분이 좋아." 메그가 말했다. "비올라와 안젤로는 우리가 가장 좋아하는 이름 두 개잖아. 이상하지 않아?"

"그거 누가 썼어?" 베스가 물었다.

읽던 사람이 갑자기 일어나 앉았다. 그녀의 얼굴이 붉어졌다.

"네 언니야." 조가 말했다.

p.184 "너야?" 메그가 외쳤다.

"아주 멋지다." 에이미가 말했다.

"그럴 줄 알았어!" 베스가 달려와 조를 안으면서 말했다. "정말 자랑스러워!"

그들은 모두 아주 기뻐하고 자랑스러워했다. 가족 전체가 그 이야기를 되풀이해서 읽었다. 조는 울다가 웃었다 하는 것을 멈출 수가 없었다.

"그 일에 대해 말해 봐." 가족들이 물었다. "언제 그렇게 된 거야? 얼마나 받았어? 아빠가 뭐라고 하실까? 로리가 웃지 않을까?"

"신문사 관계자 이야기가 두 개의 이야기 다 마음에 들지만 신인 작가에게는 원고료를 주지 않는대." 조가 말했다. "내가 더 실력이 나아지면 원고료를 준다고 했어. 로리가 오늘 신문을 나에게 준 거야."

조는 신문에 얼굴을 묻고 행복의 눈물을 조금 흘렸다.

# 전보

p.185 "11월은 연중 최악의 달이야." 메그가 창문 앞에 서서 말했다.

"그게 내가 11월에 태어난 이유야." 조가 말했다.

p.186 "지금 무언가 아주 즐거운 일이 일어나면 11월이 즐거운 달이라고 생각하게 될 텐데." 베스가 말했다.

"우리 가족에게 즐거운 일은 도대체 아무것도 일어나지 않아." 메그가 말했다.

"어쩌면 어떤 부자 친척이 죽어서 언니한테 돈을 좀 남길지도 몰라." 조가 말했다. "그러면 언니도 유럽에 갈 수 있을 거야."

"요즘에는 사람들이 그런 식으로 재산을 물려주지 않아." 메그가 씁쓸하게 말했다. "남자들은 일을 해야 하고 여자들은 돈을 보고 결혼을 해야 하지."

"조 언니와 내가 모두를 위해 큰돈을 벌 거야." 에이미가 말했다. "10년만 기다려 봐."

"지금 바로 두 가지 즐거운 일이 일어날 거야." 조가 말했다. "엄마가 거리를 내려오고 계시고, 로리가 우리한테 말해 줄 즐거운 일이 있다는 듯이 정원을 가로질러 걸어오고 있어."

두 사람 모두 들어왔다.

"아버지한테서 편지 온 거 있니, 애들아?" 마치 부인이 물었다.

p.187 "너희 중에 누구 마차 타러 가지 않을래?" 로리가 말했다. "내가 브룩 선생님을 댁에 모셔다 드릴 거거든. 모두 함께 가자."

"물론 가야지." 조, 베스, 에이미가 말했다.

"나는 바빠요." 메그가 말했다. 마치 부인은 메그가 브룩 씨와 너무 많은 시간을 같이 보내는 것을 원하지 않았다.

"우리 셋은 금방 준비할게요." 에이미가 소리쳤다.

"뭐 좀 도와 드릴까요?" 로리가 마치 부인에게 물었다.

"아니, 고맙구나. 다만 남편에게서 편지가 왔는지 우체국에서 확인해 보는 것만 부탁할게." 마치 부인이 말했다.

잠시 후, 해나가 편지를 가지고 왔다.

"전보예요." 해나가 말했다.

p.188 마치 부인은 전보를 빨리 읽더니 의자에 앉은 채 정신을 잃었다. 로리가 물을 가지러 아래층으로 달려갔다. 조는 전보를 큰 소리로 읽었다.

마치 부인께,
남편 위독. 즉시 오기 바람.
S. 헤일
워싱턴 블랭크 병원

누군가 자신들의 행복을 모두 앗아간 것 같은 기분을 느끼면서 네 자매는 어머니 주위에 모였다.

"나는 곧 가야 해. 하지만 너무 늦었는지도 모르겠구나." 마치 부인이 말했다. "오, 애들아, 나 좀 도와주렴!"

몇 분 동안 그들은 모두 울고 서로를 안아 주기 시작했다.

"하루 종일 계속해서 울기만 할 수는 없어요." 해나가 마침내 말했다. "출발할 준비를 하세요."

"해나 말이 맞아." 마치 부인이 말했다. "진정해, 애들아. 그리고 생각 좀 해 보자. 로리는 어디에 있니?"

p.189 "여기요, 아주머니." 로리가 소리쳤다. "오, 제가 무엇이든 도와 드릴게요!"

"내가 당장 갈 거라고 전보를 보내 줘." 마치 부인이 말했다. "다음 기차가 아침 일찍 있을 거야. 그것을 타야겠어."

"그 밖에 다른 것은요?" 로리가 말했다. "말은 준비됐어요. 저는 어디든 가서 무엇이든 해 드릴 수 있어요."

"마치 고모님 댁에 편지를 남겨 주렴." 마치 부인이 말했다. "조, 저 펜과 종이를 내게 주렴."

조는 종이 몇 장과 펜을 어머니에게 주었다. 장기간의 여행을 위해서 그들은 고모할머니한테 돈을 빌려야 할 터였다.

"이제 가거라, 애야. 하지만 조심해라." 마치 부인이 로리에게 말했다.

"조, 방으로 달려가서 킹 부인한테 내가 못 간다고 전하렴." 마치 부인이 말했다. "베스, 가서 로렌스 씨에게 오래된 와인을 두어 병 달라고 부탁하렴. p.190 아버지를 위한 일에는 자존심을 내세우느라 사정을 안 할 수가 없구나. 에이미, 해나에게 말해서 검은 트렁크를 가지고 내려오렴. 그리고 메그, 와서 내가 물건 찾는 것을 도와주렴."

모두 한 줄기 돌풍이 불고 난 뒤의 나뭇잎처럼 흩어졌다. 로렌스 씨가 베스와 서둘러 돌아와서 마치 씨에게 보낼 것들을 가지고 왔고 마치 부인이 없는 동안 네 자매를 돌봐 주기로 약속했다. 로렌스 씨는 나중에 다시 오겠다는 말을 하고 떠났다. 메그는 집을 뛰어다니다가 브룩 씨와 우연히 마주쳤다.

"이런 소식을 들어서 유감이에요, 마치 양." 브룩 씨가 친절하고 조용한 목소리로 말했다. "제가 워싱턴까지 마치 양의 어머니와 함께 가고 싶어요."

메그는 숨이 턱 막혔고 매우 감사하는 표정이었다.

"여러분 모두 참 친절하시네요!" 메그가 말했다. "어머니도 받아들이실 거예요, 확실히요. 정말 정말 감사해요!"

p.191 로리가 약간의 돈과 마치 씨가 입대하지 말았어야 했다는 말이

적힌 마치 고모할머니의 편지를 가지고 돌아왔을 때쯤에는 모든 것이 준비되었다. 마치 부인은 편지를 난롯불 속에 넣고 돈은 지갑에 넣었다. 오후가 다 지나갈 때까지 조는 여전히 집에 오지 않았다. 그들은 걱정하기 시작했고 로리는 그녀를 찾으러 나갔다. 로리가 나간 동안에 조가 돌아왔고 얼굴에 이상한 표정을 짓고 있었다. 조는 탁자 위에 약간의 돈을 내려놓았다.

"이것이 아빠를 집으로 모시고 오시는 데 도움이 되었으면 해요!" 조가 말했다.

"애야, 그 돈을 어디에서 구했니?" 마치 부인이 말했다. "25달러나 되는구나!"

"그것은 정직하게 제 돈이에요." 조가 말했다. "저는 그 돈을 구걸하거나 빌리거나 훔치지 않았어요. 제가 번 것이에요. 그리고 저를 비난하지 않으시리라고 생각해요. 제가 가진 것을 팔았을 뿐이니까요."

p.192 조는 말하면서 모자를 벗었다. 조의 길고 아름다운 머리카락이 짧게 잘려 있는 것이 드러났다.

"너한테 유일하게 예쁜 부분이었는데 어떻게 그럴 생각을 했어?" 모두 울었다.

"그만 우세요." 조가 말했다. "그것은 아무것도 아니에요. 머리가 가볍게 느껴지기까지 하는 걸요. 저는 만족해요. 그러니 부디 돈을 가져가셔서 저녁을 드세요."

"하지만 애야, 이럴 필요는 없었다. 네가 조만간 후회하게 될까 봐 걱정이구나." 마치 부인이 말했다.

"아니요, 안 그럴 거예요!" 조가 말했다.

"어떻게 그렇게 한 거야?" 에이미가 물었다.

"음, 나는 아빠를 위해서 무언가 해 드리고 싶어서 미칠 지경이었어." 조가 대답했다. "나는 돈을 빌리는 게 싫어. 또한 이번 주에는 옷을 사느라고 내 돈은 이미 다 써 버렸어. 나는 내가 못됐다는 생각이 들었어."

"네가 못됐다고 생각할 필요는 없단다, 애야!" 마치 부인이 조의 마음을 따뜻하게 해 주는 눈길로 쳐다보면서 말했다.

p.193 "저는 이발소에서 가발을 봤는데 제 머리만큼 멋지지는 않다는 것을 깨달았어요." 조가 말했다. "하지만 가발은 높은 가격에 팔리고 있어서 저는 그 생각이 떠올랐던 거예요."

"언니는 정말 용감해." 베스가 말했다.

"처음 머리가 잘려 나갈 때 끔찍하지 않았어?" 메그가 물었다.

"탁자에 내 머리카락을 늘어놓은 것을 보았을 때는 이상했어." 조가 말했다. "마치 내 팔이나 다리가 잘린 것과 거의 같아 보였어. 하지만 사실 이 짧은 머리가 아주 편해."

"고맙구나, 애들아." 마치 부인이 말했고 그들은 모두 대화 주제를 바꾸기로 결정했다.

그날 밤 자러 가고 싶어 하는 사람은 아무도 없었다. 베스는 피아노로 가서 아버지가 가장 좋아하는 노래를 연주했다.

p.194 "자러 가고 얘기는 그만하렴. 우리 일찍 일어나야 하잖니." 노래가 끝났을 때 마치 부인이 말했다. "잘 자렴. 애들아."

그들은 조용히 어머니에게 키스하고 잠자러 갔다. 베스와 에이미는 곧 잠들었지만, 메그는 아주 심각한 생각을 하느라 잠들지 않은 상태로 누워 있었다. 조는 움직이지 않고 누워 있었지만, 메그는 그녀가 우는 소리를 들었다.

"조, 무슨 일이야?" 메그가 말했다. "아빠 때문에 울고 있는 거야?"

"아니, 지금은 아니야." 조가 말했다.

"그럼 무엇 때문에?" 메그가 말했다.

"내 머리!" 불쌍한 조가 베개로 얼굴을 감싸려고 하면서 갑자기 소리를 질렀다.

메그가 키스를 해 주고 동생을 다독였다.

"유감스럽지는 않아." 조가 말했다. "할 수 있다면 내일 또 다시 그렇게 할 거야. 내가 우는 것은 단지 나의 허영심에 찬 부분이야. 아무한테도 말하지 마. 언니는 왜 여태 자지 않고 깨어 있어?"

"잘 수가 없어." 메그가 말했다. "너무 걱정이 돼."

p.195 "무언가 즐거운 일을 생각해 봐." 조가 말했다.

"그러려고 했지만 그럴 수가 없어." 메그가 말했다.

"무슨 생각을 했는데?" 조가 물었다.

"잘생긴 얼굴과 눈." 메그가 대답했다.

"어떤 색깔이 가장 좋아?" 조가 말했다.

"갈색." 메그가 말했다.

조는 웃었고 메그는 조에게 아무 소리도 하지 말라고 날카롭게 명령했다.

"내일 네 짧은 머리를 말아 줄게." 메그가 동생에게 약속했다.

시계가 자정을 치고 있었고 방은 매우 조용했다. 마치 부인은 조용히 방으로 들어와 자고 있는 네 자매를 한 명 한 명 바라보았다. 마지막으로 마치 부인은 커튼을 열고 매우 슬프게 달을 쳐다보았다.

# 편지

p.196 춥고 뿌연 새벽에 자매들은 등불을 켜고 어머니가 자신들에게 주었던 책의 한 부분을 읽었다. 그들은 옷을 입고 희망을 품은 채 명랑하게 작별 인사를 하고 불안한 여행을 하는 어머니를 마중하기로 동의했다. 커다란 트렁크는 현관에 준비되어 세워져 있었고 어머니의 망토와 모자가 소파에 놓여 있었다. 어머니는 식사를 하려고 애쓰며 앉아 있었다. p.197 네 자매는 눈물을 감출 수 없었다. 누구도 말을 많이 하지 않았다.

"얘들아. 해나의 보살핌과 로렌스 씨의 보호에 너희를 맡기마." 마치 부인이 말했다. "내가 집을 비우는 동안 걱정하지 말고 열심히 일해야 한다는 것을 기억하렴. 너희는 결코 아버지를 잃지 않을 거라는 것도 기억하렴."

"네, 엄마." 네 자매가 말했다.

"메그, 신중해지고 동생들을 보살펴 주렴." 마치 부인이 말했다. "조, 인내심을 가지고. 베스, 음악으로 위안을 삼으렴. 에이미, 최선을 다해 언니들을 도와주고 별 탈 없이 즐겁게 집에 있으렴."

"그럴게요. 엄마!" 네 자매가 말했다.

다가오는 마차 소리는 그들 모두가 귀를 기울이게 만들었다. 네 자매는 어머니에게 조용하게 키스하고 어머니가 마차를 타고 멀어질 때 명랑하게 손을 흔들려고 노력했다. 로리와 로렌스 할아버지가 마치 부인이 떠나는 것을 보러 왔다.

p.198 "안녕, 내 딸들아!" 마치 부인이 속삭였다. "주님의 은총이 함께하기를!"

어머니가 멀리 갔을 때, 해가 나왔다. 네 자매 또한 해를 보았고 미소 짓고 손을 흔들었다.

"마치 지진이 일어난 것 같아." 그들의 이웃이 아침 식사를 하러 집으로 갔을 때 조가 말했다.

"마치 우리 집의 절반이 사라진 것 같아." 메그가 덧붙였다.

"자 아가씨들, 어머님이 말씀하신 것을 기억하시고 걱정하지 마세요."

해나가 말했다. "와서 커피를 드세요."

네 자매는 식탁에 모여 앉아서 기분이 나아질 때까지 커피를 마셨다.

"'희망을 가지고 바쁘게 지내자.' 그게 중요해." 조가 말했다. "나는 마치 고모할머니께 갈 거야, 평소처럼."

"나는 킹 씨네 갈 거야. 비록 집에 있고 싶은 마음이 간절하기는 하지만." 메그가 말했다.

p.199 "그럴 필요 없어." 에이미가 말했다. "베스 언니와 내가 집을 아주 잘 지킬 수 있어."

"해나가 우리에게 무엇을 해야 하는지 알려줄 거야. 그리고 언니들이 올 때는 모든 것을 잘해 놓을게." 베스가 덧붙였다.

아버지로부터 온 소식이 자매들을 무척 안심시켰다. 아버지는 위독했지만 어머니가 아버지를 간호하고 있었다. 브룩 씨는 매일 전갈을 보냈는데, 소식은 그 주가 지나면서 점점 더 밝아졌다. 네 자매는 계속해서 어머니에게 편지를 썼다.

사랑하는 엄마,

엄마의 지난 번 편지가 우리를 얼마나 행복하게 해 주셨는지 말씀드리기가 불가능해요. 아주 좋은 소식이었으니까요. 브룩 씨가 엄마한테 도움이 되어 준다니 저희는 기뻐요. 저희 네 자매는 모두 잘 지내요. 조는 제가 바느질하는 것을 도와주고 p.200 베스는 엄마가 하신 말씀을 잊지 않고 있어요. 에이미도 제 말을 잘 듣고 제가 잘 보살피고 있어요. 로렌스 씨는 모성애 깊은 늙은 암탉처럼 저희를 돌봐 주고 계세요. 로리와 조는 저희를 기쁘게 해 주고요. 해나는 완벽한 성인군자예요. 전혀 야단치지 않고 저를 언제나 마가렛 아가씨라고 불러요. 저희 모두 잘 있고 바쁘게 지내요. 하지만 밤낮으로 엄마가 돌아오시기를 간절히 바라고 있어요.

아빠한테 제 사랑을 전해 주세요.

메그

---

소중한 엄마,

사랑하는 아빠를 위해 만세 삼창! 브룩 씨가 저희에게 전보를 보내 주어서 아주 좋았어요. 저희는 무척 재미있는 시간을 보내고 있어요. 이제 저는 언니, 동생들과 잘 지낼 수 있어요. 왜냐하면 모두 천사 같으니까요. 메그 언니는 매일 더 예뻐져요. 로리와 말다툼을 할 뻔한 이야기를 해야 할 것 같아요. 저는 기분이 나빴고 엄마랑 무척 이야기를 나누고 싶었어요. 로리와 저는 둘 다 아주 자존심이 세요. 저는 로리가 사과해야 한다고 생각했지만 로리는 그렇게 생각하지 않았어요. 그날 밤에 제가 좀 기분이 나아져서 로리에게 미안하다고 말하려고 로리의 집에 들렀어요. p.201 바로 그때 로리도 미안하다고 말하려고 오고 있었던 거예요.

아빠한테 제가 아빠를 위해 시를 많이 써 드렸으니까 빨리 회복하셔야 한다고 전해 주세요.

엄마의 바보 같은 딸, 조

---

사랑하는 엄마,

아빠가 돌아오시면 보실 수 있도록 팬지를 좀 기르고 있어요. 저는 매일 아침 책을 읽고 온종일 착하게 지내려고 노력하고 제게 자장가를 불러 주어요. 모두 매우 친절하고 엄마가 안 계시지만 할 수 있는 한 행복하게 지내고 있어요. 에이미가 남은 페이지에 편지를 쓰기를 원해서 저는 여기서 마쳐야겠어요.

제 대신 아빠 볼에 키스해 주세요.

꼬마 베스

---

p.202 나의 사랑하는 엄마,

우리 모두 잘 있어요. 저는 늘 공부하고 절대 언니들의 말에 반박하지 않아요. 메그 언니는 저한테 큰 위안이 되고 제가 매일 밤 젤리를 먹도록 해 줘요. 로리는 저를 더 존중해 주어야 해요! 저는 이제 거의 10대 청소년이 다 되었잖아요. 로리는 저를 '병아리'라고 해서 제 기분을 상하게 해요.

아빠에게 제 많은 사랑을 전해 주세요.

에이미 커티스 마치

---

마치 부인께,

만사 무탈이에요. 마가렛 아가씨는 예의 바르고 살림 잘하는 아가씨가 될 거예요. 조는 노력하기는 하지만 일을 하기 전에 생각하지 않아서 자주 실수를 해요. 베스는 최고의 꼬마 아가씨예요. 모든 것을 배우려고 노력하죠. 에이미는 좋은 옷을 입게 해 주고 달콤한 것을 먹게 해 주면 잘해요. 로리 도련님은 제멋대로이지만 아가씨들을 더 행복하게 만들어 주죠. 로렌스 씨가 많은 것을 보내 주세요.

마치 씨에게 안부 전해 주세요.

p.203 해나 뮬레트 올림

---

친애하는 부인,

따님들은 모두 잘 지내요. 베스와 제 손자가 매일 보고를 해 줍니다. 해나는 좋은 하인이고 예쁜 메그를 용처럼 지켜 줍니다. 브룩 선생이 도움이 된다니 기쁘군요. 만약 돈이 필요하시면 저한테 요청하십시오. 부군이 나아지고 있다니 다행입니다.

부인의 진실한 친구
제임스 로렌스

# 충실한 사람

p.204 첫 주 동안은 모두 매우 잘 행동했다. 하지만 그 이후에 네 자매는 예전 상태로 돌아가기 시작했다. 조는 독감에 걸렸다. 에이미는 집안일을 하는 대신 미술품 만드는 것을 좋아했다. 메그는 어머니에게 편지를 쓰면서 많은 시간을 보냈다.

베스는 계속 열심히 일했다. 때때로 베스는 우울해져서 벽장에 숨었다. p.205 그곳에서 베스는 혼자 울곤 했다. 그런 다음이면 베스는 다시 자매들을 도울 준비가 늘 되어 있었다.

"메그 언니, 언니가 가서 훔멜 가족을 만나 보면 좋겠어." 베스가 마치 부인이 떠난 지 열흘이 지났을 때 말했다. "엄마가 훔멜 가족을 잊지 말라고 하신 거 알지."

"나는 너무 피곤해서 오늘 오후에는 못 가겠어." 메그가 대답했다.

"조 언니는 못 가?" 베스가 물었다.

"나는 아파." 조가 말했다.

"네가 직접 가는 게 어때?" 메그가 물었다.

"나는 매일 갔다 왔지만, 아기가 아프고 나는 그것에 대해 무엇을 해야 할지 모르겠어." 베스가 말했다. "병이 계속 더 심해지고 있어. 메그 언니나 해나가 가야 할 것 같아."

메그는 내일 가겠다고 약속했다.

p.206 "에이미가 곧 집에 올 테니, 그러면 에이미가 우리 대신 홈멜 씨 댁에 갈 수 있을 거야." 메그가 말했다.

그래서 베스는 소파에 누웠고, 다른 사람들은 각자 하던 일로 돌아갔으며, 홈멜 가족은 잊혀졌다. 한 시간이 지났다. 에이미는 오지 않았고, 메그는 새 옷을 입어 보려고 방으로 갔고, 조는 자기가 쓴 이야기를 읽고 있었고, 해나는 잠들어 있었다. 베스는 조용히 모자 달린 옷을 입고 바구니에 가난한 아이들에게 줄 물건들을 채우고 차가운 공기 속으로 나갔다.

베스가 돌아왔을 때는 시간이 늦었고, 아무도 그녀가 2층으로 살금살금 올라가서 어머니 방에 숨는 것을 보지 못했다. 30분 후에 조가 어머니 방으로 갔다. 조는 베스가 충혈된 눈으로 벽을 응시하며 벽장 안에 있는 것을 발견했다.

"무슨 일이야?" 조가 소리쳤다. 베스는 경고의 표시로 손을 들었다.

"언니는 성홍열 앓은 적 있지, 그렇지 않아?" 베스가 물었다.

"몇 년 전에. 왜?" 조가 말했다.

p.207 "조 언니, 그 아기가 죽었어!" 베스가 울었다.

"어떤 아기?" 조가 말했다.

"홈멜 부인의 아기." 베스가 울었다. "부인이 집에 오기 전에 내 다리 위에서 죽었어."

"오 이런!" 조가 동생을 안아 주며 말했다. "내가 갔어야 했는데."

"그냥 슬펐어." 베스가 말했다. "나는 아기의 상태가 더 안 좋아졌다는 것을 알았어. 아기 어머니가 의사 선생님을 데리러 갔었어. 맏언니가 쉴 수 있도록 내가 아기를 안고 있었어. 아기는 잠이 든 것 같았지만 갑자기 울더니 부르르 떨고 나서는 움직임을 멈추는 거야. 나는 아기가 죽었다는 것을 알았어."

"울지 마, 베스!" 조가 말했다. "어떻게 했어?"

"그냥 앉아서 홈멜 부인이 의사 선생님과 올 때까지 가만히 아기를 안고 있었어." 베스가 말했다. "의사 선생님은 아기가 죽었다고 했어. 그분은 나에게 집에 가서 곧 약을 먹으라고 했어. 그렇지 않으면 나도 열이 날 거라고."

p.208 "아니야, 너는 안 그럴 거야!" 조가 놀란 표정으로 베스를 꽉 안

아 주며 소리쳤다.

"겁먹지 마." 베스가 말했다. "엄마 책을 들여다봤는데 처음에는 두통과 목이 아픈 것으로 시작한대. 그래서 나는 약을 먹었고 지금은 좀 나아."

"엄마가 집에 계시면 좋으련만!" 조가 소리쳤다. "너는 일주일 이상 아기와 매일 함께 있었잖니. 그래서 나는 네가 병에 걸릴까 봐 걱정이 돼, 베스. 내가 해나를 부를게."

"에이미는 오지 못하게 해." 베스가 걱정하며 말했다. "에이미는 성홍열을 앓은 적이 없으니까. 언니와 메그 언니는 다시 걸릴 리 없잖아, 그렇지?"

"안 걸릴 거야." 조가 해나를 데리러 가면서 투덜거렸다. 조는 해나를 깨웠고 해나는 조에게 걱정하지 말라고 말했다. 모두 성홍열에 걸리지만 대다수의 사람들은 성홍열로 죽지는 않는다.

"뱅스 의사 선생님을 모셔 와서 아가씨를 살펴봐 달라고 할게요." 해나가 베스에게 말했다. "그런 다음 에이미는 마치 고모할머님 댁에 잠깐 보내서 병에 안 걸리게 할 거예요. 아가씨들 중 한 명은 집에 있으면서 하루나 이틀 베스를 기운 나게 해야 해요."

**p.209** "내가 할게요." 조가 말했다. "베스가 아픈 것은 내 잘못이에요."

"내가 가서 에이미에게 말할게요." 메그가 말했다.

에이미는 고모할머니한테 가느니 차라리 성홍열에 걸리는 것이 낫겠다고 선언했다. 메그가 이유를 대고 애원하고 명령했지만 모두 헛수고였다. 로리가 거실로 들어와서 에이미가 울고 있는 것을 발견했다. 에이미는 자기 이야기를 해 주었다.

"이제 현명한 아가씨처럼 굴고 언니들이 말한 대로 해." 로리가 말했다. "마치 고모할머니 댁에 가면 내가 매일 놀러 갈게."

"매일 하루도 빠짐없이 올 거예요?" 에이미가 말했다.

"물론이지!" 로리가 말했다.

"그리고 베스 언니가 나아지자마자 로리가 바로 나를 데리러 올 거죠?" 에이미가 말했다.

**p.210** "그럼." 로리가 말했다.

"음, 그럼 갈게요." 에이미가 천천히 말했다.

"착한 아가씨로군." 로리가 말하고 에이미의 머리를 쓰다듬었다.

"베스는 어때요?" 로리가 물었다.

"베스는 엄마 침대에 누워 있는데, 좀 나아졌어요." 메그가 대답했다.

"그 아기의 죽음이 베스를 힘들게 했지만 우리는 그냥 감기에 걸렸다고 생각해요. 해나도 그렇게 생각한다고는 하지만 걱정스러워 보이네요."

"어머니께 전보를 쳐야 하면 나한테 말해요. 아니면 다른 일을 해야 한대도요." 로리가 말했다. 로리는 여전히 조의 짧은 머리를 좋아하지 않았다.

"그것이 나를 괴롭히는 거예요." 메그가 말했다. "베스가 정말 아프면 엄마에게 말해야 한다고 생각하지만, 해나는 그래서는 안 된다고 해요. 베스는 오래 아프지 않을 거예요. 그리고 해나는 무엇을 해야 하는지 알고요."

"의사가 온 후에 할아버지께 여쭈어 보는 게 좋겠어요." 로리가 말했다.

p.211 "그럴게요." 메그가 말했다. "조, 가서 뱅스 선생님을 모셔와."

"내가 갈게요." 로리가 말했다. 로리는 방을 뛰어나갔다.

"나는 저 녀석한테 기대가 커." 조가 말했다.

"로리는 나이 어린 것 치고는 아주 잘하고 있어." 메그가 말했다. 메그는 로리에 대해 이야기하는 것에는 관심이 없었다.

의사 뱅스가 와서 베스에게 성홍열 증세가 있지만 괜찮을 거라고 생각한다고 말했다. 에이미는 즉시 마치 고모할머니 집에 보내도록 명령이 내려졌다. 조와 로리가 에이미를 그곳에 데려다주었다.

"무슨 일이니, 지금 이 시간에?" 그들이 도착했을 때 마치 고모할머니가 그들에게 물었다. "여기 남자는 못 들어온다."

로리는 밖에서 기다렸고, 조가 이야기를 했다.

"그런 게 가난한 사람들과 시간을 보낼 때 생기는 일이야." 마치 고모할머니가 말했다. p.212 "에이미가 아프지 않다면 여기에서 지내면서 도움이 되는 일을 하면 돼. 울지 마라, 애야. 우는 것은 성가시니까. 어머니한테서는 무슨 소식이 있니?"

"아빠가 많이 좋아지셨어요." 조가 대답했다.

"오, 그래?" 마치 고모할머니가 대답했다. "다시 나빠질 거라고 내가 장담하지."

"잘 가! 잘 가!" 마치 고모할머니의 앵무새가 소리쳤다.

"조용히 해, 이 무례한 늙은 새야!" 마치 고모할머니가 말했다. "그리고 조, 너는 가는 게 낫겠다. 네가 저 아이 같은 사내아이와 밤늦게 외출하는 것은 정숙하지 못한 짓이야."

"조용히 해, 이 무례한 늙은 새 같으니라고!" 앵무새가 외쳤다.

'참을 수 없을 것 같기는 하지만 노력해야지.' 에이미는 생각했다.

# 우울한 나날들

p.213 베스는 성홍열을 진짜로 앓았다. 네 자매는 병에 대해서는 아무 것도 몰랐고, 로렌스 씨는 베스를 만나는 것이 허락되지 않았다. 메그는 집에서 지냈으므로 킹 씨 집안의 사람들에게 병을 옮기지는 않았다. 편지를 쓸 때 베스의 병에 대해서 언급하지 않기 때문에 메그는 매우 걱정스럽고 약간 죄책감도 느꼈다. p.214 해나는 네 자매의 어머니가 아는 것을 원하지 않았다.

조는 밤낮으로 베스를 간호했다. 열이 매우 심해졌을 때 베스는 목이 부풀어 올랐음에도 불구하고 노래하고 피아노를 치게 해 달라고 간청했다. 베스는 사람들을 엉뚱한 이름으로 부르기 시작했고 어머니가 보고 싶다고 애원했다. 그러면 조는 더럭 겁이 났다. 네 자매는 워싱턴에서 편지를 받았는데 거기에는 아버지가 다시 병이 났다고 적혀 있었다.

그 당시는 매우 우울하고 외로웠다. 마가렛은 마침내 자신이 돈을 제외한 다른 것들에서는 그때까지 내내 부자였다는 것을 깨달았다. 조는 자기 동생 베스가 얼마나 예뻤는지 깨달았다. 조는 뛰어난 재능과 야망을 가지는 것이 세상에서 가장 중요한 것은 아니라는 것을 이해했다. 에이미는 집에 있는 것과 베스를 보는 것을 무척 열망했다.

p.215 로리는 유령처럼 집에 자주 나타났고, 로렌스 씨는 그랜드 피아노를 잠갔다. 로렌스 씨는 다른 누군가가 그것을 연주하는 것을 듣는 것을 원하지 않았다. 모두 베스를 그리워했다. 모든 이웃이 계속해서 베스가 어떤지 물었고 베스를 걱정해 주었다.

한편 베스는 자신의 고양이들이 무척 보고 싶었지만 고양이들이 아프게 될까 봐 염려했다. 베스는 다정한 전갈을 에이미에게 보냈고 편지를 쓰고 싶어 했다. 하지만 그때 다시 열이 올랐고 베스는 아무것도 이해하지 못했다. 의사인 뱅스는 하루에 두 번 왔고, 해나는 밤새 지키고 앉아 있었다. 메그는 책상에 전보를 보관해 두었고 조는 베스 옆에 있었다.

12월의 첫날, 눈이 내렸고 날씨는 혹독했으며 추웠다. 의사 뱅스가 그날 아침에 와서 베스를 바라보았다.

p.216 "만약 마치 부인이 남편을 두고 올 수 있으면 오는 것이 낫겠소." 의사가 말했다.

해나는 말은 하지 않고 고개를 끄덕였다. 조는 전보를 가지고 폭풍 속으로 뛰어나갔다. 조는 곧 되돌아왔다. 로리는 마치 씨가 다시 좋아지고 있다는 편지를 들고 들어왔다. 조는 감사한 마음으로 그 편지를 읽었다.

"베스 상태가 나빠?" 로리가 물었다.

"엄마를 부르려고 전보를 쳤어." 조가 말했다.

"잘했어, 조!" 로리가 말했다.

"아니. 의사 선생님이 우리에게 그러라고 하셨어." 조가 말했다. "베스가 우리를 몰라 봐. 베스는 우리 베스처럼 보이지 않아. 하느님은 아주 멀리 계시고 그분을 찾을 수가 없어."

눈물이 조의 얼굴에 흘러내렸을 때 로리가 그녀의 손을 잡았다.

"내가 여기 있잖아." 로리가 말했다. "나한테 의지해, 조!"

조는 말을 할 수 없었지만 로리에게 꽉 매달렸다. 로리는 무언가 위로해 줄 말을 하고 싶었지만 뭐라고 말해야 할지 몰랐다. p.217 곧 조는 눈물을 닦고 로리의 얼굴을 올려다보았다.

"고마워, 로리." 조가 말했다. "이제 기분이 나아졌어."

"계속 가장 좋은 것만 바라는 거야, 조." 로리가 말했다. "곧 너희 어머니가 여기 오시면 모든 것이 좋아질 거야."

"아빠가 나아지셨다니 아주 다행이야." 조가 한숨을 쉬었다. "이제 아빠를 떠나시는 것에 엄마 기분이 아주 찜찜하지는 않으실 거야."

"메그가 도와주지 않아?" 로리가 물었다.

"오, 도와주지. 언니도 노력하지만 나만큼 베스를 사랑할 수는 없어." 조가 말했다. "나는 베스를 잃을 수 없어!"

조는 다시 울기 시작했다. 로리는 오랫동안 말을 할 수 없었다. 로리 자신도 울지 않으려고 애썼다.

"나는 베스가 죽을 거라고 생각하지 않아." 로리가 말했다. "베스는 아주 착하고 우리 모두 그녀를 무척 사랑하잖아."

p.218 "착한 사람들과 사랑스러운 사람들은 언제나 정말로 죽어 버리더라." 조가 말했다.

"불쌍한 아가씨." 로리가 말했다. "내가 네 기분이 더 나아지게 할 것을 찾아볼게."

로리는 위층으로 올라가서 커피를 가지고 돌아왔다.

"너는 좋은 의사야. 로리, 그리고 무척 편한 친구야." 조가 말했다.

"오늘 밤에 내가 너에게 커피보다 더 좋은 것을 줄게." 로리가 말했다.

"그게 뭔데?" 조가 소리쳤다.

"어제 내가 너희 어머니께 전보를 쳤고, 브룩 선생님이 너희 어머니께서 곧 당도하실 거라고 답장을 해 주셨어." 로리가 말했다. "너희 어머니께서는 오늘 밤에 여기로 오실 것이고, 모든 것이 괜찮아질 거야."

"오, 로리!" 조가 외쳤다. "오, 어머나! 나 정말 기뻐!"

조는 다시 울지는 않았으나 웃으면서 자기 친구를 꼭 껴안았.

로리는 놀랐다. 로리는 조의 등을 토닥여 주었다. p.219 갑자기 조가 로리의 뺨에 키스를 했다. 조는 로리를 그만 안았다.

"오, 미안해." 조가 수줍게 말했다. "엄마가 집으로 오실 거라는 소식에 내가 그만 너무 흥분했나 봐!"

"신경 쓰지 마." 로리가 넥타이를 고쳐 매면서 웃었다. "내가 알기로는 너희 어머니가 오실 것이고 마지막 열차가 새벽 2시에 있어. 내가 너희 어머니를 모시러 갈게. 어머니가 여기 도착하실 때까지 베스를 돌보아 주기만 하면 돼."

"로리, 너는 천사야!" 조가 소리쳤다. "너에게 어떻게 고맙다는 말을 하면 좋을까?"

"다시 나를 안아 줘." 로리가 웃으면서 말했다. "나 그거 아주 좋더라."

"아니, 됐어." 조가 말했다. "집에 가서 쉬어. 너는 복 받을 거야, 로리!"

조는 부엌으로 사라졌고 그곳에서 고양이들에게 자신이 행복하다고 말했다.

메그는 아주 행복했고 조는 베스의 방을 청소했으며 해나는 파이를 구웠다. p.220 모두 조금 더 행복해지고 더 희망을 품게 된 것 같았다. 베스의 새는 다시 노래하기 시작했다. 베스를 빼고 모두 크게 기뻐했다. 베스는 너무 아파서 아무것도 느낄 수 없었다. 베스의 얼굴은 창백하고 머리는 엉망이었다. 베스의 입술은 갈라지고 물을 요구할 때만 말을 했다. 밖에 눈이 내리는 동안 하루 종일 조와 메그는 베스를 지켜보고 그녀가 나아지기를 바랐다. 그러나 마침내 밤이 왔다. 의사가 자정에 베스를 살펴보러 다시 오겠다고 말했다.

해나는 잠이 들었고, 로렌스 씨는 거실에서 오르락내리락 했다. 로리는 양탄자에 누워 쉬는 척했으나 난롯불을 쳐다보고 있었다. 자매들은 그 밤을 결코 잊을 수 없었다. 왜냐하면 잠이 그들에게는 찾아오지 않았기 때문이었다.

"만약 하느님이 베스를 살려 주시면 저는 다시는 불평하지 않을게요."
메그가 간절하게 속삭였다.

p.221 "만약 하느님이 베스를 살려 주시면 저는 평생 하느님을 사랑하며 섬길게요." 조가 말했다.

시계가 12시를 치고, 두 소녀는 모두 베스를 쳐다보았다. 집은 죽은 듯이 조용했고 밖에는 바람이 불었다. 옅은 그림자가 침대 위로 드리우는 것 같았다. 한 시간이 지나고, 로리가 기차역으로 간 것을 제외하고는 아무 일도 일어나지 않았다. 다시 한 시간이 지났고 아무도 오지 않았다.

두 시가 지났고 조는 창문 앞에 서서 침대 곁에서 나는 움직이는 소리에 귀를 기울였다. 조는 메그가 어머니 의자 앞에 무릎을 꿇고 얼굴을 가리는 것을 보았다. 두려움이 차갑게 조를 훑고 지나갔다.

조는 즉시 베스의 침대로 다시 달려갔다. 열과 고통스러운 표정이 사라졌고 작은 얼굴은 아주 창백하고 평화로워 보였다. 조는 울 수가 없었다. 조는 동생에게 몸을 기울이고 그녀의 이마에 키스했다.

p.222 "안녕, 나의 베스, 안녕!" 조는 울었다.

해나가 갑자기 잠에서 깼다. 해나는 베스를 보았다.

"열이 멈췄어요!" 해나가 말했다.

자매들이 행복한 진실을 채 믿기도 전에 의사가 그것을 확인해 주러 왔다.

"그래, 얘들아. 이 작은 소녀가 괜찮아질 것 같구나." 의사가 말했다. "집을 조용하게 유지하고 베스가 자도록 놔둬라. 베스가 깨면 이 약을 주고."

조와 메그는 어두운 현관으로 나가서 서로를 꼭 껴안았다. 다시 방으로 돌아왔을 때 그들은 베스가 평화롭게 자고 있는 것을 보았다.

"엄마가 오시면 좋겠어!" 조가 말했다.

"밤새 장미가 활짝 피었어." 메그는 자신이 들고 있는 흰 장미에 대해 말했다. "그 꽃이 베스가 제일 먼저 보는 것이 되면 좋겠어."

태양과 아침이 그렇게 아름다운 적은 없었다.

p.223 "요정의 세상 같아." 메그가 말했다.

아래층 문에서 초인종 소리와 해나의 외침이 들렸다.

"아가씨들, 어머니가 오셨어요!" 해나가 외쳤다. "어머니가 오셨어요!"

# 에이미의 유언장

**p.224** 집에서 이런 일들이 일어나고 있는 동안, 에이미는 마치 고모할머니 집에서 힘든 시간을 보내고 있었다. 에이미는 집에서 자신이 얼마나 응석받이였는지 깨달았다. 마치 고모할머니는 실제로는 에이미를 무척 좋아하면서도 결코 친절하게 대해 주지 않았다. 마치 고모할머니는 에이미를 즐겁게 해 주려고 정말로 최선을 다했지만 실수를 많이 저질렀다.

**p.225** 마치 고모할머니는 아이들을 이해하지 못했고 에이미에게 항상 명령을 하거나 규칙을 알려주면서 에이미를 무척 걱정했다. 에이미는 언니보다 조용해서 마치 고모할머니는 에이미에게 집안일을 하는 법을 가르치려고 했다.

에이미는 매일 아침 컵을 씻어야 했다. 그러고 나서 방의 먼지를 털어야 했다. 그 다음에는 폴리에게 먹이를 주고 개털을 빗기고 나면 마치 고모할머니에게 편지를 배달해야 했다. 일하고 나면 공부를 해야 했다. 그런 다음에는 운동을 하거나 놀도록 한 시간이 허락되었다.

로리는 매일 왔다. 그들은 함께 걷거나 아주 즐거운 시간을 보냈다. 저녁 식사 후, 에이미는 큰 소리로 책을 읽고 노부인이 잠들 때까지 조용히 앉아 있어야 했다. 그런 다음 에이미는 어둠이 내릴 때까지 바느질을 해야 했고, 차 마시는 시간까지는 노는 것이 허락되었다. 저녁은 그 중 최악이었다. 왜냐하면 마치 고모할머니가 자신의 어린 시절에 대해 긴 이야기를 늘어 놓기 때문이었다.

**p.226** 만약 로리와 나이 든 하녀인 에스더가 없었다면 에이미는 절대 살아남지 못했을 거라고 느꼈다. 앵무새는 에이미의 머리를 잡아당기고 그녀를 놀리고 음식을 던지는 것을 좋아했다. 개는 매우 심술궂고 멍청했다. 요리사는 괴팍하고 다른 하인은 귀머거리였다.

에스더는 마치 고모할머니와 함께 사는 프랑스 여자였다. 그녀의 진짜 이름은 에스텔이지만 마치 고모할머니는 에스더에게 이름을 바꾸라고 명령했다. 에스더는 에이미를 좋아했고 프랑스에서 살았던 시절의 이상한 이야기로 에이미를 매우 즐겁게 해 주었다.

에이미는 마치 고모할머니가 소유한 모든 이상한 물건들을 둘러보는 것을 좋아했다. 에이미는 보석과 장식품, 쿠션을 보는 것을 아주 좋아했다. 에이미는 특히 마치 고모할머니의 오래된 보석류를 보는 것을 좋아했다.

마치 고모할머니의 오래된 결혼반지가 가장 귀중한 것이었다.

"어떤 것이 가장 마음에 들어요?" 에스더가 물었다.

p.227 "다이아몬드가 가장 좋지만 목걸이는 없네요." 에이미가 말했다. "나는 목걸이를 좋아해요. 나는 이것이 좋아요."

에이미는 금색과 흑색 구슬과 십자가가 달린 목걸이를 찾아냈다.

"나는 그것이 마음에 들기는 하지만 가톨릭 신자니까 목에 십자가를 할 수 없어요." 에스더가 말했다. "나는 그 목걸이를 가지고 기도만 할 수 있어요."

"기도를 하고 나면 에스더는 행복해 보여요." 에이미가 말했다. "나도 그렇게 할 수 있으면 좋겠어요."

"아가씨가 안에서 기도할 수 있게 특별한 방을 만들어 줄게요. 마치 고모할머니께서 잠이 드시면 거기에서 기도하면 돼요." 에스더가 말했다.

에이미는 그 생각이 마음에 들었고 그렇게 하는 것이 자신의 기분이 나아지도록 도와줄 것이라고 생각했다.

"마치 고모할머니가 돌아가시면 이 아름다운 물건들이 어디로 갈지 알면 좋겠어요." 에이미가 말했다.

p.228 "아가씨와 아가씨 언니들에게요." 에스더가 웃으면서 속삭였다.

"멋져요!" 에이미가 말했다. "하지만 지금 우리가 가질 수 있게 해 주시면 좋을 텐데."

"아가씨는 이런 것을 하기에는 지금 너무 어려요." 에스더가 말했다. "제일 먼저 약혼한 아가씨가 진주를 갖게 될 거예요. 고모할머니께서 아가씨가 집에 갈 때 파란 반지를 아가씨한테 주실 거예요."

"그렇게 생각해요?" 에이미가 말했다. "그것이 키티 브라이언트의 것보다 훨씬 예뻐요. 나도 드디어 마치 고모할머니가 정말로 좋아졌어요."

에이미는 기쁜 얼굴로 파란 반지를 끼어 보았다. 그날부터 에이미는 매우 착하고 순종적이 되었다. 에스더는 에이미를 위해 기도실을 만들어 주었다. 그 안에 에이미는 아주 멋진 성모 마리아 그림을 두었다. 에이미는 정말로 그 그림을 사랑했다. 탁자 위에는 항상 로리가 에이미에게 가져다준 가장 멋진 꽃들이 가득 담긴 꽃병이 있었다. 에이미는 매일 언니를 위해 기도했다.

p.229 이 어린 소녀는 이 모든 것에 매우 진지했다. 에이미는 어머니의 도움을 그리워했다. 에이미는 어린 순례자였고, 이제 그녀의 짐은 매우 무

거워 보였다. 에이미는 명랑하게 지내려고 노력했다. 마침내 에이미는 마치 고모할머니가 했던 것처럼 자기가 죽을 경우에 대비해 유언장을 만들기로 결심했다.

노는 시간 중 한때 에이미는 에스더의 도움을 받아 중요한 서류를 작성했다. 에이미는 또한 그것을 로리에게 보여 주고 싶어 했다. 에이미는 앵무새를 위층으로 데리고 갔고 헌 옷들을 가지고 놀았다. 에이미는 로리가 초인종을 울리는 소리를 듣지 못했다. 에이미는 부채를 들고 하이힐을 신었다. 앵무새인 폴리는 에이미 뒤를 따라다니며 그녀의 말을 따라 하려고 애썼다. 마침내 에이미는 로리가 문을 노크하는 소리를 들었다.

"앉아서 내가 이것들을 치우는 동안 쉬고 있어요. 그런 다음 매우 중요한 것에 대해 이야기해야 해요." 에이미가 말했다. **p.230** "어제 마치 고모할머니께서 잠드셨을 때 폴리가 소리 치고 날개를 퍼덕이기 시작했어요. 그래서 폴리를 풀어 주러 가 보았죠. 거미가 새장 안에 있었던 거예요. 거미는 밖으로 달려 나왔죠. 폴리가 거미를 따라갔고 책장 밑을 보고는 '나와서 산책 가자. 아가'라고 거미한테 말했어요."

"거미가 나왔어?" 로리가 물었다.

"네, 그리고 폴리가 도망갔어요." 에이미가 말했다. "폴리는 '잡아! 잡아! 잡아!'라고 외쳤고 나는 거미를 쫓아갔어요."

"그거 거짓말이야!" 앵무새가 외쳤다.

"나는 로리가 이것을 읽어 보기를 원해요." 에이미는 말하고 자신의 유언장을 로리에게 건넸다.

로리는 읽었다.

나의 마지막 유언과 유서

나, 에이미 커티스 마치는 나의 모든 재산을 이 사람들에게 줄 것이다.

나의 아버지에게는 내 최고의 사진들, 스케치들, 지도들, 그리고 미술품을

**p.231** 나의 어머니에게는 주머니가 달린 파란색 앞치마를 제외한 나의 모든 옷들을

내가 사랑하는 마가렛 언니에게는 내 반지와 나의 초록 상자를

조 언니에게는 언니의 이야기를 태워 버린 것이 미안하므로 나의 가장 소중한 장난감 토끼를

베스 언니에게는 (만약 나보다 오래 산다면) 내 인형들과 부채와 내 새 슬리퍼를.

나는 베스 언니의 인형들을 놀린 것이 미안하다.
　내 친구이자 이웃인 시어도어 로렌스 오빠에게는 찰흙으로 만든 내 모형 말을
　로렌스 할아버지에게는 내 자주색 상자를
　나의 가장 친한 친구 키티에게는 내 파란색 앞치마를
　해나에게는 내 바느질 상자를
　나는 모두를 용서하고 사랑한다. 나는 우리가 다시 만나게 되기를 희망한다. 아멘.
　에이미 커티스 마치

"왜 이것을 작성했어?" 로리가 물었다. p.232 "누가 베스에 대해 말해 주었어?"

"베스 언니는 어때요?" 에이미가 말했다.

"어느 날 베스가 너무 아파서 조에게 피아노는 메그에게, 고양이들은 너에게, 불쌍한 오래된 인형은 조에게 주고 싶다고 말했지." 로리가 말했다. "베스는 줄 게 너무 적어서 미안해했어."

로리는 에이미의 유언장에 서명을 하고 에이미와 한 시간 동안 놀았다. 마침내 로리가 가야 할 시간이 되었다.

"베스 언니는 괜찮아요?" 로리가 집으로 가기 전에 에이미가 로리에게 속삭였다.

"좋지는 않은 것 같지만 괜찮을 거라고 희망을 가져야 해. 그러니 울지 마." 로리가 말했다.

로리가 떠나자 에이미는 베스 언니를 위해 기도했다. 베스 언니를 잃는 것에 비하면 백만 개의 파란 반지도 에이미의 기분이 나아지게 하지는 못할 테니까.

# 일급비밀

p.233 베스가 그 기나긴 치유의 잠에서 깨어났을 때 처음 본 것은 작은 장미와 어머니의 얼굴이었다. 베스는 어머니를 안은 다음 다시 잠들었다. 해나는 놀라울 정도로 멋진 아침 식사를 준비했다. p.234 그들은 어머니가 아버지에 대해 속삭이는 말을 들었다. 브룩 씨는 남아서 아버지를 간호하겠다고 약속했다. 그날은 참 이상하지만 즐거운 날이었다. 메그와 조는 눈을 감고 폭우가 지나간 후의 항구의 배처럼 누워 있었다. 마치 부인

이 베스의 옆을 떠나지 않을 테니까.

로리는 그동안에도 에이미를 위로해 주러 갔다. 에이미는 매우 강단 있게 행동했고 그녀의 어머니를 보고 싶어 안달하지 않았다. 모두 에이미를 자랑스러워했다. 심지어는 폴리도 감명 받은 듯했다. 왜냐하면 에이미를 착한 소녀라고 불렀기 때문이었다. 로리는 에이미가 어머니에게 긴 편지를 쓰는 동안 잠이 들었다.

갑자기 어머니가 그녀를 보러 온 것을 보았을 때 에이미는 기뻐서 울음을 터뜨렸다. 그들은 단 둘이서만 에이미의 기도실에서 함께 이야기했다.

"네, 엄마, 집에 가면 이렇게 기도실을 가지면 좋겠어요. 성모 마리아와 함께 있는 이 아기 그림이 정말 마음에 들어요."

p.235 에이미가 웃고 있는 아기를 가리켰을 때 마치 부인은 에이미를 미소 짓게 하는, 에이미의 손에 끼워진 무언가를 보았다.

"마치 고모할머니가 오늘 제게 반지를 주셨어요." 에이미가 말했다. "마치 고모할머니가 저를 부르시더니 제게 키스해 주시고 이 반지를 제 손가락에 끼워 주셨어요. 이것이 다소 너무 크다는 것은 알지만, 제가 껴도 되지요?"

"이런 보석류를 하기에 너는 너무 어리단다, 에이미." 마치 부인이 통통한 작은 손에 끼워진 하늘색 보석이 박혀 있는 반지를 보면서 말했다.

"허영심에 부풀지 않도록 노력할게요." 에이미가 말했다. "저는 예뻐지려고 이 반지를 끼고 싶은 것이 아니에요. 이 반지가 제게 무언가를 일깨워 주기 때문에 저는 이 반지를 끼고 싶어요."

"마치 고모할머니를 말하는 거니?" 어머니가 웃으면서 물었다.

"아니요, 이 반지는 저에게 이기적으로 굴어서는 안 된다는 것을 일깨워 줘요." 에이미가 말했다.

p.236 에이미는 아주 진심인 것 같았고 진지해 보였다.

"베스 언니는 이기적이지 않아요. 그것이 모든 사람들이 언니를 사랑하고 언니를 잃어버린다는 생각에 무척 슬퍼하는 이유죠." 에이미가 말했다. "사람들은 제가 아프면 저에 대해서는 그렇게 슬퍼하지 않을 것이고, 저는 그들의 애도를 받을 자격이 없어요. 저는 노력할 것이고 할 수 있는 한 베스 언니처럼 되려고 노력할 거예요. 이 반지가 저에게 착해져야 한다는 것을 일깨워 줄 거예요."

"그래, 그 반지를 끼렴, 얘야. 그리고 최선을 다하렴." 마치 부인이 말했다. "이제 나는 베스에게 돌아가 봐야 한단다. 너는 곧 다시 집에 올 수 있을 거야."

그날 저녁 메그가 아버지에게 편지를 쓰는 동안 조는 위층 베스의 방으로 올라갔다. 그리고 초조하게 어머니를 바라보았다.

"무슨 일이니, 얘야?" 마치 부인이 조에게 손을 내밀면서 물었다.

"엄마한테 말씀드릴 것이 있어요." 조가 말했다.

p.237 "메그에 대한 거니?" 마치 부인이 말했다.

"네, 언니에 관한 일이에요." 조가 말했다.

"베스는 잠들었단다. 조그맣게 말하거라. 그리고 나한테 그 일에 대해 모두 말해 줌." 마치 부인이 어느 정도 날카롭게 말했다. "네드 모펫이 여기 다녀가지는 않은 거지?"

"아니에요." 조가 말했다. "지난여름에 메그 언니가 로렌스 씨 댁에 장갑 한 켤레를 놓고 왔는데 한 짝만 돌아왔어요. 로리가 저에게 브룩 씨가 메그 언니를 좋아한다고 시인했다고 말해 주기 전까지는 그것에 대해 잊고 있었죠. 하지만 언니는 아주 어리고 브룩 씨는 아주 가난해요."

"메그가 브룩 씨를 좋아한다고 생각하니?" 마치 부인이 걱정스러운 표정으로 물었다.

"저는 사랑에 대해서는 아무것도 모르겠어요!" 조가 관심도 있고 짜증도 난다는 듯이 소리쳤다. "소설에서는 소녀들이 얼굴을 붉히거나 바보 같은 짓을 해서 사랑을 표현해요. 하지만 메그 언니는 그렇게 하지 않아요. 언니는 사람들이 연인들에 대해 말하면 얼굴만 붉힌다고요."

p.238 "메그가 존에게 관심이 없다고 생각하니?" 마치 부인이 말했다.

"누구요?" 조가 물었다.

"브룩 씨." 마치 부인이 말했다. "브룩 씨의 이름이 존이야."

"브룩 씨가 아빠한테 잘해 주어서 엄마도 쫓아버리지 않으시겠군요." 조가 말했다. "엄마는 메그 언니가 원하면 브룩 씨와의 결혼을 허락하실 작정이시잖아요." 조가 자기 머리를 잡아당겼다.

"얘야, 그것에 대해 화를 내지 마라. 그리고 어떻게 된 일인지 내가 말해 줄게." 마치 부인이 말했다. "존은 아버지께 매우 잘했어. 우리 둘 다 존을 좋아하게 되었단다. 존은 솔직히 자기가 메그를 사랑하지만 메그에게 청혼하기 전에 안락한 집을 구하겠다고 우리에게 말했단다. 존은 메그가 자기와 사랑에 빠지도록 노력하고 싶다며 우리의 허락을 원했어. 존은 진실로 훌륭한 젊은이지만, 메그는 약혼하기에는 아직 너무 어려."

"끔찍해요!" 조가 말했다. "제가 직접 메그 언니와 결혼할 수 있어서 언니를 집에서 별 탈 없이 지내게 하면 좋겠어요."

p.239 마치 부인은 웃었다.

"조, 메그에게는 아직 아무 말도 하지 마라." 마치 부인이 말했다. "존이 돌아와서 그 둘이 함께 있는 것을 보면 존에 대한 메그의 진정한 마음을 알 수 있을 거야."

"메그 언니는 멋진 눈을 보게 될 테고 사랑에 빠지게 될 거예요." 조가 말했다. "메그 언니와 함께했던 즐겁고 아늑한 시간은 끝을 맞을 거예요! 다 눈에 보여요! 브룩 씨는 메그 언니를 데리고 가 버릴 것이고 우리 가족에게는 구멍이 생길 거예요. 저는 가슴이 아프고 모든 것이 불편해질 거예요. 우리 모두 아들로 태어났으면 좋을 텐데."

마치 부인은 한숨을 쉬었고 조는 올려다보았다.

"엄마도 이 상황이 마음에 들지 않으시죠?" 조가 말했다.

"이런 일이 이렇게 빨리 일어나서 유감이구나. 메그는 겨우 열일곱 살이니 말이다." 마치 부인이 말했다. p.240 "네 아버지와 나는 메그가 스무 살이 되기 전에는 결혼시키지 않겠다고 합의했단다. 만약 메그와 존이 서로를 사랑한다면, 그 아이들은 기다릴 수 있을 거야. 나는 메그가 행복해지도록 일이 풀리면 좋겠구나."

"차라리 언니가 부자와 결혼하기를 바라지는 않으세요?" 조가 물었다.

"돈은 좋고 유용한 것이란다, 조. 그리고 나는 우리 딸들이 가난해지는 것을 결코 원하지 않아." 마치 부인이 말했다. "다만 나는 둘이 편안하게 지낼 수 있도록 존이 충분한 돈을 벌기를 바란단다. 만약 너희들 중 한 명이 부자와 사랑에 빠지면 나는 행복할 거야. 하지만 행복하기 위해서 부자가 될 필요는 없다는 것을 나는 안단다. 좋은 남자의 마음을 얻는다면, 그것이 돈보다 더 낫단다."

"엄마, 이해는 되지만, 메그 언니에 대해서는 실망이에요. 왜냐하면 저는 메그 언니를 로리와 결혼시킬 계획이었어요." 조가 말했다. "그러면 메그 언니는 부자가 될 수 있잖아요."

"너도 알겠지만, 로리는 메그보다 어려." 마치 부인이 말했다.

p.241 "조금 어릴 뿐이에요!" 조가 말했다. "로리는 키가 크고 좋은 예의범절을 지녔어요! 로리는 부자이고 너그럽고 착하고 우리 모두를 좋아

해요."

"로리가 메그에게 제 짝이 아니어서 유감이구나." 마치 부인이 말했다. "소란을 일으키지 말고 그냥 상황이 자연스럽게 벌어지도록 놔두렴."

"음, 그럴게요. 하지만 저는 어른이 되고 싶지 않아요!" 조가 말했다.

"이게 무슨 소리니?" 메그가 다 쓴 편지를 손에 들고 방에 들어오면서 물었다.

"내 바보 같은 이야기들 중 하나일 뿐이야." 조가 말했다. "저는 자러 갈게요. 가자, 메그 언니."

"존에게 안부 전하는 말을 덧붙여 주렴." 마치 부인이 편지를 쭉 훑어보고는 돌려주면서 말했다.

"브룩 씨를 '존'이라고 부르세요?" 메그가 천진한 눈으로 어머니의 눈을 들여다보고 미소 지으면서 물었다.

p.242 "그래, 존은 우리에게 아들 같아졌고, 우리는 그를 매우 좋아해." 마치 부인이 대답했다.

"그런 말씀을 들으니 기분 좋네요." 메그가 대답했다. "브룩 씨는 무척 외로워요. 안녕히 주무세요, 엄마."

'메그는 아직 존을 사랑하지는 않지만 곧 그렇다는 것을 알게 되겠군.' 마치 부인은 만족스러움과 유감스러움이 섞인 감정을 느끼며 생각했다.

# 로리가 짓궂은 장난을 치고 조가 중재를 하다

p.243 메그는 조가 비밀이 있는 것처럼 보이는 것을 눈치 챘다. 메그는 자기가 조를 모르는 척하면 조가 결국은 자기에게 그 일을 말해 줄 것이라고 생각했다. 조가 그녀에게 아무 말도 하지 않았을 때 메그는 다소 놀랐다.

p.244 조는 로리와 놀기를 원했지만 로리가 자신의 비밀을 알게 될까 봐 두려웠다. 로리는 조가 자신에게 그녀의 비밀을 털어 놓게 하려고 모든 짓을 다해 보았다. 마침내 로리는 포기하고 그 비밀이 브룩 씨와 메그에 관한 것이 틀림없다는 결론을 내렸다. 로리는 조가 자신에게 진실을 말해 주지 않는 것에 대해 복수할 어떤 방법을 찾고 싶어 했다.

메그는 갑자기 바뀐 것 같았다. 메그는 쳐다볼 때는 얼굴을 붉히고 바느질 할 때는 매우 조용하고 소심했다.

"메그 언니에게 사랑의 모든 증상이 있어요!" 조가 어머니에게 말했다. "저는 메그 언니가 존이 메그 언니한테 불러 준 노래를 부르는 것을 봤어요. 어떻게 하면 좋아요?"

"기다리는 것 외에는 아무것도 하지 마렴." 어머니가 대답했다. "메그를 내버려둬."

"여기 언니한테 온 편지가 있어, 메그 언니." 다음날 조가 편지를 나누어 주면서 말했다.

메그는 이상한 소리를 내고는 놀란 얼굴로 편지를 쳐다보았다.

"얘야, 무슨 일이니?" 어머니가 메그에게 달려가면서 물었다. 한편 조는 편지를 낚아채려고 했다.

p.245 "그것은 전부 잘못된 거예요." 메그가 외쳤다. "그 사람이 그 편지를 보낸 것이 아니에요. 오, 조, 네가 어떻게 그럴 수 있어?" 메그가 손으로 얼굴을 가렸다.

"나!" 조가 외쳤다. "나는 아무 짓도 안 했어! 무슨 말을 하고 있는 거야?"

"네가 그 편지를 썼고, 그 못된 녀석이 너를 도와주었잖아." 메그가 말했다. "어떻게 이렇게 무례하고 이렇게 못되고 잔인할 수가 있어?"

조와 어머니가 편지를 읽었다.

사랑하는 마가렛,

내 열정을 더 이상 억누를 수 없어요. 저는 아직 당신 부모님께 말씀드리지 못했어요. 당신을 사랑해요! 로렌스 씨를 통해서 당신의 답장을 보내 줘요.

당신의 사랑하는 존

"내가 아니야!" 조가 외쳤다. "그거 로리야. p.246 로리는 자기가 알고 싶어 하는 것을 내가 자기한테 말해 주지 않아서 나한테 화가 난 거야."

"그만해, 조." 메그가 말했다. "네가 자주 많은 장난을 치니까 네가 이것을 안 썼다고 어떻게 내가 믿을 수가 있겠어?"

"맹세코 나는 안 했어! 나는 결코 그 편지를 전에 본 적도 없어! 만약 내가 도와주었다면 그보다는 더 나은 편지를 썼을 거야." 조가 아주 진지하게 말해서 그들은 조의 말을 믿었다.

"오, 메그, 너 답장을 쓰지는 않았지?" 마치 부인이 재빨리 외쳤다.

"아니, 썼어요!" 메그가 다시 얼굴을 가리고 수치스러워하며 말했다.

"내가 이 못된 녀석을 찾아볼게요." 조가 외쳤다.

"조용히 하렴." 마치 부인이 말했다. "마거렛, 이야기를 전부 다 해 봐."

"로리한테서 처음 편지를 받았어요. 로리가 그것에 대해서 아는 것처럼 보이지는 않았어요." 메그가 올려다보지 않고서 말했다. "처음에는 걱정했지만, 엄마가 브룩 씨를 얼마나 좋아하시는지 생각이 나서 며칠 동안 작은 비밀을 가져도 괜찮을 거라고 생각했어요. p.247 용서해 주세요, 엄마. 제가 멍청했어요."

"존에게 뭐라고 말했니?" 마치 부인이 물었다.

"저는 그냥 제가 결혼하기에는 너무 어리고 엄마한테 비밀을 가지고 싶지 않다고 했어요. 아빠한테 말해야 한다고요." 메그가 말했다. "친절에 매우 감사하지만 그저 친구가 되고 싶다고요."

"그가 뭐라고 했니?" 마치 부인은 물어보면서 미소 지었다.

"브룩 씨는 연애편지를 한 통도 보낸 적이 없다고 했고, 동생인 조가 저에게 장난친 것이 유감이라고 했어요." 메그가 말했다. "편지는 무척 친절하고 정중했어요."

메그는 어머니에게 기댔다. 조는 편지를 둘 다 들고 주의 깊게 살펴보았다.

p.248 "이 편지 중에 어느 쪽도 브룩 씨가 썼다고 생각되지 않아." 조가 말했다. "로리가 언니가 나한테 화나게 하려고 둘 다 쓴 거야."

조는 방을 달려 나갔고, 마치 부인은 메그에게 브룩 씨의 진실한 감정에 대해 부드럽게 말했다.

"존을 기다릴 만큼 그를 사랑하니?" 마치 부인이 말했다.

"저는 한동안 연인과 관계된 일은 아무것도 원하지 않아요." 메그가 대답했다. "만약 존이 이런 터무니없는 일에 대해 모른다면 그에게 말하지 말아 주세요."

조는 로리가 어머니를 만나게 하려고 데려왔다. 메그와 조는 방을 나갔다. 그들은 어머니가 로리에게 30분간 소리치는 것을 들었다. 그들이 불려 들어갔을 때 로리는 어머니 옆에 서서 메그에게 공손하게 사과했다.

"제가 끔찍한 짓을 저질렀어요." 로리가 애원했다. "하지만 메그는 여전히 내 친구 맞죠?"

메그는 로리의 사과를 받아들였고 로리는 그녀에게 그 일을 보상하겠다고 약속했다.

**p.249** 로리는 조를 한두 번 쳐다봤지만 조는 그에게 화가 난 것처럼 보였다. 로리는 이 일로 상처받고 혼자 가 버렸다.

로리가 가자마자 조는 더 용서해 주었더라면 좋았을 거라고 생각했다. 결국 조는 대저택으로 건너갔다.

"로렌스 씨 안에 계세요?" 조가 하녀에게 물었다.

"네, 아가씨. 하지만 지금은 만나실 수 없어요." 하녀가 말했다.

"왜요?" 조가 말했다. "편찮으세요?"

"그건 아니지만 도련님과 언쟁을 하셨어요." 하녀가 말했다. "주인어른은 기분이 안 좋으세요."

"로리는 어디에 있어요?" 조가 말했다.

"도련님 방에요." 하녀가 말했다. "도련님은 문을 두드려도 대답을 안 하세요."

"내가 가서 무슨 일인지 알아볼게요." 조가 말했다.

**p.250** 조는 로리가 마침내 문을 열 때까지 로리의 방을 여러 번 노크했다.

문이 활짝 열리고 조가 안으로 달려 들어갔다.

"내가 너에게 심술궂게 군 것을 부디 용서해 줘." 조가 말했다.

"그 일은 괜찮아." 로리가 말했다.

"무슨 일이야?" 조가 말했다.

"할아버지가 나를 뒤흔들어 놓으셨어." 로리가 말했다.

"별 일 아니구나." 조가 말했다. "나도 자주 너를 뒤흔들지만 신경 쓰지 않잖아."

"너는 여자야." 로리가 말했다. "나는 남자는 누구든 나를 뒤흔드는 것을 원하지 않아."

"할아버지는 왜 그러셨는데?" 조가 물었다.

"나는 너희 어머니가 나에게 왜 말씀을 하고 싶어 하셨는지 할아버지께 말씀드리지 않으려고 했어." 로리가 말했다. "그 일을 비밀로 지키겠다고 약속드렸거든."

"잘한 일은 아니었지만 할아버지도 유감스러우셨을 거야." 조가 말했다. "같이 할아버지께 가서 말씀드리자."

"아니야!" 로리가 말했다. "이번에는 잘못된 일은 어느 것도 저지르지 않을 거야!"

"할아버지는 그거 모르시잖아." 조가 말했다.

p.251 "할아버지는 나를 믿으셔야 해." 로리가 말했다. "나는 아기가 아니야. 할아버지가 먼저 나에게 사과하셔야 해."

"할아버지는 그러지 않으실 거야." 조가 말했다.

"할아버지가 사과하실 때까지 안 내려갈 거야." 로리가 말했다.

"여기에 영원히 있을 수는 없어." 조가 말했다.

"안 그럴 거야." 로리가 말했다. "할아버지가 나를 보고 싶어 하실 때까지 가출할 거야."

"할아버지를 걱정시키면 안 돼." 조가 말했다.

"나는 워싱턴에 가서 브룩 선생님을 만날 거야." 로리가 말했다.

"참 재미있겠다!" 조가 말했다. "나도 떠날 수 있다면 좋을 텐데."

"가자, 그럼!" 로리가 말했다. "왜 안 돼? 네가 가서 아버지를 놀라게 해 드려. 그러자, 조. 나는 돈을 충분히 가지고 있어."

잠깐 동안 조는 동의할 것처럼 보였다. 조는 창문 쪽을 보고 고개를 저었다.

p.252 "내가 사내아이라면 우리는 함께 가출하겠지." 조가 말했다. "하지만 나는 가련한 여자아이라서 집에 있어야 해. 미친 소리지."

"그러니까 재미있지." 로리가 말했다.

"나는 못 가!" 조가 말했다.

"메그라면 거절하리라는 것을 알아." 로리가 말했다. "하지만 너는 더 강한 마음을 가지고 있다고 생각했는데."

"못된 녀석, 조용히 해!" 조가 말했다. "만약 내가 너희 할아버지가 너를 뒤흔들어 놓은 것에 대해 사과하게 만들면 가출하는 것을 포기할래?"

"그래, 하지만 너는 그러지 못할걸." 로리가 대답했다.

조는 방을 나가 로리의 할아버지를 찾았다.

"들어와요!" 조가 방문을 두드렸을 때 로렌스 씨가 말했다.

"저예요, 할아버지." 들어가면서 조가 말했다.

"새 책을 원하니?" 로렌스 씨가 물었다.

"네, 부탁드려요." 조가 대답했다.

로렌스 씨는 조에게 새 책을 주려고 서가를 살펴보기 시작했다. p.253 로렌스 씨는 조의 마음속에 다른 무엇이 있다는 것을 의심하는 것 같았다.

"왜 너희 어머님이 저 아이와 이야기를 나누셨니?" 로렌스 씨가 말했다. "로리를 보호하려고 하지 마라. 그 녀석이 못된 짓을 했다는 것을 다 안다."

"로리가 잘못을 하기는 저희는 용서했고, 누구에게도 말하지 않겠다고 모두 약속했어요." 조가 마지못해 말했다.

"그럴 수는 없지." 로렌스 씨가 말했다. "나는 녀석이 무슨 짓을 했는지 알아야겠다."

로렌스 씨가 너무 날카롭게 말해서 조는 할 수 있었다면 기꺼이 도망쳤을 것이다.

"정말이에요, 할아버지, 저는 말할 수 없어요." 조가 말했다. "어머니가 그것을 금지하셨어요. 로리가 고백했고 벌을 받았어요. 저희는 로리를 위해 침묵하는 것은 아니지만 다른 사람을 위해서 그러는 거예요. 부분적으로는 제 잘못이지만 이제 괜찮아요."

"네가 진실을 말하고 있는 거라고 약속하니?" 로렌스 씨가 물었다.

p.254 "네, 약속해요." 조가 대답했다.

"아마 나는 그 아이를 용서해 주어도 되겠지만, 고집이 센 녀석이라 다루기 힘들구나." 로렌스 씨가 말했다.

"저도 그렇지만, 친절한 말 한마디가 저에게 소리치는 것보다는 낫죠." 조가 말했다.

"네 말은 내가 녀석에게 친절하지 않다고 생각한다는 거니?" 로렌스 씨가 날카롭게 말했다.

"오, 아니에요, 할아버지." 조가 말했다. "할아버지는 가끔 지나치게 친절하시죠."

"맞다, 애야, 내가 그렇지!" 로렌스 씨가 말했다. "나는 내 손자를 사랑하지만 그 애가 어렵구나. 우리가 계속해서 싸우면 안 되는데……."

"로리는 가출할 거예요." 조는 그 말을 한 것을 후회했다.

로렌스 씨의 얼굴이 갑자기 바뀌었다. 로렌스 씨는 탁자에 있는 잘생긴 남자의 사진을 불안한 눈길로 흘깃 보고는 자리에 앉았다. 그것은 로리의 아버지였는데 그는 젊었을 때 가출해서 로렌스 씨가 좋아하지 않는 여자와 결혼했다. 조는 로렌스 씨가 과거를 기억하고 후회하는 것을 보았다.

p.255 "로리가 정말 그러지는 않을 거예요." 조가 말했다. "만약 우리가 같이 가출하면 사람들은 제 짧은 머리 때문에 저를 사내아이라고 생각

할 거예요. 그냥 두 명의 소년이 인도로 가는 배를 탔다고 보도하는 뉴스를 찾아보세요. 그러면 할아버지는 저희를 찾으실 거예요."

조는 말하면서 웃었고, 로렌스 씨는 안도하는 듯이 보였다.

"나에 대한 너의 존경심은 어디에 있는 거니?" 로렌스 씨가 조의 볼을 꼬집으면서 말했다. "나에게 그런 식으로 말하지 마라. 가서 내 손자를 저녁 식사 하게 데리고 내려오렴."

"로리는 내려오지 않을 거예요, 할아버지." 조가 말했다. "로리는 할아버지가 자기를 믿어 주지 않았다고 섭섭해 해요."

"그 점은 유감이구나." 로렌스 씨가 말했다. "로리는 무엇을 원하니?"

"만약 저라면 저는 로리에게 사과 편지를 쓸 거예요, 할아버지." 조가 말했다. "형식적인 사과는 로리가 얼마나 어리석은지 알게 해 줄 거예요."

p.256 "영리하구나." 로렌스 씨가 말했다. "나에게 종이를 주어서 내가 이 말도 안 되는 일을 쓸 수 있도록 해 주렴."

조는 로리의 닫힌 방문 아래로 편지를 밀어 넣었다. 조는 계단 밑에서 로리를 기다렸다. 마침내 로리가 계단을 내려왔다.

"어떻게 살아남았어?" 로리가 조에게 물었다.

"그리 나쁘지 않았어." 조가 말했다. "가서 저녁 먹어. 그러고 나면 훨씬 기분이 나아질 거야."

조는 그 집을 떠났고 로리는 할아버지와 함께 저녁 식사를 하러 갔다. 메그는 이 날을 자주 기억했다. 메그는 존에 대해 이야기하지는 않았지만 자주 그에 대해 생각했다. 조는 '존 브룩 부인'이라고 적힌 종이를 발견했다. 그녀는 그것을 불에 던지고는 메그 언니가 자기를 떠날 날을 몹시 두려워했다.

# 즐거운 초원

p.257 아픈 가족들이 더 건강해졌다. 마치 씨는 곧 집에 돌아오겠다고 편지를 썼다. 베스는 곧 다시 고양이와 놀 수 있게 되었다. 여전히 허약했지만 조는 베스를 데리고 밖으로 산책을 갔다. p.258 크리스마스가 다가왔을 때 조는 크리스마스를 축하할 이상한 의식을 제안했다. 로리 역시 이상한 파티를 계획했다. 그들의 재미있는 아이디어를 좋아하는 사람은 아무도 없었다.

크리스마스에 그들은 마치 씨가 곧 집에 올 것이라는 편지를 받았다. 베스는 그날 아침 아주 기분이 좋았다. 베스는 조와 로리의 크리스마스 선물을 보기 위해 밖을 내다보았다. 정원 밖에서 그들은 숄을 두르고 왕관을 쓰고 과일 바구니를 들고 있는 눈사람 아가씨를 만들었다. 베스를 위해 쓰인 시가 그 눈사람의 입 안에 적혀 있었다. 베스는 그것을 보았을 때 웃었다. 로리는 선물을 건네주고 조는 각자와 이야기를 나누었다.

"나는 너무나 행복으로 충만한데, 만약 아빠만 계시다면 더할 나위 없이 행복할 거야." 베스가 말했다.

"나도 그래." 새로운 책을 받은 조가 말했다.

"나도 그럴 것이 확실해." 새로운 그림을 받은 에이미가 말했다.

**p.259** "물론 나도 그래!" 메그는 그녀의 첫 번째 실크 드레스의 은색 주름을 펴면서 소리쳤다. 그것은 로렌스 씨로부터 온 것이었다.

30분 후 로리가 거실 문을 열고 매우 조용히 들어왔다.

"여기 마치 가족에게 또 다른 크리스마스 선물이 있어요." 로리가 함박웃음을 지으며 말했다.

로리 뒤에 키가 큰 남자가 또 다른 키 큰 남자의 팔에 기대어 나타났다. 그 사람은 무언가를 말하려고 했지만 할 수 없었다. 모든 가족이 그 두 사람에게 달려갔다.

마치 씨는 네 쌍의 팔에 안겼다. 조는 거의 기절할 뻔해서 창피했다. 로리는 조가 서 있도록 도와주어야 했다. 브룩 씨는 실수로 메그에게 키스를 했다. 에이미는 의자에 걸려 넘어졌지만 상관하지 않았다. 에이미는 아버지의 부츠를 껴안았다.

**p.260** 개인 서재의 문이 활짝 열리고 베스가 곧장 아버지 팔로 달려갔다. 해나는 칠면조를 요리해야 하는 것을 잊고 울고 있었다. 그들 모두가 웃었다. 마치 부인은 브룩 씨에게 남편을 성실하게 보살펴 준 것에 감사했다. 그리고 두 명의 아픈 식구는 쉬도록 명령받았다.

마치 씨는 그가 가족들을 놀래기를 간절히 바랐다고 말했고 브룩 씨를 계속해서 칭찬했다. 마치 씨는 브룩 씨를 칭찬한 후 메그를 보았다. 조는 그 표정을 보고 이해했으며, 화가 나서 음식을 가지러 방을 나갔다.

그날 밤에는 모든 음식이 맛있었다. 해나는 자신이 만든 식사를 자랑스러워했다. 로렌스 씨와 그의 손자도 함께 저녁 식사를 했고 또한 브룩 씨도 함께 했다. 그들은 이야기를 하고, 노래를 부르고, 추억을 나누었고 대단히 좋은 시간을 보냈다. 썰매 타기가 계획되어 있었지만 네 자매가 아버지를 떠나려고 하지 않아서 손님들은 일찍 떠났다. p.261 행복한 가족은 난롯불 주위에 모였다.

"작년에는 우리, 우리의 우울한 크리스마스에 대해 불평하고 있었잖아." 조가 물었다. "기억나?"

"즐거운 한 해였어!" 메그가 불가에서 웃으며 말했다.

"나는 아주 힘든 한 해였다고 생각해." 에이미가 반지의 광채를 보면서 말했다.

"아빠가 돌아오시는 것으로 모든 것이 마무리되어 기뻐요." 에이미가 아버지에게 속삭였다.

"너희 모두 매우 용감했다." 마치 씨가 딸들에게 말했다.

"어떻게 아셨어요?" 조가 물었다. "엄마가 이야기하셨어요?"

"그럴 필요가 없었지." 마치 씨가 말했다.

"어떻게 아시는 거예요?" 메그가 말했다.

"네 손을 보렴, 메그." 마치 씨가 말했다. "더 이상 백옥같이 하얗지 않잖아. p.262 너희들은 손등에 탄 자국이 좀 있어. 하지만 탄 자국은 네가 열심히 일했다는 것을 나타내기 때문에 더 아름답구나."

"조 언니는 어때요?" 베스가 말했다. "좋은 말을 해 주세요. 조 언니는 아주 열심히 노력했고 저한테 아주아주 잘해 주었어요."

마치 씨는 웃고 키가 큰 소녀를 쳐다보았다.

"비록 머리가 짧기는 하지만 지금은 사내아이라기보다는 아가씨에 더 가까워 보이는구나." 마치 씨가 말했다. "내 말괄량이 딸이 그립지만 내가 그 딸 대신 더 강인하고 도움을 주는 여인을 얻는 거라면 아주 만족스러울 거란다. 조가 나한테 보내 준 25달러를 나는 영원히 기억할 거야."

조는 조용히 미소를 지었다.

"이제 베스 언니 차례예요." 에이미는 자기 차례가 되기를 간절히 원했지만 기다릴 준비가 되어 있었다.

"아주 몸집이 작지만 전에 그랬던 것만큼 수줍어하지는 않는구나." 마치 씨가 쾌활하게 말했다. p.263 마치 씨는 베스를 꼭 붙잡고 그녀를 잃지 않은 것을 아주 다행스러워 했다. 일 분 정도의 침묵 후에 마치 씨가 에이미를 내려다보았다.

"에이미는 자신은 덜 생각하고 남을 더 많이 생각해 주는 것을 배웠구나." 마치 씨가 말했다. "에이미는 자신의 성격을 찰흙 빚듯이 조심스럽게 다듬어 가고 있어. 나는 이것이 기쁘단다."

"무슨 생각을 하고 있는 거야, 베스?" 에이미가 아버지에게 감사하며 자신의 반지에 대해 이야기할 때 조가 물었다.

"아빠한테 양치기 소년에 대한 노래를 불러 드리고 싶어." 베스가 말했다. "아빠가 좋아하실 것 같아."

그래서 베스는 작은 피아노에 앉은 후 건반을 부드럽게 두드리면서 아름다운 노래를 불렀다. 그들은 모두 베스의 노래를 들었는데, 그들은 그 노래를 다시는 듣지 못할 뻔했을지도 모른다고 생각했다.

# 마치 고모할머니, 문제를 해결하다

p.264 다음날 네 자매는 모두 아버지 옆에 있으면서 모든 것을 도와드리려고 애썼다. 하지만 모든 일이 순조롭지는 않았다. 마치 부부의 눈이 메그를 따라다닐 때 부부는 걱정스러운 표정으로 서로를 쳐다보았다.

메그는 수줍어하고 조용했으며, 초인종이 울리면 깜짝 놀랐고, 존의 이름이 언급되면 얼굴이 빨개졌다.

p.265 로리가 오후에 들렀다. 로리는 메그가 창문 앞에 있는 것을 보고 연극조로 밖으로 나오라고 사정하는 척했다. 메그는 로리에게 가라고 말했고, 로리는 우는 척했다.

"로리가 뭐하고 있는 거야?" 메그가 웃으며 말했다.

"로리는 존인 척하는 거야." 조가 짜증내며 대답했다. "감동적이야, 그렇지 않아?"

"그만해, 조." 메그가 말했다. "내가 그 사람한테 그다지 관심이 없다고 너한테 말했잖아."

"하지만 언니는 예전의 언니 같지 않고 나에게서 멀어진 것 같아." 조가 말했다. "나는 브룩 씨가 무슨 이야기를 꺼내는 것을 기다리는 것도 지겨워."

"그 사람이 말할 때까지 나는 무슨 이야기도 할 수 없어. 아빠가 내가 너무 어리다고 하셨으니까 그 사람은 말을 꺼내지 않을 거야." 메그가 말했다.

p.266 "만약 브룩 씨가 정말로 말을 꺼낸다면 언니는 무슨 말을 해야

할지 모를걸." 조가 말했다.

"나는 그렇게 멍청하거나 나약하지 않아." 메그가 말했다. "나는 내가 뭐라고 해야 하는지 정도는 알고 있어. 나는 모두 계획을 짜 놓았거든."

"뭐라고 말할 거야?" 조가 더 정중하게 물었다.

"네가 이제 열여섯 살이니까 너한테는 말할 수 있겠다." 메그가 말했다. "언젠가 너도 사랑하는 사람이 생길 테니까."

"아니야, 나는 바보같이 굴고 싶지 않아." 조가 놀란 표정으로 말했다.

"네가 그 사람을 아주 좋아하고 그 사람이 너를 좋아하면 어떡할래?" 메그가 물었다.

"그래서 언니는 존에게 뭐라고 말할 건데?" 조가 무례하게 말했다.

"고마워요, 브룩 씨, 당신은 무척 친절하지만 저는 제가 결혼하기에는 너무 어리다는 아빠 말씀에 동의해요." 메그가 말했다.

"언니가 그렇게 말할 것이라고 생각되지는 않아. 언니가 그렇게 말하면 존이 만족하지 않을 거야." 조가 말했다.

p.267 "나는 그럴 거야." 메그가 말했다.

메그는 말하면서 일어났지만 누군가 문을 노크했다. 메그는 약간 펄쩍 뛰었다. 조는 웃었다.

"안녕하세요." 브룩 씨가 말했다. "제 우산을 가지러 왔어요."

"그 우산은 저기 있어요." 메그가 초조하게 말했다. "제가 가서 가져올 게요."

"엄마가 브룩 씨를 보시는 것을 좋아하실 거예요." 조가 방을 나가며 말했다. "앉아 계세요. 제가 모셔올게요."

"가지 마세요." 브룩 씨가 말했다. "제가 두려우세요, 마가렛?" 브룩 씨는 상처받은 듯이 보였다. 메그는 얼굴을 붉혔다. 브룩 씨가 전에는 메그를 마가렛이라고 부르지 않았기 때문이었다.

"브룩 씨가 아빠한테 그렇게 친절하게 대해 주셨는데, 제가 어떻게 당신을 두려워할 수 있겠어요?" 메그가 말했다. "단지 그 일에 대해 감사드리고 싶을 뿐이에요."

p.268 "제 심정이 어떤지 말해 볼까요?" 브룩 씨가 메그의 손을 잡고 눈을 쳐다보며 물었다.

"오, 아니에요. 그러지 마세요." 메그가 말했다.

"저는 당신을 괴롭히지 않을 거예요." 브룩 씨가 말했다. "단지 당신이 저를 좋아하는지 알고 싶을 뿐이에요. 저는 당신을 무척 사랑해요."

"저는 모르겠어요." 메그가 부드럽게 대답했다.

"노력해 보고 알아볼래요?" 브룩 씨가 말했다. "저는 무척 알고 싶어요."

"저는 너무 어려요." 메그가 대답했을 때 그녀의 가슴은 빠르게 뛰었다.

"기다릴게요. 그리고 나를 좋아하는지 알아볼래요?" 브룩 씨가 말했다.

"저는……."

"제발 알아보겠다는 것을 선택해 주세요, 메그." 브룩 씨가 말했다. "저는 가르치는 것을 좋아하고 이것이 독일어보다 쉬워요." 브룩 씨는 이제 메그의 양손을 잡았다.

메그는 브룩 씨의 얼굴을 보고 그가 미소 짓고 있는 것을 알아챘다. 브룩 씨는 메그가 허락했다고 생각했다! p.269 하지만 메그는 브룩 씨가 자신을 좌지우지하는 것을 원하지 않았다.

"제발 저를 내버려두고 가 주세요." 메그가 말했다.

불쌍한 브룩 씨는 우울해 보였다.

"그거 진심이에요?" 브룩 씨가 걱정스럽게 물었다.

"네. 그래요." 메그가 말했다. "이런 일로 걱정하고 싶지 않아요."

"제가 당신 마음을 바꿀 수는 없을까요?" 브룩 씨가 말했다. "저를 가지고 장난치지 말아요, 메그."

브룩 씨는 창백하고 심각해 보였다. 브룩 씨는 메그를 바라보며 그냥 서 있었고 그녀의 차가운 가슴이 녹아내리고 있는 것을 느꼈다. 하지만 마치 고모할머니가 집에 도착했고 이 만남을 방해했다. 마치 고모할머니는 메그와 존을 보고 무척 놀랐다. 존은 다른 방으로 사라졌다.

"누구니?" 마치 고모할머니가 소리쳤다.

p.270 "아빠의 친구예요." 메그가 말했다. "고모할머니를 보고 저는 아주 놀랐어요!"

"그 사람이 너에게 무슨 이야기를 했니?" 마치 고모할머니가 말했다. "왜 네 얼굴이 빨간 거야?"

"그냥 이야기를 하고 있었을 뿐이에요." 메그가 말했다. "브룩 씨는 우산을 가지러 왔어요."

"브룩?" 마치 고모할머니는 충격을 받은 표정으로 소리쳤다. "그 남자아이의 가정교사니? 아! 이제 이해가 간다. 모두 알겠어. 너 그의 청혼을 받아들였니?"

"그렇게 큰 소리로 말씀하시지 마세요." 메그가 말했다. "엄마를 불러 드릴까요?"

"아직 아니다." 노부인이 말했다. "너한테 할 이야기가 있다. 네가 그 남자와 결혼하면 나는 너한테 내 돈을 조금도 주지 않을 거야."

만약 마치 고모할머니가 메그에게 존 브룩을 받아 주라고 부탁했다면 메그는 아마도 그를 사랑하지 않는다고 말했을 것이다. 하지만 고모할머니가 존을 사랑하지 말라고 말했기 때문에 메그는 자신이 그를 사랑한다고 말할 것이라고 결심했다. 메그는 독특한 정신을 소유한 이 노부인에게 맞섰다.

p.271 "저는 저를 기쁘게 해 주는 사람과 결혼할 거예요, 마치 고모할머니." 메그가 말했다. "돈은 고모할머니가 좋아하는 사람에게 남겨 주시면 돼요."

"작은 집에 살고 있으면 너는 후회하게 될 거야." 마치 고모할머니가 말했다.

"큰 집에서 행복하지 않은 것보다는 나아요." 메그가 말했다.

마치 고모할머니는 안경을 쓰고 메그를 쳐다보았다. 메그는 아주 용감하고 독립적인 기분이 들었다.

"저기, 메그, 애야, 내 충고를 받아들이렴." 마치 고모할머니가 말했다. "친절한 마음에서 말해 주는 거야. 너는 부자와 결혼해서 네 가족을 도와야 해. 그게 네 의무야."

"아빠 엄마는 그렇게 생각하지 않으세요." 메그가 말했다. "부모님은 존을 좋아하세요."

"얘야, 네 부모는 어리석단다." 마치 고모할머니가 말했다.

"제가 존을 좋아해서 다행이에요." 메그가 말했다.

p.272 "그 사람한테는 부자 친척이 없지?" 마치 고모할머니가 말했다.

"없지만 마음씨가 따뜻한 친구들이 많아요." 메그가 말했다.

"친구들과 살 수는 없어." 마치 고모할머니가 말했다. "사업체는 가지고 있니?"

"아직이요." 메그가 말했다. "로렌스 씨가 존을 도와줄 거예요."

"그것은 오래 가지 않을 거야." 마치 고모할머니가 말했다.

"존은 좋은 사람이고 현명하고 재능 있고 용감해요!" 메그가 말했고, 그녀는 아름답고 정직해 보였다. "모두 존을 좋아하고 존경해요. 그리고 저는 존이 저를 좋아한다고 생각하는 것이 자랑스러워요."

"그는 너에게 부자 친척이 있다는 것을 알아." 마치 고모할머니가 말했다. "그게 그가 너를 좋아하는 이유지."

"어떻게 그렇게 말씀하실 수 있으세요?" 메그가 외쳤다. "저는 고모할머니 말씀을 듣지 않을 거예요. 우리 존은 돈 때문에 결혼하려는 것이 아니에요. 저희는 기꺼이 일을 할 거예요. 저는 가난한 것이 두렵지 않아요. 그리고 저는……."

존이 다른 방에서 자기 말을 듣고 있을지도 모른다는 것이 기억나서 메그는 그쯤에서 멈췄다.

p.273 마치 고모할머니는 매우 화가 났고, 아가씨의 행복한 젊은 얼굴에 있는 무엇인가가 노부인을 외롭다고 느끼게 만들었다.

"네게 실망했다. 네가 결혼할 때 나에게서는 아무것도 기대하지 마라." 마치 고모할머니가 말했다. "너와는 영원히 끝이다."

노부인은 메그의 면전에다 문을 쾅 닫고는 그 집을 떠났다. 메그는 한동안 서서 웃어야 할지 울어야 할지 결정을 내리지 못했다. 브룩 씨가 방으로 들어왔다.

"다 들었어요, 메그." 브룩 씨가 말했다. "저를 옹호해 주어서 고마워요."

"제가 얼마나 좋아하는지 몰랐어요." 메그가 속삭이며 존의 외투에 얼굴을 숨겼다.

마치 고모할머니가 떠나고 15분 후에 조가 조용히 아래층으로 내려왔다. 조는 마치 고모할머니가 존을 쫓아 주기를 바랐다.

p.274 하지만 불쌍한 조는 자기 언니가 존의 다리 위에 앉아서 그를 사랑스럽게 쳐다보는 것을 보았다. 조는 숨이 턱 막혔다. 브룩 씨가 조를 보았다.

"처제, 우리를 축하해 줘." 브룩 씨가 조에게 행복하게 말했다.

조는 방으로 뛰어올라가 부모에게 갔다.

"도와주세요!" 조가 소리쳤다. "존이 메그에게 무슨 짓을 했어요!"

마치 부부는 빨리 아래층으로 내려왔다. 조는 베스와 에이미에게 끔찍한 소식을 전하면서 울었다. 하지만 어린 동생들은 그 소식을 좋아했다.

존이 메그의 부모에게 그날 오후 자신의 모든 계획을 털어놓았다. 저녁식사 때 새로운 연인은 너무 행복해 보여서 심지어 조까지도 더 이상 화를 낼 수가 없었다.

"대부분의 가정에 여러 가지 사건이 가득한 한 해가 찾아오지." 마치 부인이 말했다. "모든 일이 잘 마무리됐구나."

p.275 "내년에는 더 좋게 끝났으면 해요." 조가 투덜거렸다.

"3년 후에는 훨씬 더 좋아질 거예요." 브룩 씨가 메그에게 미소 지으며 말했다.

"기다리기가 너무 긴 것 아니야?" 에이미가 물었다.

"준비할 때까지 배울 것이 아주 많아." 메그가 대답했다.

로리가 행복하게 방으로 들어왔다. 로리는 메그에게 꽃을 주고 그녀를 축하해 주었다. 조는 더 화가 난 것처럼 보였다.

"브룩 선생님이 원하는 것을 얻으실 줄 알았어요." 로리가 말했다.

"고마워." 브룩 씨가 대답했다. "너는 우리 결혼식에 초대받은 거다."

"조의 얼굴을 보기 위해서라도 갈 거예요." 로리가 물었다. "여전히 화가 난 거야?"

"받아들일 수는 없지만 내가 할 수 있는 일은 없어." 조가 말했다. p.276 "결코 다시는 예전 같지 않을 거야. 나는 나의 가장 소중한 친구를 잃었어."

"내가 있잖아!" 로리가 솔직하게 말했다. "내가 살아 있는 동안 나는 항상 네 곁에 있을 거야."

"네가 그럴 것이라는 것은 알아." 조가 말했다. "너는 항상 나에게 커다란 위로가 돼, 로리."

"메그는 행복하고 자신의 작은 집에 있는 메그를 보게 되는 것은 아주 즐거울 거야." 로리가 말했다. "내가 대학에서 돌아오면 우리는 모험을 떠나자. 기분이 좀 나아졌어?"

"어쩌면. 하지만 3년 후에 무슨 일이 일어날지 누가 알겠어?" 조가 생각에 잠겨 대답했다.

"그 말은 맞아." 로리가 말했다.

아버지와 어머니는 함께 조용히 앉아 있었다. 에이미는 연인들을 그리고 있었다. 베스는 자기 소파에 누워서 로렌스 씨와 행복하게 대화하고 있었다. 조는 가장 좋아하는 의자에 앉아 있었는데 심각하고 생각에 잠긴 듯 보였으며, 로리는 미소를 지었다.